ORANDO
com
EFICÁCIA

ORANDO *com* EFICÁCIA

Ministrando às Necessidades dos
Outros Através da Oração

RICK A. BONFIM

REKINDLE
PUBLISHING

ORANDO com EFICÁCIA
Copyright © 2020 por Rick A. Bonfim

Todos os direitos reservados. Este livro não pode ser copiado ou reimpresso para fins lucrativos. O uso de citações curtas ou cópias de páginas ocasionais para fins de estudo pessoal ou em grupo são permitidas e encorajadas. A permissão será concedida sob solicitação.

Todas as citações bíblicas são feitas na versão Almeida Revista e Corrigida (ARC), exceto quando de outra forma devidamente relatadas: Bíblia Sagrada ARC, Almeida Revista e Corrigida. Sociedade Bíblica do Brasil, 2009. Todos os direitos reservados.

Bíblia Sagrada ARA, Almeida Revista e Atualizada. Sociedade Bíblica do Brasil, 2010. Todos os direitos reservados.

The Holy Bible, New International Version, NIV. 1973, 1978, 1984, reedição: Biblica, 2011. Usado sob permissão. Todos os direitos reservados.

The NIV Study Bible. 1985, 1995, 2002, 2008, reedição: Zondervan, Grand Rapids, 2011. Todos os direitos reservados.

Traduzido do original em Inglês "Praying with Accuracy" por:
J.C. Gonçalves Júnior

Impresso no Brasil

Paperback ISBN: 978-0-9988619-6-8
Mobi ISBN: 978-0-9988619-7-5
ePub ISBN: 978-0-9988619-8-2
uPDF ISBN: 978-0-9988619-9-9

Cover design by Kathy Fallon
Page design by PerfecType, Nashville, Tennessee

Rick Bonfim Ministries
P.O. Box 5188
Athens, GA 30604

Dedico este livro à minha esposa Mary Lucy Bonfim.
Ela tem sido fiel e corajosa nessa jornada comigo,
como uma evangelista de tempo integral.

Este livro é também dedicado aos meus filhos:
Rick Jr. e sua esposa Laura, Sammy e sua esposa Cindy
e Sandy e seu esposo Tom.

Agradeço aos meus filhos por compreenderem
o porquê de seu pai ter estado fora todos
os finais de semana.

Índice

Prefácio por Bispo James E. Swanson Sr. ix

Apresentação xi

Agradecimentos xv

Introdução xvii

Capítulo 1: O Ministério da Oração 1

Capítulo 2: O Coração de Deus em Relação
às Necessidades 19

Capítulo 3: As Quatro Raízes 37

Capítulo 4: Carência Espiritual:
a Raiz da Autorrejeição 43

Capítulo 5: Carência Espiritual: a Raiz da
Rejeição a Deus (Rebelião) 57

Capítulo 6: Carências Relacionais:
a Raiz da Falta de Perdão 69

Capítulo 7: A Raiz da Mágoa 87

Capítulo 8: O Ministério de Jesus 105

Índice

Capítulo 9: A que se Assemelha o
"Consistente e Repetitivo" — 131

Capítulo 10: Ministração à Autorrejeição –
Estudo de Caso — 145

Capítulo 11: Ministração à Rejeição a
Deus (Rebelião) – Estudo de Caso — 153

Capítulo 12: Ministração à Falta de Perdão –
Estudo de Caso — 161

Capítulo 13: Ministração à Mágoa –
Estudo de Caso — 171

Capítulo 14: Ministração à Alma — 181

Capítulo 15: A Ética da Oração — 201

Capítulo 16: O Princípio da Autoridade — 225

Bibliografia — 245

Notas — 247

Sobre o Autor — 253

Prefácio

Se a oração é melhor definida como uma conversa ou comunicação entre Deus e seres humanos, então este livro é sobre como colocar os leitores numa postura de falar honestamente com Deus sobre as necessidades dos outros enquanto permite que o Espírito Santo escolha responder à oração como Deus determina. É um esvaziamento de nossas idéias preconcebidas e noções sobre as respostas de Deus para nossas orações. Isso pode ser difícil para aqueles que foram moldados, formados e educados na teologia tradicional cristã ocidental ou mesmo apenas os que estiveram um período de educação ocidental

Nosso ponto de partida é o que muitas vezes nos atrapalha: nosso culto profundamente enraizado de dados cientificamente verificáveis. Eu posso ver alguns de vocês se encolhendo agora mesmo, se não fisicamente, pelo menos intelectualmente. Esta é a parte que Rick fala em rejeição, sem rebelião, que eu acho fundamental para orar com precisão. Eu peço que note que não mencionei ver milagres, eu disse Orando com Precisão. Este livro foi projetado não para ensiná-lo a realizar milagres, mas para ajudá-lo a ver a oração como um instrumento dado por Deus para atender às necessidades daqueles com quem nos conectamos todos os dias. Ele foi projetado para aliviar parte da frustração, que muitos pastores sentem em seu primeiro ano de ministério, causando esgotamento ou até mesmo aposentadoria antecipada. É para os leigos que precisam saber que Deus espera que você use o dom da oração para atender às necessidades dos membros da sua família, dos seus amigos, dos colegas de trabalho, dos membros da igreja e de estranhos. Este livro é altamente recomendado aos líderes eclesiásticos que lutam com o que conhecemos hoje como questões adaptativas. São questões que não têm respostas predeterminadas. São questões e pessoas que nos esticam além da nossa capacidade. Em uma época como hoje em que a igreja está sendo rejeitada por tantos milenares e gerações mais jovens, eu realmente acredito que deveríamos orar como os discípulos oraram no primeiro século quando enfrentaram novos desafios, como o coxo da Porta Formosa. "Pedro disse: 'Não tenho dinheiro, mas darei a você o que tenho. No nome de Jesus Cristo, o Nazareno, levante-se e ande!'"(Atos 3: 6 CEB).

As pessoas não precisam nos ver - elas precisam ver que Deus dá respostas que não possuímos.

James E. Swanson Sr.
Bispo Residente
The Mississippi Annual Conference
The United Methodist Church

Apresentação

Pois eles nos corrigiam por pouco tempo, segundo melhor lhes parecia; Deus, porém, nos disciplina para aproveitamento, a fim de sermos participantes da sua santidade.

—Hebreus 12.10, ARA

Eu deixei Athens, Georgia, no meio da noite e cheguei em Brookhaven, Mississippi, bem a tempo para culto da noite. O culto já estava para começar e os bancos estavam repletos dos santos. O pastor me deu as boas-vindas ao púlpito. O organista iniciou com a canção de abertura, e logo já seria hora de eu falar.

Meu texto veio de João 11, a ressurreição de Lázaro, e eu fiz um convite àqueles que estavam espiritualmente afastados de Deus. A resposta foi extraordinária ao passo que noventa por cento dos presentes vieram a frente. Ao ajoelharem-se diante do altar, eu pude ver muitos rostos. Diante de mim estavam rostos cheios de medo, rostos tentando esconder raiva, rostos tristes, e rostos revelando trauma e dor.

Cada pessoa por quem orei naquela noite deixou uma impressão em mim. Eu me recordo de que minha inabilidade em me conectar às necessidades de tantos foi desalentadora para mim. Eles chegavam desejosos de orientação e direção, e eu não sabia como dizer algo que verdadeiramente ajudasse a mudar suas vidas. Então, eu me sentei na cadeira próxima ao púlpito e pensei em como um evangelista deveria agir. Eu me recusei a fazer orações que vinham da minha cabeça, todas aquelas orações "eloquentes" que eram cheias de palavras, mas não faziam nada para aliviar o fardo das pessoas que ansiavam por cura e libertação. Eu simplesmente vinha fazendo orações "racionais" e vazias.

Minha mais sincera súplica ao Senhor ao retornar para casa do Mississippi três dias depois foi: "Deus, por que eu não compreendo exatamente e não ministro aos clamores mais profundos do Seu povo?" Aquela noite mudou completamente minha perspectiva a respeito da importância em estar capacitado a orar pelos outros durante um convite ao altar. Me aborrecia o fato de eu não ter sido capaz de abordar os problemas e dores com eficácia. O Espírito de Deus havia convencido uma congregação inteira, e eu estava me sentindo totalmente fora do processo, como em um modo de espera.

Eu prometi ao Senhor que eu buscaria as respostas. Por muitos anos, eu jejuei por vários dias no mês, esperando em Deus e pedindo por sua sabedoria. Eu submeti minha vida completamente a Ele. Eu tinha desesperadamente que ter Seu auxílio para me aprofundar ativa, poderosa e efetivamente na oração que realmente faria a diferença na vida das pessoas. Como isso funcionaria? Sim, eu sabia como falar com Deus a respeito de toda sorte de coisas, mas eu não tinha uma real compreensão de como orar pelos outros. Uma coisa se tornou clara para mim: o impacto do meu ministério viria através da oração e não da pregação. Muitas pessoas podem pregar uma mensagem bonita. Mas uma vez que a Palavra é dada, como o obreiro ou Ministro Cristão pode aplicar aquela Palavra às mais profundas necessidades dos filhos de Deus através do ministério da oração?

Eu espero que você receba este livro com o seguinte entendimento:
1) Este livro, escrito ao longo de um período de vinte anos, tem o propósito de compartilhar as coisas profundas de Deus, as quais eu

tenho pessoalmente aprendido e experimentado na área da oração. Não almejo considerar que este seja o ÚNICO modo a se orar pelos outros. Apenas estou certo de que, ao passo em que fui ensinado pela Palavra e pelo Santo Espírito sobre como orar com eficácia pelas necessidades, os frutos começaram a multiplicar-se.

2) Após quarenta e cinco anos de oração pelas pessoas, eu estou agora tentando colocar essas lições no papel. Minhas limitações de linguagem e idade podem interferir, mas meu coração é grato por esta oportunidade de uma vida de poder compartilhar com você o que eu tenho aprendido e experimentado.

Eu peço que você leia este livro com o coração aberto. Os frutos abundantes dos quais o Senhor tem me dado em muitos anos de ministério, à medida que tenho implementado esses princípios de oração, falam por si só.

"Nisto é glorificado meu Pai: que deis muito fruto; e assim sereis meus discípulos" (João 15.8).

Agradecimentos

Aos meus queridos amigos:
Rev. John Freeland e Rev. Joseph Tillman, Jr., pois sem eles eu nunca teria iniciado este projeto. Eles me ouviram pregar sobre este material e escreveram o primeiro manuscrito. Seus pensamentos e ideias estão neste livro. Eu não poderia ter traduzido o que o Senhor me tem mostrado sem eles.

À equipe RBM:
À Betty McKinney por acreditar que este livro é importante ao Reino de Deus. Eu estimo o seu auxílio por muitos anos de resumo e edição dos meus pensamentos para fazer este livro uma realidade. Ao Dr. Frank Appel pelas sugestões e correções. À Frankie Appel pelo seu encorajamento e apoio. Ao Johnathan e Tara Dunn pelas correções e sugestões. Ao Rev. Pam Morrison pelas adições e correções feitas com tanto amor. À Kathy Fallon pelo seu trabalho de design gráfico e muitas horas despendidas formatando este livro para publicação.

À Igreja Metodista Unida:
Aos milhares de irmãos metodistas que até esta data apoiam, oram e continuam a servir a esta amada igreja com distinção e caráter.

Introdução

Ao ministrarmos às pessoas através da oração, nós fazemos a diferença apenas quando atingimos a real necessidade delas. Como um passe no futebol precisa ser destinado diretamente ao jogador que o recebe, a oração eficaz deve ser diretamente destinada ao seu alvo. No futebol americano, há muitos jogadores que poderiam eventualmente receptar a bola, mas um passe perfeito ao recebedor resulta num *touchdown*[1]. A oração, assim como no futebol, deve marcar um touchdown toda vez que você abrir a sua boca para ministrá-la. Você já não orou muitas vezes cegamente, tentando tapar o sol com a peneira?

Em oração, o que você fala deve acertar o alvo, a necessidade e não somente qualquer coisa, mas o núcleo do problema de um homem, mulher ou criança que está recebendo oração. Isso só é possível se você puder orar com eficácia. Você não pode iniciar uma oração com aquilo que alguém diz a você, pois a pessoa pode até mesmo nem perceber sua real necessidade. Você não pode começar uma oração pedindo a Deus que alivie as consequências da situação, porque esse tipo de oração estará endereçado apenas aos sintomas do problema. No entanto, você deve alcançar a verdadeira essência, a carência central que é tão somente o único fator influenciador, afetando a vida do indivíduo diante de você. Alcançar o foco da necessidade irá exigir de você ser guiado pelo Santo Espírito e um uso adequado das Escrituras.

Eu encontro muitos pastores e líderes que ministram aconselhamento por horas todos os dias, apenas para se cansarem de ouvir a respeito das mesmas provações e queixas repetidas incessantemente. Esses líderes se tornam frustrados ao lhes parecer não chegar a lugar algum em seus objetivos de formação espiritual e maturidade do rebanho que pastoreiam. A oração precisa o levará rapidamente ao lugar da grande necessidade, permitindo-lhe gastar menos tempo com aconselhamento pastoral.

Podemos nós, como meros humanos, realmente fazer isto: orar com eficácia, realmente penetrando o coração, o verdadeiro interior, de alguém por quem oramos? Quando nosso Senhor encontrou a Natanael, foi um convite de Felipe. O que Jesus disse a Natanael abre a possibilidade de que nosso Senhor, num instante, recebeu uma revelação da parte de Deus que instantaneamente convenceu a Natanael de que Ele era o Cristo, o Ungido: "Jesus viu Natanael vir ter com ele e disse dele: Eis aqui um verdadeiro israelita, em quem não há dolo. Disse-lhe Natanael: De onde me conheces tu? Jesus respondeu e disse-lhe: Antes que Filipe te chamasse, te vi eu estando tu debaixo da figueira" (João 1.47,48).

Se uma revelação da parte de Deus pode acontecer durante um simples diálogo, então também pode ocorrer durante a oração. O que é importante aqui é que a eficácia no ministério trará resultados e convicção. Agora eu devo lhe fazer uma pergunta direto ao ponto: como têm sido as suas orações? Quantas vezes você tem repetido a mesma oração por uma variedade de situações, esperando que algo novo e diferente aconteça?

A forma com que Jesus Cristo falou a Natanael nesse diálogo nos faz entender que Deus estava falando eficazmente a ele por um propósito muito superior (ambos Felipe e Natanael tornaram-se discípulos por toda sua vida depois daquele encontro). Jesus Cristo nunca orou ou falou superficialmente a alguém. Nossa oração também precisa atingir

Introdução   xix

muito além da superfície da verdadeira essência de alguém, para que possa concluir seu propósito. Nossa oração deve alcançar o centro da alma, da realidade e da necessidade da pessoa, para que possa trazer cura e plenitude à vida daquele por quem nós oramos.

Você pode indagar: "Como isso é possível?" Simplesmente pense a respeito do mundo moderno em que nós vivemos. Nos dias de hoje, considere que é possível acessar uma rede Wi-Fi, que lhe permite navegar por centenas de sites através do seu celular ou computador. Você também pode, com o auxílio de uma antena no seu carro, receber um sinal de rádio XM² em qualquer área do país em que você esteja. Se essas verdadeiras maravilhas são possíveis no mundo da tecnologia, por que seria um absurdo pensar que você, um cidadão do Reino de Deus, possa receber um "sinal" vindo do céu? Se o seu computador pode acessar uma rede sem fio, por que não seria possível ao seu espírito receber informação vinda da parte do Espírito de Deus, que conhece todas as coisas? Aprender a ouvir coisas espirituais vindas do coração de Deus lhe habilitará a ministrar às pessoas de uma forma que irá literalmente mudar as suas vidas.

Se você realmente quer orar com eficácia e ver resultados, há algumas áreas que precisará explorar através do estudo da oração:

1) Como Deus nos vê: o coração de Deus ao ministrar às necessidades básicas das pessoas;

2) Como Deus ministra: a metodologia de Jesus Cristo em seu ministério às pessoas;

3) Como a alma responde: como ministrar à alma de um ser humano;

4) Como romper em oração: o conceito da sua autoridade como um crente.

Ao passo que ao acompanharmos os Evangelhos, veremos e ouviremos o coração de Deus no ministério de Jesus Cristo. Quando Ele iniciou seu ministério pessoal, nosso Senhor fez uso de uma certa linguagem, certos princípios espirituais e certos movimentos, os quais formam uma repetida metodologia de oração e ministração. Você pode até considerar um tanto presunçoso de minha parte, mas eu irei pontuar isso de qualquer forma: quando você está sintonizado simplesmente em como o nosso Senhor realizou seu ministério, lhe tomará apenas um minuto para chegar à fonte do problema, de forma que possa orar por alguém com eficácia. Em outras palavras, você pode ministrar eficaz, eficiente e poderosamente aos outros assim mesmo como Jesus o fez.

Não há nenhum outro método mais poderoso, efetivo e equilibrado do que aquele usado pelo nosso Senhor! A mais simples das pessoas pode ministrar como Cristo o fez se tão somente estiver disposta a aceitar os princípios estabelecidos por Jesus em oração e ministério pessoal. À medida que você avança pelos evangelhos sinóticos, comparando milagre a milagre, diálogo a diálogo, e um ato ministerial com outro ato ministerial, você percebe que o grande segredo das eras está acessível a todo coração sedento, se recebido pela fé.

1

O Ministério da Oração

A religião cristã é vã sem o Espírito Santo (...) Confusão e impotência são resultados inevitáveis quando a sabedoria e os recursos do mundo substituem a presença e o poder do Espírito.[1]

—Samuel Chadwick

Repetidamente, pelas Escrituras, nós vemos nosso precioso Senhor operando milagres. Ele curou cegos, coxos, surdos, mudos, leprosos, e até mesmo trouxe mortos de volta à vida. Obviamente, Ele concedeu curas físicas a grandes multidões, porém se mostrou ainda mais interessado no ministério da plenitude, o qual envolve a restauração da pessoa na totalidade de seu ser. Se a oração que é oferecida a alguém é insuficiente, se está aquém daquilo que se é requisitado, a pessoa que a recebe será privada de uma bênção completa. Você poderia ser usado por Deus a ponto de liberar cura, plenitude e renovo sobre a vida de alguém que está cativo e afligido? Poderiam suas orações a Deus por outrem tornarem-se mais poderosas e eficazes?

O propósito deste livro é lidar especificamente com a oração endereçada ao manancial, à verdadeira essência das necessidades das pessoas. Aprender sobre esta prática bíblica de uma oração eficaz não representa apenas uma certa forma de psicoterapia espiritualizada. Ela é ensinada e conduzida inteiramente pelo Santo Espírito e completamente baseada no ministério de Jesus e na Palavra de Deus. Eu não desenvolvi nada deste material a partir da leitura ou estudo da metodologia de um grande líder ou evangelista. Este material nasce dos estudos de toda a minha vida a respeito do ministério do Nosso Senhor Jesus Cristo. Assim, se você está se sentindo da mesma forma que eu naquela noite no Mississippi, se você sente que as suas orações não estão "fluindo" muito bem, eu te convido a fazer essa jornada comigo. Se as palavras simplesmente lhe faltam ao orar pelos enfermos, pelos que sofrem, pelos desamparados, pelos perdidos ou pelos filhos rebeldes, este livro pode lhe ajudar!

Eu me recordo de ter ouvido a oração de um homem para um membro de sua igreja muito doente: "Senhor, seja feita a tua vontade sobre a vida do irmão João." Aquela não foi uma oração muito poderosa na minha opinião. Quando eu adoeço, eu espero que alguém me aborde com fé, intrepidez, ânimo, e ore pela perfeita vontade de Deus confrontando a doença como um inimigo! Apenas pedir que a vontade de Deus seja feita significa esquivar-se de nossas responsabilidades de orar com autoridade, específica e eficazmente, como Jesus o fez.

No meu último ano de seminário, eu fui introduzido ao programa de Clínica Pastoral. Ele deu a cada aluno a oportunidade de estar sob supervisão, aprendendo como cuidar daqueles que estão sofrendo de alguma enfermidade. Eu realmente queria saber se uma simples oração proferida a alguém severamente doente poderia fazer alguma diferença. Um dos meus professores da Faculdade de Teologia de Candler, em Atlanta, Geórgia, me sugeriu que eu estabelecesse um grupo de controle, de forma que pudesse chegar a uma conclusão efetiva no meu experimento. Então, eu defini um cronograma de visitas diárias a um andar específico do hospital,

O Ministério da Oração 3

designando cinquenta por cento dos pacientes a receber oração durante as visitas, e cinquenta por cento a não receber nenhuma visita. Assim que o cronograma do dia terminasse, eu registraria anotações a respeito de todos aqueles pacientes que receberiam orações e registrava seu estado. Ao visitar diariamente os pacientes por aproximadamente dez minutos, ou um pouco mais, visto que alguns estavam em coma, então eu cantava e tocava meu violão (para satisfação das enfermeiras). Com aqueles que podiam falar, eu lhes ouviria compartilhar seus pensamentos e memórias, e também lhes contaria histórias da minha própria infância. Eu fiz tudo isso com cem por cento dos pacientes. Contudo, eu cuidei de que acrescentasse a oração àqueles pertencentes ao meu "grupo de controle" toda vez que os visitasse. Quando chegava o momento da oração, eu jamais fechava meus olhos. Me atentava a cada reação que eu pudesse observar nos pacientes, como lágrimas, movimento das mãos ou pés, da cabeça, e especificamente seus olhares a mim. Por vezes, eu me referia à família do paciente, orando por seus familiares. As reações foram diversas de uma pessoa para outra, mas quando as lágrimas começavam a cair, e até mesmo tornar-se salgadas em minhas mãos, eu não poderia negar que algo significante estava acontecendo. Ao final de três meses, eu estava certamente impressionado com os resultados. Não poderia ignorá-los. Mais de noventa por cento daqueles que receberam oração evoluíram melhor em comparação àqueles a quem visitei mas não destinei nenhuma oração! Uma sugestão muito forte a respeito do poder e eficácia da oração começou a se formar em minha mente. Aquela experiência em Clínica Pastoral nos meus dias de seminário, há tantos anos atrás, foi a semente do material deste livro e de tudo aquilo que eu quero compartilhar com você nos próximos capítulos.

O estado da plenitude começa quando a pessoa se torna totalmente convencida da supremacia de Deus acima de todas as coisas. Em Marcos 5.25-34, a mulher do fluxo de sangue se tornou plena. O que isto significa? Seu sofrimento físico terminou (ela estava sofrendo há doze anos), mas muito mais foi transformada naquele breve encontro com Jesus. Ela era uma mulher "que havia padecido muito com muitos médicos, e despendido tudo quanto tinha, nada lhe aproveitando isso, antes indo a pior" (Marcos 5.26). Nela, havia a decepção para com as autoridades que não tinham nenhuma capacidade para ajudá-la. Ela havia perdido dinheiro, e, em sua cultura, indubitavelmente, havia perdido status social e religioso. Rotulada de impura, passou a viver debaixo do peso de sentir-se envergonhada, rejeitada, e da pressão social pela sua exclusão. Assim que ela corajosamente se lançou e tocou na orla das Suas vestes (Marcos 5.28), Jesus lhe chamou para si e lhe tratou como "filha" em frente a seus semelhantes. Ele a libertou do nível mais profundo de seu sofrimento. Jesus tocou tão intimamente em sua vida que não somente seu corpo foi curado, mas também sua aflição, seu isolamento, a rejeição que sofria, e sua própria postura a respeito de si mesma. Numa grande transação, Ele lhe conferiu validação, aceitação, dignidade, e paz. Ele concedeu plenitude àquela mulher.

Em muitos dos milagres de Jesus, a informação a respeito da necessidade não partia da pessoa carente de cura, ela parte do próprio Santo Espírito. Porque Deus está envolvido com o ministério da oração eficaz; todos os seus detalhes, todas as palavras, e todos os intentos para ajudar a alguém através da oração não devem ser iniciados por nós, mas devem ser liderados pelo Santo Espírito.

> E da mesma maneira também o Espírito ajuda as nossas fraquezas; porque não sabemos o que havemos de pedir como convém, mas o mesmo Espírito intercede por nós com gemidos inexprimíveis. (Romanos 8.26)

O problema mais sério em nossa teologia da oração é que de alguma forma nós "fazemos do nosso jeito", e não nos atentamos à maneira a qual Jesus orou e ministrou como o único exemplo a ser seguido. Eu lhe peço que considere as seguintes indagações: Como você aprendeu a ministrar sobre pessoas necessitadas? Quem tem sido o seu exemplo?

O Ministério da Oração 5

Você tem aprendido a ministrar como Jesus o fez? Nós temos de identificar a quem nós somos fiéis. Saiba disto: a abordagem apresentada neste livro não é uma abordagem "carismática". É uma abordagem bíblica, testada por anos de oração por milhares de pessoas. A metodologia encontrada neste livro pode até ser algo novo para alguns de vocês. Mas porque ela é inteiramente baseada no ministério de Jesus, estou certo de que ao passo que você estudá-la e aplicá-la, você começará a ver resultados em seu ministério de oração que jamais viu. E eu sugiro que, ao iniciá-la, você se disponha a colocar de lado todas as técnicas de oração previamente aprendidas, e permitindo ao Santo Espírito ensiná-lo algo novo. Eu lhe peço encarecidamente que desconsidere qualquer inabilidade de minha parte em explicá-la mais claramente; mas que de forma alguma venha a minha fragilidade em me expressar através da linguagem, diminuir essa poderosa verdade bíblica!

Eu viajei a Israel pela primeira vez em novembro de 2007. Ao visitar o mar da Galileia, muito me impressionou a ideia de que a multiplicação dos pães e peixes tenha sido um empenho da parte do Senhor Jesus para convencer seus discípulos a respeito de Sua divindade. Contudo, as escrituras nos mostram que seus corações estavam endurecidos, e eles já relutavam há algum tempo em compreender o sentido de Seus milagres. Sim, foi difícil para os discípulos e é difícil para nós também! Porém, é essencial que entremos em um novo nível de fé e disposição se desejamos ver o Espírito Santo trabalhar através de nós da mesma forma que Ele operou através de Jesus para restaurar e transformar vidas arruinadas e aflitas.

Ouvindo a Voz de Deus

Se desejamos orar pelas pessoas eficazmente, o ponto de partida é ouvindo Deus. Mas como? O primeiro passo consiste em separar a nossa própria voz interior da Voz de Deus. Quando nossas mentes estão voltadas para certo assunto, nós tendemos a "ouvir" nossa própria opinião pessoal a respeito daquilo e assumi-la como a única verdade dos fatos. Nossa própria "voz" se forma a partir das muitas experiências prévias que tivemos ao longo de nossas vidas. Nós respondemos a nós mesmos baseados em nossa formação e treinamento, nossas experiências passadas, nossa presente situação, e nossas expectativas para o futuro. Todavia, podemos ter ou não uma percepção apurada sobre a realidade. Estar atento a nossa própria "voz" é fundamental ao discernimento, uma vez que nossas próprias noções preconcebidas podem interferir em ouvir a Voz de Deus. Sua própria razão deve ser a última coisa a que você possa depender.

Em segundo lugar, nós precisamos estar atentos em como estamos sendo influenciados por um pensamento sugestivo. Isto é, pensamentos sugestivos surgem a partir de fontes externas. Há muitas vozes nos dizendo muita coisa o tempo todo. Nós podemos ouvir pensamentos que soam bem, ou nos fazem sentir bem, mas que não agradam a Deus, não produzem poder, e não atingem Seus objetivos. Pensamento sugestivo pode produzir muita confusão.

Em Israel, a leste de Jericó, está o "Monte da Tentação". Do topo dessa área montanhosa, você pode avistar o Rio Jordão, em que Josué atravessou para chegar à cidade de Jericó e então marchou ao redor de suas muralhas. É um lugar de desolação. O terreno é árido e infértil; há muito pouca água à vista. A terra respira aflição, temor e solidão. É o local aonde o Espírito Santo conduziu Jesus para ser tentado pelo diabo, e Jesus usou três versos de Deuteronômio para derrotá-lo. Nós também podemos ser levados em nossas mentes aos mais áridos e desolados lugares, onde nossa fé não tem visitado. O diabo sugeriu muitas coisas atraentes a Jesus, visando desviá-Lo de Seu propósito. Se você tem sido perturbado por pensamentos sugestivos, irá confortá-lo saber que o seu Senhor suportou constantemente barreiras de sugestões que eram contrárias aos propósitos de Deus durante quarenta dias e quarenta noites, e Ele pode conferir a você o poder de vencer em Seu Nome.

Uma orientação pode ser útil aqui: quando enfrentar problemas espirituais, nunca escute a uma fonte externa sem também colocá-la à prova na Palavra de Deus. As Escrituras irão limpar a sua mente no tocante ao que você está ouvindo, pois Deus jamais irá contradizer a Sua própria Palavra. Sempre avalie o que você está ouvindo através da Palavra de Deus.

A terceira voz que você irá ouvir é a voz do Espírito Santo. Ela é a voz mais doce que você ouvirá em toda a sua vida. Não há nada que se compare a ouvir diretamente do Santo Espírito. A precisão do que se está sendo dito irá se adequar ao momento mais do que qualquer outra coisa. É revelador, irrefutável e convincente. Uma vez que você ouça do Espírito Santo, você não mais desejará ouvir de nenhum outro. Ler um bom livro é como beber água quente de um pires. Ouvir do Santo Espírito é beber água fresca e refrescante de um manancial que nunca deixa de fluir. F. B. Meyer, inclusive, comparou a Voz do Santo Espírito como "o Rio Amazonas jorrando para irrigar uma simples margarida."[2]

A Voz de Deus se ouve quando Sua Presença é bem-vinda. Quando você adora ao Senhor, como quando você ora ou clama a Ele, esteja absolutamente certo de que Ele também deseja falar com você! As escrituras dizem: "e as ovelhas o seguem, porque conhecem a sua voz." (João 10.4b). Se você experimenta a Presença de Deus mas sente que não consegue ouvir Deus falar, seus sentimentos estão sendo elevados acima da verdade da Palavra de Deus. Então, faça um correção. Não é por sentir! É pela fé que você se achega a Deus. Em adoração, sua mente é renovada e a voz de Deus começa a despontar (veja Romanos 12.1,2).

Por exemplo, quando você adora, algumas das palavras nas músicas e Escrituras podem chamar sua atenção; conceitos e pensamentos do céu podem ser avivados em seu espírito. É a voz de Deus rompendo. Nós precisamos ouvi-Lo e experimentá-Lo e nos alinharmos a Ele, antes que possamos tocar as vidas de outras pessoas. Andrew Murrey nos adverte através de algumas linhas de que antes de orar por outros, é necessário que: "primeiro, faça silêncio e adore a Deus em Sua Glória. Pense no que ele pode fazer, como Ele se agrada em Seu Filho Jesus, e em seu lugar n'Ele _ aí então experimente grandes coisas."[3]

Ouvir ao Espírito Santo é como estar longe de sua mãe por muitos anos e enfim ouvir sua voz de novo. Tal som é distinto de qualquer outra voz. É cheio de razão, gentileza e precisão. A voz de Deus lhe trazendo para dentro de toda a verdade é ainda melhor do que ouvir a voz de sua própria mãe. É assim também como a voz de seu pai se comunicando com você silenciosamente. Às vezes, seu pai nem precisava falar com você, um mero olhar já seria o bastante para fazê-lo entender o que ele esperava de você. Dessa mesma forma, Deus fala com você de certas formas que ninguém poderia explicar ao certo. Quando nós começarmos a reconhecê-la e a saber que Ele está falando, nossa fé crescerá. Tudo aquilo que nos falta, o Santo Espírito pode suprir, pois Ele é por si mesmo "o Espírito de Deus, o Espírito da Verdade, o Espírito de Testemunho, o Espírito de Convicção, o Espírito de Poder, o Espírito da Promessa, o Espírito de Amor, o Espírito de Mansidão, o Espírito de Mente Sã, o Espírito de Graça, o Espírito de Glória, o Espírito de Profecia."[4]

O Uso das Escrituras

A revelação vinda do Espírito é a chave para a uma boa e poderosa oração. Todavia, a revelação apenas não basta para uma oração eficiente. O conhecimento das Escrituras, que revela o Coração de Deus, acrescentará ao seu discernimento e aumentará sua precisão no tocante à necessidade das pessoas. Nós trataremos de ambos estes conceitos com grande profundidade neste livro. Quanto mais você conhece a Palavra de Deus, no que diz respeito à verdadeira condição humana, mais a revelação cresce, e sua precisão será baseada em um entendimento fundamental na visão de Deus sobre as pessoas. Nossas orações estão, frequentemente, a quilômetros de distância do ponto central da necessidade. Você se surpreenderá ao descobrir o quanto conhecer as Escrituras ajudará seu ministério de oração a tornar-se "sintonizado" e preciso. Quando você constrói sua oração sobre princípios bíblicos, você está em terra firme para ministrar plenitude sobre a vida de uma pessoa clamando por alívio!

Tenha isto em sua mente: você precisará ler e estudar a Palavra de Deus antes que você possa ouvir a Deus com clareza. Quando as escrituras são guardadas como um tesouro dentro do seu coração, daí então sua "audição" crescerá. Se você primeiro ouvir as Escrituras e colocar sugestão e razão em segundo plano, o ouvir a Deus virá em seguida.

Aqui está: você pode ouvir sua própria voz cheia de dúvida e razão. Você pode tentar trabalhar com uma ideia sugestiva que não tem nenhuma base bíblica. Ou você pode acostumar-se a ouvir a doce voz do Santo Espírito. Qual voz você tem ouvido em muitos de seus intentos em oração e serviço sobre as necessidades das pessoas? Você escuta a si mesmo e aos outros mais alto do que a voz do Espírito Santo e a Palavra de Deus?

Informação Pessoal

Ao nos depararmos com uma oportunidade de ministração, nós também podemos obter informações muito úteis da própria pessoa para quem iremos orar. De maneira simples, o indivíduo em necessidade pode compartilhar alguns pensamentos pessoais e um pouco de sua história. Isso é normal e pode servir para "quebrar o gelo" e preparar a pessoa para um toque da parte de Deus. Porém, tenha em mente que a informação recebida das pessoas, para ajudar, normalmente estão mais baseadas em suas próprias percepções do que na realidade. As percepções de uma alma ferida, ressentida, podem afastar-se da realidade. Portanto, respaldar-se tão somente no que é dito a você poderá fatalmente comprometer uma experiência poderosa na ministração de uma oração. Quando um indivíduo provê a direção de uma oração, em meio à sua dor, isso pode na verdade limitar a oração. A informação é apenas útil se porventura vir a validar ou confirmar aquilo que a voz do Espírito Santo comunicou a você em primeiro lugar.

Ainda, é uma tendência muito popular hoje levar a pessoa em oração "de volta" ao ventre de sua mãe através de regressão mental. Porém, desprovido de uma revelação da parte do Espírito de Deus, isso pode, na realidade, ser uma prática extremamente perigosa que no final não tornará a pessoa de fato livre. Como pode uma pessoa em tormentos e angústia saber exatamente aonde ir a fim de encontrar a raiz de seus problemas? Este processo pode causar muita confusão e dano aos envolvidos e deve ser tratado com cautela. A regressão não somente é perigosa como não deve ser praticada por ninguém a não ser profissionais treinados.

Em alguns casos, você já pode conhecer uma informação considerável a respeito da situação do indivíduo em decorrência de um relacionamento pessoal próximo. É um caso bem comum em círculos de igrejas locais. Quando você é um pastor de uma igreja, você passa a conhecer seu grupo à medida que você passa a encontrá-lo todo domingo na congregação e através de suas funções. Mesmo assim, é importante que você não leve totalmente em consideração as suas próprias percepções e que se resguarde de estabelecer conclusões definitivas. Ainda que como um ministro experimentado, você precisa depender da voz do Espírito Santo, unida à revelação que vem das Escrituras, para verdadeiramente ministrar a uma pessoa bem no centro de suas necessidades.

Eu quero te dar um exemplo. Eu fui chamado para ir a um hospital em minha região para orar por um homem que havia sofrido um acidente de moto. A família aguardava na sala de espera enquanto os médicos lhe operavam. Eu comecei a orar para que a mão de Deus estivesse sobre os procedimentos médicos que estavam sendo tomados

O Ministério da Oração   11

naquele exato momento, mas, de repente, um pensamento foi introduzido à minha mente, de que eu deveria incluir uso de drogas. E então eu o fiz. Eu orei para que aquele homem fosse completamente liberto das drogas, em especial do álcool. As passagens a respeito de perdão vieram ao meu espírito, então eu também orei para que ele perdoasse seu pai por toda a dor profunda que lhe havia causado em sua vida. Em seguida, orei para que houvesse perdão em toda a família.

Assim que eu terminei a oração, eu vi que os membros da família estavam todos chorando copiosamente. Todos haviam sido contagiados. Então, eu comecei a orar por cada um deles reunidos naquela sala de espera. Todos os irmãos e irmãs daquele homem estavam lá, e cada um deles pediram por ministração naquele dia. Esta é uma oração que fez um *touchdown*[5]! Ela atingiu o alvo, o ponto exato da grande necessidade.

Eu poderia ter simplesmente orado pela lesão do homem que havia sofrido o acidente, mas eu ouvi algo muito mais profundo. Isso é o que acontece quando você ora com eficácia. À medida que você continuar lendo, eu gostaria de convencê-lo a estar aberto de forma que também venha a orar desta maneira. Entretanto, é preciso andar antes que se possa correr, então tenha paciência aqui. Se você ainda está lendo este livro, então sinta-se encorajado! Você pode e irá também alcançar o ponto em que verá seu ministério de oração tornar-se mais poderoso, preciso e guiado pelo Espírito.

Tendo dito isto, eu creio que o Santo Espírito abençoe e ministre nas mais diversas formas e situações. Ele é o Senhor e Ele é soberano. Eu tenho visto incontáveis pessoas sendo abençoadas por uma simples oração proferida por um coração puro e uma firme fé. Porém, nós estamos nos esforçando para expandir nossos horizontes e aprender mais a respeito da oração que gera frutos abundantes. Neste livro, estou compartilhando uma metodologia de oração que tem enriquecido minha fé e meu ministério. É difícil contestar os resultados que tenho visto ao longo de muitos anos.

Um mulher veio a mim, certa vez, e me contou a respeito de sua condição física, que se arrastava por anos e começava a ficar debilitada. Não demorou muito para que o Espírito Santo me revelasse que a verdadeira culpa fosse da amargura que aquela mulher estava carregando por muitos anos. Revolta, depressão e ansiedade haviam intensificado os efeitos de sua enfermidade. Ela era incapaz de reconhecer sua própria amargura porque já vinha convivendo com ela por um longo tempo. Havia se tornado tão normal para ela que já não podia identificar que aquele era um problema. Ela precisava ser curada de sua amargura antes que qualquer cura física pudesse acontecer. Foi uma revelação de Deus de que a raiz de amargura era a real causa de sua doença. Quando a causa foi revelada, cinquenta por cento do milagre já havia ocorrido. Se eu conheço a raiz do problema, eu já estou a caminho da bênção.

Discernimento de Espíritos

Em I Coríntios 12.10, Paulo cita discernimento de espíritos como um dos três dons de revelação dados pelo Espírito Santo (este e outros dons do Espírito serão discutidos adiante em outros capítulos mais adiantados, mas vamos tratar disso brevemente aqui para nos ajudar a entender melhor a oração eficaz). Discernimento de espíritos é uma ferramenta de comunicação usada pelo Santo Espírito. Ele atua no seu espírito para introduzir informações sobrenaturais poderosas diretamente ao seu pensamento, oração por alguém, e até mesmo ao pregar ou ensinar. Discernimento de espíritos é um mover do Espírito Santo comunicando o estado espiritual de uma pessoa no momento que você ora por elab . Discernimento de espíritos revelará a você a condição da alma de alguém, em termos espirituais, santo ou ímpio, bom ou mau.

O Ministério da Oração

Por que a manifestação do discernimento de espíritos se faz necessária? É dada como importante pois é inicialmente a revelação de Deus que dará a você a direção para sua oração. O menor fator revelado a você pode determinar toda uma trajetória e o resultado da oração. Este é um fato bíblico. Todo verdadeiro ministério começa com o discernimento. Vamos ver um exemplo bíblico de como o discernimento funcionou no ministério de Jesus Cristo.

Quando Jesus encontrou Natanael, Ele discerniu sua alma e soube que aquele era um homem em quem não havia dolo, nem desvio. Esta primeira impressão a respeito dele foi suficiente para Jesus engajá-lo em um ministério pessoal e escolhê-lo como um de seus discípulos. Jesus lhe disse: "Na verdade, na verdade vos digo, daqui em diante, vereis o céu aberto e os anjos de Deus subirem e descerem sobre o Filho do Homem." (João 1.51).

Discernimento de espíritos se aplica ao momento; pertence ao que você tem em sua frente no tempo presente. O Espírito Santo se faz atuante no exato momento em que você começa a simplesmente falar com alguém sobre sua necessidade. A Voz por si mesma pode fornecer toda sorte de informação a respeito de quem é a pessoa com quem você está falando. Quando Jesus ouviu a voz do cego Bartimeu (veja Marcos 10.46-52), Ele discerniu imediatamente que aquele homem tinha uma tremenda fé. Apenas ao ouvir a voz de alguém como a pessoa fala, se hesita no falar ou articula claramente, irá ajudá-lo a descobrir algo importante a respeito de sua fé e sua alma. As mãos e pés da pessoa lhe darão ainda mais discernimento. Os olhos são as janelas da alma. O que você discerne em apenas alguns instantes lhe determinará a direção da sua oração ou ministração e como você irá implementá-las.

Eu estava prestes a sair para uma conferência de avivamento em outro estado. Eu tinha apenas estacionado meu carro no estacionamento do Aeroporto de Atlanta e estava andando em direção ao terminal. Enquanto eu puxava minha mala, pensando a respeito da igreja que estava indo visitar, eu passei por um homem cujo espírito me impactou como sendo maligno. Eu dei mais alguns passos em direção ao terminal, mas então já não podia mais me distanciar do meu carro. Eu me senti compelido pelo Espírito Santo em dar meia volta e retornar ao meu veículo. Quando eu cheguei à minha vaga, eu reconheci aquele mesmo homem tentando arrombar o meu carro. Eu lhe chamei em alta voz, e ele imediatamente correu dali. A questão é: você é sensível o bastante à Voz e atuações do Espírito Santo a ponto de reconhecer o mau em alguém ao passar por essa pessoa? A resposta é: "Sim."

O discernimento de espíritos não é algo horripilante ou algum tipo de sexto sentido. Discernimento de espíritos é simplesmente ver como o Espírito de Deus vê, saber aquilo que o Espírito de Deus sabe, e ouvir aquilo que o Espírito de Deus diz. É real. Não é um tipo de ideia requintada reservada apenas a um grupo de pessoas "especiais". Se o discernimento de espíritos é um dom do Espírito Santo, qualquer pessoa que tenha o Santo Espírito vivendo dentro de si deverá ser capaz de ouvir e responder a Deus quando Ele se comunicar com os Seus Santos. O Espírito Santo é o Espírito de Jesus.

Quando você começa a reconhecer a forma por meio da qual o Espírito Santo fala, seus modos se tornarão segunda natureza para você, e nenhum outro método irá substituir o ouvir da parte do Santo Espírito. Você não desejará outro método! É uma questão de permitir que a voz do Espírito Santo traga revelação à sua mente. É saber que Deus está disposto a comunicar a informação necessária a você para completar a ministração em Seu nome, a qual irá tornar alguém livre. Todos aqueles que são salvos pela Graça têm esse dom disponível para eles. Paulo diz isso em I Coríntios 2.10-12:

> Mas Deus no-las revelou pelo seu Espírito; porque o Espírito penetra todas as coisas, ainda as profundezas de Deus. Porque qual dos homens sabe as coisas do homem, senão o espírito do

O Ministério da Oração

homem, que nele está? Assim também ninguém sabe as coisas de Deus, senão o Espírito de Deus. Mas nós não recebemos o espírito do mundo, mas o Espírito que provém de Deus, para que pudéssemos conhecer o que nos é dado gratuitamente por Deus.

Cristo Jesus nos deixou um exemplo de como devemos proceder no ministério. Quando você estuda os Evangelhos, você encontra uma metodologia ministerial que é repetida por seguidas vezes pelo Senhor. Você não desejaria segui-lo em seu ministério? Você não gostaria de fazer exatamente como Ele fez, e orar assim mesmo como ele orou? Crer que o Senhor pode verdadeiramente usá-lo para operar os mesmos atos milagrosos assim como Jesus os fez é uma batalha, eu sei. Mas nós precisamos lutar para acreditar que isso pode se tonar minha realidade e sua realidade, pois isso é o que Ele nos prometeu por meio de Sua Palavra.

Há muitos exemplos pelos Evangelhos que nos mostram que Jesus conhecia as necessidades das pessoas através do dom de discernimento, habilitando-Lhe a falar diretamente aos corações e ministrar a eles apropriadamente. Mateus 9.4 diz: "Mas Jesus, conhecendo os seus pensamentos, disse: Por que pensais mal em vosso coração?". Discernimento não é um mero truque de leitura de mentes, mas um dom do Espírito Santo encontrado continuamente no ministério de Jesus. Isto também está disponível para nós!

A seguir estão listados três princípios valiosos que podem ajudá-lo a entender como o fluir de informações chega até você diretamente do Espírito Santo no momento da oração.

Maior intimidade aprimora o ouvir

Mesmo dentro da comunidade cristã há aqueles que ficam irritados quando começamos a falar a respeito do Espírito Santo. É possível que eles tenham tido algum tipo de ensinamento errôneo referente à Pessoa e ao agir do Espírito Santo. Talvez durante suas vidas alguém possa ter tido uma imagem negativa acerca do Espírito Santo, o que lhes afastou do tema.

Entretanto, à medida que você ler o livro, eu gostaria que você tivesse apenas pensamentos positivos a respeito do que Deus pode fazer por você e através de você, quando profundamente render-se a Ele. É claro que você se recorda das palavras de nosso Senhor Jesus em Atos 1.8: "Mas recebereis a virtude do Espírito Santo, que há de vir sobre vós; e ser-me-eis testemunhas tanto em Jerusalém como em toda a Judeia e Samaria e até aos confins da terra".

Aqui eu usei propositalmente a versão Almeida Revista e Corrigida para esse versículo. Lendo outras traduções, você pode ter entendido que o verso quer dizer que o Espírito Santo fará de você uma boa testemunha às pessoas, até mesmo àquelas que vivem nas mais longínquas partes da terra. E de fato, nós oramos para que Ele o faça! Porém, repare que o texto primeiramente diz: "ser-me-eis testemunhas". Assim, o trabalho primário do Espírito Santo é dar a você uma revelação pessoal de QUEM é Jesus Cristo. O Espírito testemunha ao seu espírito de uma forma que você veja e conheça o Senhor mais clara e intimamente. Conhecer a Jesus Cristo melhor, mais precisa e completamente, irá automaticamente aumentar sua habilidade de ouvir da parte de Seu Espírito. O resultado será um grande aprofundamento em sua vida de oração e habilidade de receber discernimento do Espírito ao encontrar pessoas com necessidade.

O Santo Espírito tem um propósito, o qual é salvar e servir. Intimidade com Deus, empoderamento em sua vida e ministério começam a crescer quando você aceita totalmente a Pessoa e o agir do Espírito Santo. O discernimento se desenvolve quando você passa a não obstruir aquilo que Deus quer fazer. O discernimento cresce quando você, mesmo sem entender isso tudo, abre as portas do seu coração nesta área de oração. Isto é feito pela fé, e crendo nas promessas da Palavra de Deus.

R. A. Torrey descreveu a importância da intimidade e o estar na presença de Deus: "Se nós quisermos orar corretamente, a primeira coisa que devemos fazer é certificar-nos de que realmente temos uma audiência com Deus, de que de fato nós entramos em Sua própria Presença. Antes mesmo de uma única palavra, de que uma única petição seja oferecida, nós devemos ter a consciência definitiva de que estamos falando com Deus, e temos de crer que Ele está nos ouvindo e que Ele atenderá aquilo que nós Lhe pedimos.[6]

Deus é o Concessor dos Dons.

Em outras palavras, Deus tem a "patente" de todas as atividades do Espírito Santo. Você não pode usar nada sem a permissão Dele _ porque Deus somente ativa os dons do Espírito Santo. I Coríntios 12.11 diz: "Mas um só e o mesmo Espírito opera todas essas coisas, repartindo particularmente a cada um como quer". Assim, o poder que opera qualquer dos dons espirituais depende de Deus, o Santo Espírito, quem tão somente ativa aquilo que Ele deseja.

Lembre-se da última vez que você trocou seu celular. O funcionário da loja, ou mesmo você, teve que ligar para a operadora para ativar o aparelho e para que você pudesse usá-lo, certo? Se a operadora não ativasse o aparelho, você não teria acesso ao serviço. Compreender isso é muito importante, pois ninguém pode dizer que permanentemente "tem o dom". O Espírito Santo "ativa" os dons para que fluam em nós de acordo com que as necessidades de outros se apresentem. Se o Espírito Santo faz com que o discernimento de espíritos se mova através de nós, é para que nós possamos ser usados por Ele para ajudar a outros. O trabalho do Espírito Santo é sempre para salvar e servir àqueles que anseiam por um toque de Sua parte.

A grande descoberta da minha vida é o fato de que uma pura e simples expressão de minha fé pode mover o coração de Deus. Houve um tempo em que eu acreditei que apenas os grandes e poderosos poderiam ser usados por Deus de maneiras tão tremendas, contudo eu descobri que Deus honra o pequenino e humilde servo, faminto pelo Seu agir.

Permita a Deus ser Deus.

Quando eu uso uma ferramenta para realizar algum trabalho dentro de casa, está bem claro para mim que eu não sou a ferramenta. Eu sou aquele que tem a ferramenta nas mãos para completar o serviço em minha frente. Da mesma forma, eu não sou Deus. Eu sou apenas um instrumento nas mãos de Deus. Ele é aquele cuja mente, habilidade e poder flui através de mim. Eu sou um servo que permite que o Espírito Santo trabalhe através de mim como Ele deseja fazer. Definitivamente, este é o trabalho Dele.

Por vezes o orgulho pode fazer com que tomemos para nós o crédito de algo o qual somente Ele merece a glória. Tenha em mente que você é apenas um de Seus trabalhadores, apenas uma ferramenta em Suas mãos. Dê a Deus todo o crédito pelos milagres que Ele opera. Não fuja do maravilhoso poder de Deus. Não deixe o temor ou a ignorância dissipar o mesmo poder que levantou a Jesus dos mortos (Efésios 1.20). Deixe Deus ser Deus, e simplesmente desfrute a incrível, extraordinária verdade que Ele deseja partilhar com você em Sua obra redentora. Isto não é apenas uma prática de humildade, mas que, maravilhosamente, vai além das palavras.

William Law, um contemporâneo de John Wesley, avisou que neste tempo o Espírito Santo seria tão rejeitado quanto Jesus foi em sua época. Nós não queremos estar entre aqueles que resistem e perdem o Espírito. Nas palavras de Andrew Murray: "Ser cheio do Espírito é simplesmente isso: toda a personalidade se rende ao Seu poder. Quando toda a alma se rende ao Espírito Santo, Deus mesmo a preencherá."[7]

2

O Coração de Deus em Relação às Necessidades

No primeiro capítulo, nós enfatizamos o cuidado com a necessidade básica de uma pessoa. Quando você ora por alguém, seu objetivo é orar com eficácia a respeito do que tem causado a ferida ou a dor. O discernimento de espíritos, esse dom maravilhoso do Santo Espírito, abre um canal de comunicação entre você e o Mestre do Universo; assim, Deus está completamente envolvido na interação. Deus é Aquele que recebe a oração e Aquele que você está tentando alcançar. Essa é a essência da oração. A oração não está direcionada à pessoa. A oração não é um exercício psicológico. A oração é direcionada ao Deus Vivo! A oração é uma via dupla de comunicação com o Senhor. Se Deus é Aquele a quem você se dirige, então Sua opinião, Suas maneiras, e Seu pensamento a respeito da situação são o que importa. O seu Pai Celeste é Aquele que deve te dizer o que está acontecendo, e Ele é Aquele que resolverá o problema para você. Portanto, entender o coração de Deus concernente às necessidades humanas ajudará você a estar em Sua perfeita vontade _e assim sendo_ eficaz, ao orar.

Nos primeiros anos de meu ministério, eu me vi lutando contra mim mesmo até para orar por alguém. Eu perdi muito tempo em um uso superficial de palavras que tinham muito pouco ou nenhum sentido. Eu perambulava pelas palavras, torcendo para tropeçar eventualmente em algo substancial em que eu pudesse me basear para fazer minha petição ao Senhor a respeito da pessoa e seu problema. Eu usava frases rebuscadas, intercaladas com terminologias religiosas, o que era eu simplesmente tentando dizer: "Deus, o Senhor poderia me ajudar aqui? Eu estou perdido tentando ser um bom pastor, mas na verdade eu não tenho nem uma pista de qual seja o real problema nessa pessoa!" Quando eu não tinha mais o que falar, eu acabava me sentindo vão e vazio naquela situação, e então eu finalmente dizia: "Senhor, por favor, lhes abençoe", e muitas das vezes, Ele fazia. Contudo, no íntimo do meu coração, eu sabia que eu precisava ser capaz de ministrar mais poderosamente.

Mas à medida que o tempo passava, um pensamento muito importante começou a tomar espaço em minha mente. Eu comecei a me questionar se aquilo tudo era tão complicado quanto eu o estava tornando. Ter um bacharelado em psicologia provavelmente encheu minha mente de toda sorte de ideias a respeito dos problemas complexos e alusivos da psiquê de um ser humano. Mas eu comecei a me questionar que, uma vez que Deus criou a todos nós à Sua imagem, com um propósito específico, talvez haja uma "planta" mestra para toda a humanidade. Isso significaria que, independente de raça, gênero, idade ou cultura, os seres humanos geralmente experimentam os mesmos problemas. Poderia haver um padrão inerente de necessidades que sejam comuns ao homem, e poderia esse padrão ser desvendado? Foi aí que um milagroso romper começou a tomar lugar em minha vida e ministério.

Eu nunca esquecerei uma pequena igreja em Houma, Louisiana. Era um culto à noite, e haviam quatro homens no altar. Tudo que eu

O Coração de Deus em Relação às Necessidades   21

podia ver era o topo de suas cabeças, uma vez que eles estavam inclinados para baixo, olhando para o chão. Eu comecei a andar por detrás dos trilhos do altar, e notei que um deles estava apertando suas mãos tão firme que suas articulações estavam brancas. Aquilo chamou minha atenção. Eu me posicionei à frente dos quatro e comecei a orar. De alguma forma, eu soube que ambos tinham um problema específico em comum, e eu queria saber exatamente o que era. No meu coração, eu ouvi estas palavras: "o problema deles é espiritual." Era como se uma lâmpada aparecesse sobre minha cabeça. Eu acabava de ter uma revelação vinda do Céu.

Porém, eu não sabia como lidar com isso. Minha mente voava e meus pensamentos iam em qualquer direção. Então, algum momento depois, uma Palavra veio à minha mente: "Amarás, pois, ao Senhor, teu Deus, de todo o teu coração, e de toda a tua alma, e de todo o teu entendimento, e de todas as tuas forças; este é o primeiro mandamento" (Marcos 12.30). O que isso me disse em um instante é que todos esses homens tinham um amor por algo acima de Deus, e que ofendia ao Espírito Santo. Eu imediatamente perguntei aos quatro homens: "O que nas suas vidas está ofendendo o Espírito Santo? É crítico para a sua paz." Um deles me olhou e disse: "Rick, todas as nossas esposas morreram durante o ano passado, e nós não conseguimos sair do cemitério. Nós vamos lá todos os dias." Eu sabia que Deus detesta comunicação com os mortos. É algo proibido pelas Escrituras. Os homens ainda estavam se lamentando, o que era completamente normal, mas havia algo estranho no relacionamento deles com suas falecidas esposas. Eles estavam na verdade tentando manter comunicação com elas ao ir ao cemitério todos os dias. Aquilo era muito ofensivo ao Espírito Santo! Esses homens tinham um problema espiritual!

Essa experiência foi um tremendo e empolgante momento de revelação no meu ministério de oração. Eu sabia que Deus havia falado comigo, e ainda, até aquele exato momento eu não havia tido a mensagem. Agora, ela tinha surgido diante de mim. Em uma passagem das escrituras, Jesus havia "diagnosticado" o centro de toda a necessidade humana. Vamos observar essa poderosa Palavra na sua integridade:

Aproximou-se dele um dos escribas que os tinha ouvido disputar e, sabendo que lhes tinha respondido bem, perguntou-lhe: Qual é o primeiro de todos os mandamentos? E Jesus lhe respondeu: O primeiro de todos os mandamentos é: Ouve, Israel, o Senhor, nosso Deus, é o único Senhor. Amarás, pois, ao Senhor, teu Deus, de todo o teu coração, e de toda a tua alma, e de todo o teu entendimento, e de todas as tuas forças; este é o primeiro mandamento. E o segundo, semelhante a este, é: Amarás o teu próximo como a ti mesmo. Não há outro mandamento maior do que estes. (Marcos 12.28-31)

Na passagem paralela de Mateus 22.40, Jesus acrescenta: "Desses dois mandamentos dependem toda a lei e os profetas." Agora, um glorioso discernimento veio a mim da parte do Espírito Santo. O que Jesus disse ao escriba iria resolver minha busca por clareza em oração. Se nós recebermos essa Palavra em seu valor real, ela nos revela que toda a necessidade humana está fundamentalmente dividida em duas áreas: alguns de nós têm um problema com Deus, e alguns de nós têm algum problema com os outros! Quando Jesus disse: "Não há outro mandamento maior do que estes" (v. 31), Ele não estava apenas resumindo a lei, mas indicando que toda a lei e tudo que fora dado através dos Seus profetas aponta para esses dois Grandes Mandamentos. Ser capaz de observar esses dois mandamentos cumpre o propósito do nosso Pai Celestial para a humanidade, que fora criada à Sua imagem. Isto é plenitude. Ao ponto em que alguém não é capaz de plenamente amar

O Coração de Deus em Relação às Necessidades   23

a Deus (e receber Seu amor) e amar aos outros (e receber amor), essa pessoa está quebrada, comprometida, e em necessidade.

Vamos colocar dessa forma, que toda pessoa será capaz de satisfazer e agradar o coração de Deus se tão somente puder realizar essas duas coisas: amar a Deus e amar ao seu próximo. John Wesley descreveu a pessoa que cumpre integralmente esses dois mandamentos como o "Cristão Integral."[1]

O romper ali com aqueles homens em Louisiana foi fenomenal para mim. De agora em diante, eu tinha um ponto de partida em oração. Eu não mais necessitaria "entrevistar" a pessoa para pegar todos os detalhes (muitas vezes distorcidos pela percepção ou decepção) a respeito de sua vida. O discernimento de espíritos me levaria diretamente à área dentro da pessoa clamando por oração. O Espírito Santo poderia comunicar-Se comigo, uma vez que agora eu entendia biblicamente como Ele enxerga as pessoas e suas carências. Aquilo foi o suficiente para o começo de uma nova vida de oração com eficácia. Eu tinha alguma direção!

Porém, a vida pode nos trazer diferentes experiências, provações e dificuldades, bem no núcleo, a Palavra nos mostra que o coração de um ser humano se torna completo e íntegro em duas áreas: o relacionamento com Deus e o relacionamento com as pessoas. Colocando isso numa linguagem ainda mais clara, todos os problemas humanos estão divididos em duas categorias: espiritual ou relacional. Nós sofremos porque o pecado nos separa de Deus, e o pecado aflige nossos relacionamentos com as outras pessoas. Numa única frase sucinta: ou o seu problema é com Deus, ou o seu problema é com os outros. A oração com eficácia começa aqui. É iniciada aqui para mim.

Para ter certeza de que eu estava no caminho certo, eu passei meses num cuidadoso exame das Leis de Moisés, dadas nos livros de Êxodo, Levítico, Números e Deuteronômio. Eu descobri que cada uma das leis e ordenanças naquele sistema complexo cai em uma dentre duas categorias: 1) relacionamento com Deus em obediência, reverência e santidade; ou 2) relacionamento com as outras pessoas nos moldes prescritos por Deus.

Você precisa entender o impacto que isso tem gerado em minha vida. Por anos meus sermões haviam sido bons. O problema que me frustrava era o que eu deveria fazer quando as pessoas chegavam necessitadas de oração. Eu queria tanto começar a orar com mais eficácia, não me agarrando a tentativas de adivinhações, mas efetivamente ministrando às reais necessidades das pessoas. Quando esta simples, porém profunda, revelação a respeito da lei veio, o discernimento de espíritos começou a MOVER-SE em minhas orações! O que isso me diz é que a Palavra trabalha de mãos dadas com a revelação do Espírito Santo. A Palavra produz mais revelação, e a revelação esclarece a Palavra. Quando eu decidi colocar a minha fé exclusivamente naquilo que Deus revela através da Sua Palavra e no que Ele releva por meio do Seu Espírito, o ouvir da parte de Deus cresceu exponencialmente. Gradualmente, eu comecei a ESPERAR uma específica e precisa revelação do Espírito Santo todas as vezes que eu abrisse minha boca para orar por alguém.

Uma vez eu orei com uma jovem senhora em Curitiba, Brasil, e uma revelação veio a mim de que ela havia experimentado profundas rejeições de outros, principalmente de seu esposo. Eu pedi ao Senhor que intervisse em sua família, especialmente por seu marido, e suas lágrimas começaram a rolar. Outra vez eu ouvi a palavra "espiritual". Ali, eu parei. Como poderia uma rejeição pela família ou pelo esposo ser um problema espiritual? Eu lhe perguntei quanto tempo havia desde que ela tinha vindo à igreja. Ela disse que aquela era a primeira vez em muitos meses. Enquanto eu dirigia para o hotel aquela noite, me veio um pensamento: "Poderia o seu distanciamento de Deus estar relacionado com a rejeição pelo seu marido?" A resposta me veio rapidamente: "Sim, sua rejeição a Deus ESTAVA diretamente ligada à rejeição que ela sofria da parte de seu esposo." Ela estava tendo dificuldade em se relacionar com Deus em decorrência de sentir-se tão rejeitada como pessoa. A rejeição que ela havia sofrido nas mãos de um homem lhe causou descrença no amor de Deus por ela. Agora, minha mente foi aberta para uma nova forma de orar. A fonte da rejeição pode ter sido seu marido, mas seu real problema era com Deus. Ela havia se separado d'Ele. O problema espiritual deveria ser abordado para que ela pudesse receber a cura.

Vendo as Pessoas como Deus as Vê

Jesus conhecia o coração de cada pessoa a quem encontrava, e Ele também sabia que a chave para a cura de todos os sofrimentos individuais estava identificada dentro das Escrituras. Se nós quisermos ministrar às necessidades dos seres humanos da mesma forma com que Jesus o fez, nós devemos vê-las da mesma forma com que Deus as vê, o que é bíblico. Jesus foi o completo cumprimento da Lei. O único capaz de perfeitamente amar a Deus e amar aos outros com divino amor. Jesus veio à terra e foi à cruz para nos restaurar nessas áreas onde o pecado trouxe dor e destruição às nossas vidas. Romanos 3.20b nos diz que: "porque pela lei vem o conhecimento do pecado." A lei não é capaz de nos trazer cura. Nós nunca poderemos ser feitos plenos por tentar cumprir a lei! As escrituras são claras nesse ponto. Entretanto, a lei aponta nossa grande área de necessidade e essa necessidade ou é espiritual, ou de relacionamentos.

O que eu vinha perguntando ao Senhor era como eu poderia ministrar ao Seu povo baseado na revelação bíblica da verdade e não em conceitos de educação humana, filosofia ou percepção. Como Deus poderia estar errado em definir a necessidade humana? Eu simplesmente decidi que eu continuaria a aprender a como orar pelas pessoas da mesma forma que Jesus o fez, abordando o problema central.

Quando sua oração está endereçada a um problema que foi claramente identificado pela Palavra, você está em terra firme. Deus não pode errar a esse respeito! Pense dessa forma: se você tem uma Mercedes e ela começa a ter problemas sérios com o motor, onde você a levaria para o conserto? Faria algum sentido levá-la a uma concessionária da Ford? Nenhuma ofensa à Ford aqui, mas me parece que seria o melhor levar o carro a uma concessionária Mercedes, porque eles entenderiam muito melhor o carro do que qualquer outro. Para orar eficazmente pelos seres humanos, você precisa ir ao Criador do ser humano. O Criador pode mostrá-lo num instante o que há realmente de errado com um indivíduo. Ninguém conhece tudo ao seu respeito e seu problema melhor do que Deus! Quando Deus examina um ser humano, Ele sabe exatamente o que está errado e como nós quebramos nossos relacionamentos com Ele e com os outros. Deus é a melhor opção para consertar os homens. Deus também pode comunicar a você como proceder em oração por uma outra pessoa de modo que o seu "serviço" seja eficaz e preciso.

A oração eficaz por qualquer indivíduo deve iniciar-se a partir da necessidade, seja ela espiritual ou relacional. Em geral, se você identificar qual das duas se aplica a alguém, você será capaz de começar a orar por essa pessoa com poder. Para que possa ministrar a alguém e ter resultados duradouros, você deve lidar com a condição na sua forma mais primordial. E isso significa discernir se é espiritual (com Deus) ou relacional (com os outros). Não somente o Santo Espírito está contigo nessa, mas ainda a Palavra. O Espírito Santo opera através da Palavra e Ele responde à Palavra. As Escrituras revelam o coração de Deus em relação à condição humana e confirma a você aquilo que você ouve da parte do Espírito Santo. Há muitos exemplos nas Escrituras que nos ajudam compreender ambas necessidades espirituais e relacionais. Vamos analisar mais de perto.

Necessidade Espiritual

Em todas as histórias e culturas da humanidade, você encontrará uma variedade de deuses. Por séculos, o homem tem tentado encontrar e identificar Aquele que o criou, e compreender os Seus caminhos. Essa é a grande busca do homem: encontrar a Deus. Talvez você seja um(a) dentre os tantos nessa busca neste exato momento. E o seu desejo mais profundo seja relacionar-se e comunicar-se com Deus, o Criador, adorá-Lo, e experimentar a Sua Glória numa inabalável comunhão com Ele. Quando nós não podemos ou não desejamos nos relacionar com Deus, como nós estamos designados a fazer, um problema espiritual se forma.

A história de Saul, classicamente, ilustra uma necessidade espiritual. Deus havia dito a Samuel: "Amanhã, a estas horas, te enviarei um homem da terra de Benjamim, o qual ungirás por capitão sobre o meu povo de Israel" (I Samuel 9.16a). Saul era um homem das mais altas qualidades. Ele era um benjamita, o filho de Quis e o neto de Abiel. Ele era um jovem imponente, sem igual dentre os israelitas, desde os ombros para cima, sobressaía a todo povo (veja I Samuel 9.2). Saul pareceu sair-se bem até que sua fé em Deus fosse testada. Desde que Deus escolheu a Saul e o enviou a Samuel, nós podemos presumir que Saul conhecia a Deus e possuía um relacionamento com Ele. O que nós aprendemos é que muito medo residia no coração de Saul, e esse medo obscureceu a sua fé. O que qualifica um servo é a sua fé. Se você acompanha a história de Saul até o final (I Samuel 28), você descobrirá que ele se deslocou para tão distante de Deus que acabou em uma compulsão de evocar o espírito do falecido Samuel por intermédio da feiticeira de En-dor. Este foi um triste desfecho para alguém que deveria ter tido, segundo todos os padrões humanos, um tremendo sucesso.

Quando passamos a conhecer Saul, não llevamos muito tempo para percebermos que ele tinha uma séria crise em sua vida, a qual era a falta de intimidade e relacionamento com Deus. Saul não confiava nem dependia do Deus Vivo. Ele não recebeu sua identidade do Senhor. Consequentemente, Saul levou uma vida cheia de inseguranças, paranoia e rebelião, perdeu o favor de Deus, e morreu no processo. A adversidade mais perigosa de Saul não eram os filisteus, inimigos mais aterrarizadores de Israel, mas ao contrário, era sua inclinação a desobedecer a Deus. Ele possuía uma séria e profunda carência espiritual: um relacionamento quebrado com Deus.

Você poderia dizer que Saul rejeitou a Deus, e assim, se tornou rebelde diante d'Ele. Quando Samuel instruiu a Saul que esperasse por seu retorno antes que oferecesse o holocausto (I Samule13.8-11), Saul não esperou, por medo dos filisteus. Ainda que fosse um forte e ungido guerreiro e rei, Saul tremeu perante os seus inimigos. Ele podia ser alto e bem-apessoado, mas, por dentro, ele era inseguro e amedrontado. Nós precisamos reconhecer o que está, no profundo, além da superfície: Saul sofria uma autorrejeição em sua vida.

Autorrejeição e rejeição a Deus estão inter-relacionadas. Inicia-se com a autorrejeição. Quando você não consegue aceitar quem você é, em decorrência de problemas pessoais ou familiares, a resposta pode ser virar-se contra Deus e culpá-Lo por sua inabilidade em lidar com a vida. A falsa ideia de que Deus o rejeita e que Ele é nocivo (como membros familiares podem ter sido) pode criar raízes em sua alma. Então, devido à raiva e dor, você começa a rejeitar Àquele que mais o ama.

Esse homem Saul foi chamado por Deus para ser o rei de Israel. Entretanto, ele possuía um problema espiritual. Como você oraria por Saul? Se você tivesse esse privilégio, onde você iria começar para que fosse capaz de alcançar seu coração? Há alguma informação na narrativa bíblica a respeito de sua educação, que pode ser útil. Ele era filho de Quis, neto de Abiel, bisneto de Zeror, e da tribo de Benjamim. Essa informação pode lhe dizer muita coisa. Evidentemente, Saul vem de uma linhagem de justos. Contudo, quando nos deparamos com ele em I Samuel 9.1-3, lhe fora dada uma tarefa dos menores servos: ir procurar

O Coração de Deus em Relação às Necessidades

por algumas jumentas perdidas. Seria possível que Saul se sentisse diminuído e depreciado pelo seu próprio pai? Porém, veio a ser que o motivo central do problema de Saul era de natureza espiritual. Isso se torna claro ao passo que sua história se desenrola. Aqui é onde sua oração eficaz tem seu ponto de partida, quando você convida o Santo Espírito para invadir sua mente com as próprias palavras que você usará em oração, trazendo à tona uma maravilhosa transformação de glória. A oração é poderosa se ela alcança sua finalidade. Sim, Saul pode ter tido problemas com seu pai, com Davi, e com seus inimigos. Mas definitivamente seu conflito não era com seus pares, mas com Deus.

Se você encontrasse um "Saul" no mundo de hoje, quem sabe em sua igreja, esta poderia ser uma forma de você começar a orar:

Pai, no nome de Jesus Cristo, seu Filho, eu repreendo toda rejeição ao Seu amor, e que leva o meu irmão a questioná-Lo em todo o tempo. Eu me levanto contra todo o medo, descrença e nervosismo. Sossega o coração deste homem para saber quem verdadeiramente o Senhor É e para aceitar o Seu amor. Remova de seu coração o desejo de fazer a sua própria vontade. Eu me levanto contra toda dúvida, toda indecisão, e toda racionalização.

Restaura em seu coração o desejo de agradar-Te, oh Deus! Traga um espírito de rendição à Tua vontade. Eu libero fé, que vem da revelação de quem o Senhor É em sua vida. No poderoso nome daquele que ousou morrer por todos nós. Amém.

Uma oração assim poderia mudar a história, porque você, na verdade, orou pelo que estava no coração do problema, e isso foi verdadeiro. Como você fez isso? Você descobriu que o problema era de natureza espiritual, e o seu ministério de oração fluiu a partir dali. Se o seu "Saul" receber essa sua oração, você terá um touchdown espiritual! Nós estamos inundados de carência espiritual nesses dias. Muitos cristãos têm comprometido sua fé em decorrência de não poderem satisfazer sua fome por intimidade com o Senhor. Sentindo-se rejeitados e confusos, eles anseiam por um romper em Deus. Talvez eles estejam na igreja por toda sua vida, mas orações repetitivas, que não rendem nenhum resultado, e palavras formais, memorizadas por longos anos de serviços na igreja, podem levá-los a sentir-se vazios e paralisados. Muitos, na verdade, têm sido afetados por uma teologia mórbida e exercícios religiosos irrelevantes. Um espírito humano precisa experimentar a presença e o movimento do Espírito Santo para ser saciado e feito pleno.

Lembre-se de que alguém que tenha experimentado rejeição pode, em resposta, rejeitar a Deus. Eles podem parecer amá-Lo, e tentar servi-Lo e obedecê-Lo, mas eles estão entravados. Eles estão incapacitados de voltar-se a Deus em uma fé simples e uma confiança de criança. Eles estão impossibilitados de, honestamente, e de todo seu coração, aceitá-Lo por quem Ele É. Eles levam a vida como órfãos espirituais:

> Um verdadeiro órfão sabe o que significa viver sem a segurança, a estabilidade e o calor de um lar físico. Um órfão espiritual não é em nada diferente. Ele também está acostumado com os sentimentos de medo, rejeição, ansiedade e desabrigo, ainda que tenha uma casa para voltar à noite. Isto se dá uma vez que o órfão espiritual tem estado face a face com o real significado de desamparo de levar a vida sem um pai.[2]

Esse vazio pode ser abordado quando você aprende a orar por alguém com um problema espiritual.

Quando o problema básico é revelado como espiritual, em seguida você presta atenção em como a carência espiritual se expressa. Quais são algumas das indicações de uma carência espiritual? A pessoa pode constantemente fazer perguntas sobre a natureza de Deus. Parece que o indivíduo analisa e racionaliza os caminhos de Deus a cada passo do caminho. Ele critica qualquer coisa que necessite de uma demonstração de fé além dele mesmo. A angústia vem quando ele aparenta não poder confiar e acreditar da mesma forma com que os outros o fazem. Portanto, sua mente procura encontrar respostas que irão lhe satisfazer por um momento, mas os questionamentos e dúvidas persistem por anos. Há aqueles com uma carência espiritual que não conseguem nunca humilhar-se com seus joelhos dobrados como um meio de romper. Eles defenderiam e morreriam por sua teologia, ainda que suas crenças não tenham rendido nenhum fruto em suas vidas. Quando um homem ou mulher intelectual questiona pontos elementares da fé, quando uma mente cheia de dúvidas racionaliza cada novo conceito bíblico, quando o orgulho e o ego interferem na vida, é muito difícil aceitar a simplicidade do relacionamento com Deus pela fé. Alguns de nós prefeririam relacionar-se com um livro ou com algum teólogo do que propriamente com Deus.

Para esses indivíduos, seu foco em oração será na mente, falando de humildade, obediência, confiança e cura de pensamentos de ansiedade. Você mesmo deve abordar essas almas com paz no coração, pois paz é uma coisa que eles nunca tiveram. Um problema espiritual leva alguém que procura por Deus a sentir-se confuso, frustrado, sem esperanças, e definitivamente abatido. Certifique-se de que irá abordá-los com palavras de conforto e encorajamento. Nunca ore pondo alguém para baixo; sempre ore pondo-os para cima!

Necessidade Relacional

Uma vez que o próprio Jesus continuamente lidava com as necessidades básicas das pessoas, nos beneficiamos ao aplicar os mesmos métodos que ele usou. Afinal, não é Ele o Criador e o "expert" quando se trata de Sua própria criação? Por que deveríamos questionar o conceito fundamental do amor de Deus e do amor ao próximo dado em Marcos 12.28-31, quando o próprio Filho de Deus declarou que esses dois mandamentos se sobressaem a todos os outros? O segredo para uma oração poderosa é partir do ponto inicial da fraqueza e dor, e, sem dúvidas, essas duas áreas, designadas "espiritual" e "relacional", são biblicamente reveladas como sendo as duas de maior carência em um ser humano.

Deste modo, tendo tratado brevemente de uma necessidade espiritual, como então podemos identificar e ministrar a uma necessidade relacional? Quando Jesus disse "Amarás o teu próximo como a ti mesmo", ele identificou que aproximadamente cinquenta por cento dos problemas inerentes ao ser humano são relacionais. Isso é intrigante, uma vez que cinquenta por cento dos mandamentos do Antigo Testamento indicam um problema com pais, mães, irmãos, amigos, e outros. Nós nascemos para viver e morrer em comunhão. Nenhum de nós nasceu para viver isolado dos outros. Você é um resultado da comunhão e uma parte da comunhão; sem os demais, a sua vida não pode ser completa.

O relacional envolve toda sorte de interações humanas. Isso inclui emoções, assim como raiva, culpa e ódio. Isso varia entre um sofrimento profundo, contenda, ciúmes, inveja e falta de perdão. Porém, quando você começa a orar por uma necessidade relacional, você não lidará a princípio com essas emoções, pelo menos não no início. Mas, você irá abordar a área relacionamentos que primeiro abriu a porta para o problema na vida da pessoa. Lembre-se de que O Espírito Santo lhe revelou se o problema era espiritual ou relacional; então, o Santo espírito está cooperando com você aqui. Certifique-se de que o Espírito Santo vá à frente de você. Ele sabe exatamente aonde ir. Quando você aborda a área chave na sua oração, isso traz conforto, e a pessoa que

O Coração de Deus em Relação às Necessidades 33

está recebendo a oração normalmente se abrirá a isso. Você é a voz, e o Espírito Santo é Aquele que está convencendo a pessoa de receber a sua oração.

Vamos fazer um "estudo de caso" das Escrituras a respeito de uma carência relacional. Um exemplo pode ser encontrado na história de Jacó e seu irmão, Esaú. Após roubar o direito de primogenitura de seu irmão (veja Gênesis 27), Jacó correu para a casa de Labão, bem longe de Harã. Esaú, sabendo da decepção com Jacó, em relação ao roubo da bênção, nutriu ressentimento em relação a Jacó: "E aborreceu Esaú a Jacó por causa daquela bênção, com que seu pai o tinha abençoado; e Esaú disse no seu coração: Chegar-se-ão os dias de luto de meu pai; então, matarei a Jacó, meu irmão" (Gênesis 27.41). Esse relacionamento quebrado entre irmãos se tornou um motivo de ódio e divisão que durou por muitos anos. Ao lidar com as pessoas, você encontrará aqueles que receberam o mesmo tratamento de Esaú e eles também não irão perdoar, nem irão esquecer.

Jacó trabalhou para Labão por quatorze anos para ganhar suas duas esposas, Lia e Raquel. Jacó foi forçado a casar-se com Lia primeiramente, ainda que seu desejo fosse de casar-se com Raquel. Porém, Deus abençoou a união com Lia. Ela deu a Jacó quatro filhos, incluindo Levi, o ancestral da linha sacerdotal Arônica, e Judá, que produziu a linha real de Davi, que inclui a Jesus Cristo. E mesmo que tenha cumprido um grande destino, Jacó ainda assim carregava dentro de si um grande tormento e medo de Esaú.

Ao orar por pessoas com problemas relacionais você pode querer usar palavras que irão ajudar a pessoa por quem você está orando a receber melhor a sua oração. Por exemplo, a falta de perdão está associada à raiva, desconfiança, desavenças, contendas, vingança, criticismo, rigidez e injustiça. Aqueles com problemas relacionais não têm paz em sua alma, porque há muita coisa que não tem sido tratada dentro do inconsciente de suas mentes. Sua oração pode tornar a pessoa livre e introduzi-la a uma nova conduta para fazer as coisas corretamente. Se você se encontrasse com "Jacó" e tivesse a oportunidade de orar por ele, o que você diria? Aqui está uma oração para o seu "Jacó", que apesar de estar muito bem de vida, ainda possui uma carência relacional enraizada que precisa ser curada:

Pai Celestial, sossegue o coração de Jacó de fugir de Esaú. Dê-lhe fé e coragem para que não mais tema a Esaú, mas do contrário venha a ele e lhe peça perdão. Abra sua mente para compreender que estar longe de sua família por quinze anos não ajudará a ninguém; mas fortaleça-o para que se arrependa do que fez a Esaú. Aquiete as águas desse drama e abrande o coração de Esaú para perdoar o seu irmão. Remova toda a amargura, raiva, veneno, corrosão e contenda de toda sorte do coração de Jacó, e sustenta-o para confrontar o seu irmão em verdade e amor.

O foco de uma oração por carência relacional deve endereçar a pessoa que historicamente foi o centro do problema relacional. Durante o curso da vida, nós temos muitos relacionamentos; porém, UM relacionamento chave produz a inquietação encontrada no indivíduo com uma carência relacional. A indução do problema se inicia com uma pessoa. Poderia ser uma mãe ou um pai, uma avó ou avô, ou quem sabe um irmão ou irmã, como no caso de Jacó e Esaú. Poderia ser uma amizade de infância ou um professor. Quando você ora por alguém, identifique aquele indivíduo que causou o grande dano e direcione a sua oração à pessoa como a chave da origem de uma carência relacional. No caso bíblico acima, quando a cura finalmente chega entre Jacó e Esaú (Gênesis 33), o nome da mãe de Jacó, Rebeca, não

O Coração de Deus em Relação às Necessidades   35

vem à tona, ainda que ela tenha sido parte da conspiração contra Esaú. Jacó havia estado em total acordo com o plano de sua mãe em enganar seu irmão. Finalmente, a decisão de enganar seu irmão foi tomada pelo próprio Jacó. Portanto a cura do problema relacional teria de vir entre Jacó e Esaú.

Questões relacionais podem ser muito danosas aos seres humanos, e o coração de Deus revela isso ao nos ordenar: "Amarás o teu próximo como a ti mesmo" (Marcos 12.31b). Veja você que o homem foi criado para ter relacionamentos, e, por natureza, um homem ou uma mulher não pode ser preenchido e feito pleno fora de uma comunidade. Nós sofremos porque o pecado _nosso e de outros_ fere nosso relacionamento com as pessoas. Quando sua oração vai diretamente a essa área relacional, e a aborda de acordo com a verdade bíblica, ela se torna precisa e vai direto ao ponto, e os resultados são vidas transformadas.

Você está aprendendo a mente do Espírito Santo aqui, e a partir do momento em que você começa a orar com necessidades básicas em mente, você não irá perambular por outros lugares em seu ministério de oração. Nós usamos a analogia de um *touchdown* no futebol. Atingir a necessidade assemelha-se a um *running back* alcançando a *end zone*. Há um senso de urgência! Você deve apressar-se com isso, de forma a declarar a palavra crítica em oração, a qual irá convencer o indivíduo de que o Santo Espírito lhe conhece intimamente. Este é um momento confortante e estimulante na espiritualidade de alguém, pois é Deus descendo para aquela pessoa no meio de uma oração. Veja você, quando o Espírito Santo revela, Ele também cura. Quando Ele cura, Ele também convence a pessoa recebendo a oração. Sua oração não é um trabalho humano, carnal. Não é algo que você traz de sua mente, vontade e emoções. É um veículo que carrega verdade diretamente do santo e amável coração de Deus para o mais profundo recanto dentro de um ser humano. Se o seu computador pode receber o poder e o acesso de um sinal Wi-Fi neste exato momento, por que não poderia o seu espírito receber acesso ao poderoso "sinal" de Deus, o qual fará de você uma bênção na vida de outro alguém? Ele pode. Apenas creia!

3

As Quatro Raízes

No nosso capítulo anterior, nós observamos as necessidades básicas, que são divididas em duas áreas principais: carências espirituais, que dizem respeito a Deus, e carências relacionais, pertinentes aos outros. Ao lidar com o espiritual, você se depara com o mandamento bíblico: "Amarás, pois, ao Senhor, teu Deus, de todo o teu coração, e de toda a tua alma, e de todo o teu entendimento, e de todas as tuas forças" (Marcos 12.30). Amar a Deus é o desejo fundamental de todo ser humano, e no entanto, nós relutamos em fazê-lo devido à nossa natureza carnal, à influência maligna, e àquilo que a vida tenha nos causado. Os seres humanos foram criados para amar ao seu Pai e desesperadamente anseiam por amá-Lo, mas muitas vezes não conseguem romper. Se a humanidade tem um problema, e este é amar a Deus de todo o coração, você deve simplesmente identificar a carência básica aqui, a qual se dá pelo fato do homem ser um rebelde diante de Deus. A oração concernente a essa área é um momento decisivo na vida de alguém que deseja plenitude, uma vez que envolve o próprio coração do nosso Deus. Ele quer que você se defina n'Ele. Identidade e plenitude podem ser achados n'Ele.

Você aprendeu que uma carência espiritual é dividida em duas áreas: autorrejeição e rejeição a Deus (o que é uma rebelião contra Deus). Qualquer atitude voltada contra Deus reflete uma atitude intrínseca voltada de si mesmo. Quando você consegue identificar, seja a raiz da autorrejeição ou da rejeição a Deus, como uma carência básica, isso lhe abrirá o caminho e guiará sua oração a lugares profundos dentro do coração da pessoa.

A rejeição a Deus se inicia com a rejeição a si mesmo. Quando alguém é rejeitado como pessoa, se torna propenso a rejeitar a Deus. A forma com que a pessoa se relaciona com Deus se desenvolve a partir de como ela percebe a si mesma. É impossível relacionar-se com Deus em amor, de todo o seu coração, todo o seu entendimento, e toda a sua força quando você não consegue relacionar-se consigo mesmo. A rejeição a Deus é uma carência básica, que se forma quando a pessoa não consegue manter um relacionamento com Deus, devido a um conflito pessoal interno. Uma pessoa que rejeita a Deus está essencialmente em rebelião contra Ele.

Questões relacionais envolvem o seu relacionamento com outras pessoas. Jesus enfatizou essa área quando Ele citou a lei, dizendo: "E o segundo, semelhante a este, é: Amarás o teu próximo como a ti mesmo" (Marcos 12.31). Nós somos seres comunitários, e fora da comunhão nós nos encontramos incompletos e vazios. Cada um de nós já experimentou conflitos com outros ou relacionamentos problemáticos dentro da família. Claro, o grau de um trauma em relação ao outro varia. Porém, quando um trauma sobrecarrega ou define uma pessoa, uma carência relacional pode ser criada.

Se Caim tivesse resolvido seu problema com Abel quando Deus lhe deu a oportunidade, o primeiro homicídio da Bíblia não teria acontecido. Se Esaú tivesse investido tempo com Jacó e trabalhado suas diferenças, nós teríamos escapado de um triste capítulo na história da humanidade, que divide nações e incita conflitos até hoje. Questões de

As Quatro Raízes 39

falta de perdão e suas dolorosas consequências são encontrados repetidamente pelas Escrituras.

Há duas áreas ou "ramificações" dentro de uma carência relacional: falta de perdão e mágoa. A falta de perdão se torna progressiva em seu desenvolvimento, estabelecendo um controle crescentemente negativo e destrutivo sobre a alma humana. Então, a falta de perdão evolui para raiva e mágoa. Porque a mágoa é uma falta de perdão que foi permitida a permanecer e tornar-se profundamente enraizada, até mesmo no decorrer das gerações. Nós podemos dizer que a falta de perdão é o assento da mágoa. Tenha isso em mente.

Estas são as quatro raízes profundas das carências humanas: autorrejeição, rejeição a Deus, falta de perdão e mágoa. Se você estiver pensando dessa forma ao abordar uma pessoa, com o discernimento de espíritos operando, o Espírito Santo lhe guiará a uma dessas quatro raízes. O que é uma raiz? Uma raiz é a área primária da carência para onde a sua oração por plenitude deve ser direcionada. A autorrejeição e a rejeição a Deus poderiam ser visualizadas como "raízes verticais" pois elas primordialmente afetam nosso relacionamento com Deus. Já a falta de perdão e a mágoa seriam então as "raízes horizontais", uma vez que elas afetam diretamente nossos relacionamentos com os outros. Ao orar por alguém, você deve crer na manifestação do discernimento de espíritos para que possa "ouvir" qual carência é urgente (espiritual ou relacional).

Deixe-me pausar aqui por um segundo. Eu estou bem certo de que eu compreendo como você pensa, e eu sei qual é a questão que acaba de vir à sua mente: "Como eu posso ter certeza de que eu ouvirei algo da parte do Senhor?" Em outras palavras, "Que segurança eu posso eventualmente ter de que o Espírito Santo se moverá para me ajudar a entender a carência mais crucial de outrem?" A resposta é esta: a Palavra já nos assegurou de que a necessidade básica de cada homem e cada mulher é amar a Deus e amar aos outros. O Espírito Santo sempre confirmará a Palavra. Sempre! Se você tiver a Palavra de antemão em sua mente quando você se mover em fé para orar por um outro indivíduo, Deus, através de Seu Santo Espírito, o honrará, iluminará e confirmará a Sua Própria Palavra em todo tempo!

Assim, após discernir entre uma carência espiritual ou relacional, o próximo movimento é mirar a raiz do problema: autorrejeição, rejeição a Deus, falta de perdão ou mágoa. Essa raiz é a área onde o Espírito Santo irá concentrar-se agora e começar a trabalhar, lhe conferindo qualquer informação que necessite para formular uma oração eficaz, a qual irá tocar profundamente e traspassar a própria alma do indivíduo.

Muitos anos atrás, ao visitar o Brasil numa viagem missionária, nós estávamos realizando um serviço em uma igreja Metodista local. O templo estava cheio até a tampa, e a equipe orou por todos os que vieram ao altar. As filas daqueles que esperavam por oração se estendiam pelos corredores, e nosso grupo ministrou por quase quatro horas até ter certeza de que cada pessoa teria recebido oração, sem que nenhuma passasse despercebida. O culto da noite havia finalmente terminado e estávamos em nosso ônibus, muito cansados e prontos para voltarmos à base missionária e irmos para nossas camas. Eu estava já me ajeitando no meu assento para a longa viagem para casa quando eu notei uma mulher batendo na porta do ônibus. Ela exclamava que queria que eu orasse por ela! Eu estava cansado, e tenho que honestamente lhe dizer que não me agradava muito ter que me levantar e orar por alguém quando nós já tínhamos orado por tanto tempo e dado toda oportunidade para que qualquer pessoa em aflição pudesse receber atenção. Porém, eu de fato me levantei, e quando eu cheguei à porta, ela disse: "Senhor, mostre a esse homem meu problema". Para dizer a verdade, eu realmente senti vontade de retornar ao meu assento e fechar a porta, mas a voz interior de Deus me falou tão terna e gentilmente a respeito

As Quatro Raízes 41

da sua necessidade: tinha a ver com outros. Eu imediatamente me convenci. Eu sabia que uma revelação havia me sobrevindo. Agora eu sabia como proceder em minha oração por ela. Eu lhe pedi que olhasse diretamente para mim, e o seu rosto refletia as marcas de muitos anos de dor. Eu sabia que ela odiava alguém com sentimento de vingança, e que o coração dela estava partido. Então, lhe pedi que me respondesse uma única pergunta: "Me diga o nome dele." O rosto dela se distorceu em raiva e as lágrimas começaram a rolar. Ela explodiu em uma rios de palavras a respeito de "Antônio", que havia lhe abandonado com quatro filhos. Eu sabia que ela estava acometida de falta de perdão e com muita mágoa por Antônio. Nosso grupo se achegou para orar por ela, e a Glória veio sobre aquela mulher quando ela perdoou o seu ex-marido. Então, um jovem alto veio e me agradeceu por ter trazido cura à sua mãe. Foi a primeira vez na vida que ela havia ido a um culto. Ela não apenas recebeu a Jesus Cristo naquela noite, como ainda se encontrou reconciliada com o amoroso Deus que poderia remover anos de raiva e dor.

Andrew Murray estava correto quando escreveu: "Nós devemos começar a crer em Deus, no mistério da oração, Ele nos confiou uma força que pode mover o mundo celestial, e pode derramar o seu poder na terra."[1]

Qualquer informação que o Santo Espírito dá está impregnada de conhecimento. É maravilhoso estar com uma pessoa e perceber num instante exatamente onde concentrar a sua oração. Você não deve saber tudo por si mesmo, porque o Espírito Santo é perfeitamente preciso em Seu entendimento a respeito das carências humanas. Isso é tão libertador! Quando você se abre para o princípio bíblico da revelação e ousa agir pela fé, você não somente irá ouvir a voz de Deus, você verá resultados. Hebreus 11.6 declara: "De fato, sem fé é impossível agradar a Deus, porquanto é necessário que aquele que se aproxima de Deus creia que ele existe e que se torna galardoador dos que o buscam" (ARA). Os dons do Espírito Santo, incluindo discernimento de espíritos, começarão a incutir nova vida dentro de seu ministério de oração, por meio da revelação dessas áreas de carência, de forma que você possa ministrar mais eficazmente às pessoas. Você cometerá erros? Sim, é bem certo que você cometerá erros, mas com a prática, você se tornará mais preciso em seu ministério de oração. Seja paciente consigo mesmo à medida que você aprende, e creia que o Espírito Santo está com você para aconselhá-lo e instruí-lo. Milhares de cristãos "normais" em nossas viagens missionárias ao Brasil têm aprendido a como orar de acordo com os princípios que eu estou compartilhando com você neste livro. Os testemunhos são intermináveis a respeito de como seus ministérios de oração têm sido transformados e empoderados. Eles simplesmente ousaram crer que o Espírito Santo falaria com eles à luz da Palavra e então deram um passo de fé para tentarem ser uma bênção a outro. O fruto, ao passar dos anos, é imensurável. Se não houvesse nenhum fruto, eu não estaria escrevendo este livro. Mas o fruto confirma que há algo de poderoso no que eu estou compartilhando com você nestas páginas.

Nos próximos capítulos, nós daremos um olhar detalhado sobre as quatro raízes, uma a uma, e como elas são formadas e expressas na vida de um homem, mulher, ou criança. Ao ler essa seção, você começará a compreender a si mesmo e aos demais em sua vida de um forma mais clara. E isso tudo se inicia ao olhar a necessidade da mesma forma com que Deus a vê.

4

Carência Espiritual: a Raiz da Autorrejeição

Uma vez que uma pessoa se torna cristã, ela é chamada a ser uma testemunha do amor redentor de Deus. Se nós não conhecemos e não abraçamos o amor de Deus de uma forma pessoal, nós não somos capazes de crescer nesse amor ou de ministrá-lo aos outros. Isso faz com que sejamos abatidos como seres humanos e ineficazes como testemunhas. A raiz da autorrejeição minimiza, suprime e diminui a pessoa. O que lhe desencoraja a entender que ela tem dignidade e valor. A rejeição nos impede de compreender o amor de Deus por nós. Há muitos cristãos que falham em receber o incondicional amor Ágape de Deus. Apesar de sinceros em sua fé, falta-lhes confiança espiritual em si mesmos e na capacidade de Deus em livrá-los de seus pecados e traumas passados e presentes. Isso os impossibilita de crescer em sua fé. E os detém de alcançar seu potencial de vida e de tornarem-se uma bênção aos outros.

De Onde Vem a Autorrejeição?

A rejeição é uma carência espiritual, mas a raiz da rejeição é concebida quando um indivíduo é rejeitado por outras pessoas: membros familiares, colegas ou figuras de autoridade. A rejeição se dá a partir daqueles que têm acesso à confiança e ao crédito da pessoa, assim como um pai, uma mãe, ou irmãos e irmãs. A rejeição é algo que é induzido. Não é algo inato. Em outras palavras, não é algo que a pessoa "possua" sem nenhuma causa. Ninguém opta por ser rejeitado. É algo imposto sobre alguém. Eu tenho ministrado a crianças, tão novas como de cinco anos de idade, que se sentem rejeitadas na escola. Uma criança indesejada pode sentir-se rejeitada por sua mãe ainda no ventre. A indução da rejeição em uma idade inicial cria um precedente que pode durar uma vida. Um simples incidente que tenha deixado uma "cicatriz" de rejeição pode ser lembrado quarenta anos mais tarde se não for tratado adequadamente.

Todos nós experimentamos rejeições muitas vezes em nossas vidas. Contudo, a raiz da rejeição brota em uma pessoa quando as experiências de rejeição se tornam opressivas a ponto de distorcer e obscurecer um relacionamento saudável com Deus. A pessoa considera quase impossível acreditar consistentemente que ela é verdadeiramente amada por Deus. Uma rejeição profunda de um pai ou uma mãe causa sentimentos de inadequação dentro de uma criança que mais tarde irá eventualmente tornar-se um padrão emocional. À medida que a criança cresce, vozes de acusação tornam-se mais familiares e prevalentes do que a voz de aceitação. A mensagem de inutilidade ou baixa autoestima pode criar raízes no processo de reflexão de uma criança desde uma idade bem inicial, afetando praticamente todas as áreas do desenvolvimento, incluindo personalidade, espiritualidade, saúde e sexualidade. Tudo isso interfere na capacidade de sentir-se aceito e seguro no amor de Deus. Um padrão de uma autopercepção negativa torna-se firmemente

Carência Espiritual: a Raizda Autorrejeição   45

estabelecido e permanece até que seja tratado por alguém que saiba como orar.

Quando eu vim do Brasil para os Estados Unidos pela primeira vez, a comunicação com os outros era muito difícil. Eu não podia entender a língua. Me sentia totalmente fora de sintonia com os outros. Eu sabia que parecia e agia diferente dos outros ao meu redor. Isso era terrível. Havia muitos dias em que me sentava só pelo refeitório no colegial, em Madison, Flórida, esperando que alguém -qualquer pessoa- falasse comigo. Eu venho de uma veemente família metodista no Brasil. Quando eu deixei o Brasil, meu pai me havia dito: "Filho, você está debaixo do chamado profético de Deus, você é abençoado por Deus, e salvo pela Graça de Deus." Mas naqueles dias em Madison High, eu me sentia como se toda a bênção profética e talvez até a minha salvação, haviam sido tiradas de mim. A rejeição dos outros estava me enfraquecendo.

Por fim, eu cheguei até mesmo a parar de ir à igreja. Por um período de tempo, eu estava como se minha fé houvesse esfriado. Eu frequentava a escola e ia ao meu trabalho, no posto de combustíveis Shell, em frente à Igreja Batista, mas o meu relacionamento com Deus quase desapareceu. Porque eu era rejeitado, eu comecei a rejeitar a Deus em minha vida. Curiosamente, a rejeição veio da parte dos meus pares à medida que eles tornaram-se mais importantes que a própria vida para mim. As senhoras da Primeira Igreja Metodista Unida me salvaram de danos profundos quando decidiram aproximar-se de mim com amor. De alguma forma, o amor delas começou a compensar a rejeição que eu estava experimentando na escola, e eu comecei a sentir, pelo menos, alguma sensação de pertencimento. Eu entrei para uma fraternidade no campus da North Florida Junior College[1], e aqueles rapazes também realmente me acolheram. Agora o pequeno Ricardo estava protegido pelos seus irmãos maiores! Mesmo que eu tivesse sido criado numa sólida fé cristã, a atitude dos outros afetava profundamente a minha vida, e por pouco não naufragou a minha fé.

Ao orar por jovens, você deve procurar por esses traços de rejeição. Concentre-se em conflitos familiares. Ainda, um adolescente navegando pelo sistema escolar, sendo afligido com todo dano físico ou emocional e negatividade abundantes nas redes sociais, pode desenvolver uma raiz de rejeição, que irá reprimir sua autoestima por muitos anos adiante. Ao orar por alguém com essa carência básica causada pela rejeição, o ponto é não condenar a pessoa, ou pessoas (mãe, pai, pares, etc.) que causaram a rejeição. Seu trabalho aqui não diz respeito a conferir culpas. Mas refere-se a trazer a causa específica da dor e rejeição à tona, de forma que você possa orar com eficiência. A sensibilidade sobre como a raiz da rejeição foi formada é demasiadamente importante para o sucesso da sua oração. Seu entendimento a respeito da carência básica da pessoa é suficiente para que o Espírito Santo lhe direcione em como orar com precisão sem nenhuma condenação em sua oração. O Santo Espírito não está interessado em condenar ninguém! Ele Está presente para curar e restaurar a pessoa que tem sofrido da rejeição por tantos anos.

A autorrejeição muitas vezes surge quando alguém é criado num lar onde a rejeição também caracterizou a vida do pai ou da mãe. Pais que foram abusados ou não foram amados podem responder por abusar e rejeitar a um filho. Uma raiz de rejeição pode evoluir quando a criança é exposta a aberrações ou imoralidades sexuais. A forma mais intensa de autorrejeição se dá a partir do incesto. Quando uma pessoa experimenta uma rejeição aguda como um incesto ou um abuso sexual, isso pode mudar sua personalidade, marcando-a com uma atitude de rejeição pela vida. Observando os mandamentos bíblicos, o Senhor é muito claro a respeito de pecados dentro da família e amor próprio. Por exemplo, Êxodo 20.17 diz: "não cobiçarás a mulher do teu próximo." De igual forma, Deuteronômio 27.22 diz: "Maldito aquele que se deitar com

Carência Espiritual: a Raizda Autorrejeição 47

sua irmã, filha de seu pai ou filha de sua mãe!" O que nós aprendemos a respeito do coração de Deus nessas proibições da lei? Cada uma delas pertence a rejeições pessoais entre membros familiares e aqueles que vivem dentro da comunidade. Deus compreende os seres humanos. Nossos pecados contra um outro ser humano pode criar um problema profundo de rejeição, o que irá afetar aquela pessoa por toda a vida.

O Vazio Interior

Qualquer distorção do amor interfere na descoberta do amor de Deus por nós. A raiz da autorrejeição pode tornar uma pessoa para dentro de si mesma ao invés de voltar-se para Deus. O indivíduo com uma raiz de rejeição sente um vazio interior e busca preenchê-lo de diversas formas, até mesmo por meios ilegítimos. A rejeição compele a um homem ou mulher a alimentar sua fome por Deus com outras sortes de comportamentos e substâncias, por vezes lhe impelindo a usar outras pessoas para benefício pessoal. Por exemplo, uma moça que cresça sem um pai ou a influência de um homem de Deus pode querer buscar a atenção de outros homens de maneiras inapropriadas, usando seu corpo na tentativa de ganhar a aceitação de outros homens. Um homem viciado em pornografia está tentando preencher o vazio criado em sua vida por conta da rejeição. Uma vez que ele não consegue experimentar um relacionamento íntimo com seu Pai Celestial, ele se volta para "falsos" relacionamentos externos. A falha em entender e crer no amor de Deus leva a uma vida de vazios, onde o amor genuíno é substituído por lascívia. O resultado em tentar preencher o vazio interior pode ser cair em uma espiral de toda sorte de vícios e complicações, produzindo ainda mais danos à autoestima e causando até mesmo mais rejeição dentro da família.

Identidade

É interessante notar que o que cria uma raiz de rejeição em alguém pode causar pouco efeito sobre um outro membro da mesma família, ou pode ser experimentado de uma outra forma. Por exemplo, um menino que perde seu pai e começa a ser controlado por uma mãe autoritária. Ele sofre em sua identidade, possivelmente resultando em efeminação. Esse menino começa a buscar a aceitação e a atenção de outros homens de modo a preencher a lacuna criada pela ausência de seu pai. Esse, é claro, não é sempre o caso. Um irmão mais novo eventualmente pode responder de uma forma completamente diferente à ausência de seu pai. Cada indivíduo responde de modo distinto, e o dano pode ser minimizado em decorrência de uma presença amorosa da parte de outros membros familiares e amigos.

Uma identidade saudável é aquela definida em Deus. Quando nós conhecemos quem Deus é e estamos certos de Seu amor por nós, então nós sabemos quem nós somos! Porém, alguém que tenha a raiz da rejeição vivencia uma crise porque sua identidade é atrelada em si mesmo ao invés de Cristo. Por vezes, nós encontramos pessoas que estão demasiadamente confusas a respeito de seu papel quanto a seu gênero. Entretanto, o comportamento masculino de uma mulher e afeminado de um homem não é necessariamente um indicativo de homossexualidade ou imoralidade, contudo muito mais um indicativo de uma raiz de rejeição. É de responsabilidade dos seguidores de Cristo verificar as consequências e aprender a ministrar sobre a dor que surge a partir da raiz na forma de um problema complexo.

Alguém rejeitado por membros familiares experimenta uma rejeição composta. A rejeição composta ocorre quando a pessoa sente a dor de sua própria rejeição no contexto de muitas outras rejeições que prevalecem dentro da família. Não somente o próprio

Carência Espiritual: a Raizda Autorrejeição 49

indivíduo sente-se rejeitado, mas a rejeição parece fazer parte da linha familiar. Um pai e avô, ou mãe e avó, cuja incapacidade de amar e cuidar devidamente de uma criança por não terem eles mesmo sido amados, irão exercer tremendamente uma influência sobre a criança. Essa pessoa irá essencialmente dizer: "Desde que eu tenha sido rejeitada pela minha própria família, desde que eu não tenha uma forma de saber quem realmente sou, eu me expressarei da forma com que eu me sinto e daqueles que aparentam me aceitar."

Sexualidade

Perversões sexuais representam uma tentativa extrema de superar a rejeição. A rejeição individual de quem busca preencher um vazio de amor pode ter sua participação nas perversões sexuais. Esses comportamentos produzem um senso temporário e falso de pertencimento e aceitação, mas nunca poderão satisfazer a carência de um amor genuíno. Quando a rejeição chega neste nível, você verá uma inclinação acentuada para anormalidades sexuais. Isto não é simplesmente lascívia ou um desejo por experimentar algo novo, mas do contrário, uma forte corrente seduzindo a pessoa a tornar-se cativa a um estilo de vida muito fora do normal. Um círculo de relacionamentos se desenvolve, o qual é formado por outras pessoas rejeitadas -todas buscando expressar sua sexualidade de modo que satisfaçam seus desejos. Você percebe tais indivíduos profundamente rejeitados tentando desesperadamente encontrar as mesmas carências em outrem. Relacionamentos amorosos verdadeiros e duradouros nunca se darão a partir de rejeições. A rejeição distorce a capacidade de identificar e buscar um amor genuíno ao invés de um falso amor, desde que tudo que ela faz é autoalimentar-se. Relacionamentos egoístas não satisfarão nem durarão.

Autoestima

A rejeição nos furta a autoestima, nos levando a processos reflexivos que não sejam cristocêntricos. Estes nos fazem pensar menos a respeito de nós mesmos e nos cegam quanto a nosso valor no Reino de Deus. Pensamentos de insegurança e inferioridade convencem a pessoa rejeitada de que ela não é tão boa quanto todas as outras e, portanto, não é digna do amor de Deus. Esses pensamentos de insegurança naturalmente levam à solidão, autopiedade, desesperança, timidez, incapacidade, vergonha e inadequação.

Para que possa lidar com esses sentimentos, a pessoa rejeitada pode aprender desde muito cedo o escape da indiferença, tornando-se passiva e indecisa. Alguns podem encontrar escape na comida, álcool, drogas e apostas. Outros podem escapar via dormir excessivamente, exercício exagerado ou TV. Todos esses comportamentos, no final, não satisfazem, e apenas servem para intensificar os sentimentos de inutilidade.

O medo de outras rejeições pode fazer a pessoa voltar-se para si mesma, de forma que comece a automimar-se ou autosatisfazer-se. Ela pode apresentar um pensamento distorcido a respeito de sua própria importância em casa, no trabalho, na igreja, na comunidade, de modo que possa sentir-se melhor. Esta é não mais do que uma fachada para esconder a insegurança através do ego, de forma que os outros acreditem que ela seja suficiente, importante e livre de problemas. É possível que haja um tendência da pessoa em aumentar histórias ou dominar a conversa para que proteja a si mesma de um sentimento interno doloroso de que não corresponda à expectativa dos outros.

Passividade

Você já conheceu alguém que simplesmente não consegue se decidir, que parece não ser capaz de tomar uma simples decisão e mantê-la?

Carência Espiritual: a Raizda Autorrejeição 51

Uma das grandes causas da indecisão é a passividade de mente. Quando a rejeição implanta raízes dentro da vida de alguém, a passividade pode assumir o controle. O Webster Dictionary[2] define a passividade como: "ato em concordância com agentes externos; receptivo a impressões e influências externas; faltando energia ou vontade; tendência a não tomar uma parte ativa ou dominante; induzido por um agente externo; não ativo ou operante; inerte."[3] A passividade mental é inativa, comportamento indiferente às circunstâncias que requerem responsabilidade pessoal e ação. É letargia da mente (veja Efésios 4.17-19). Uma mente passiva é cheia de hesitação, desconcentração e, muitas vezes, uma memória enfraquecida sem nenhuma causa justificável.

A pessoa passiva é aquela cuja mente é aberta a permitir que qualquer pensamento chegue sem qualquer resistência. A mente passiva frequentemente aceita mentiras como verdades. A maioria das pessoas sob passividade são vulneráveis ao controle de outros através da manipulação, intimidação ou dominação. Um indivíduo passivo está sempre procurando uma definição de outra pessoa. Aceitar esse controle de outros paralisa a pessoa de progredir na vida.

Por outro lado, uma mente ativa toma a responsabilidade das mudanças que devam ser feitas em atitudes ou estilo de vida. A mente passiva simplesmente assume a posição de que "Deus fará todas as coisas de um jeito ou de outro." A mente ativa entende que Deus opera através de nós em nossa realidade à medida em que nós obedecemos aos Seus mandamentos e nos movemos de acordo com Sua vontade. A mente passiva apenas espera que as coisas mudem. O indivíduo passivo é aquele que está sempre sonhando mas dificilmente vê os seus sonhos tornarem-se realidade.

A mente passiva é cega à Palavra de Deus. É uma mente reprovável, incapaz de ouvir e agir de acordo com o que o Espírito Santo está dizendo porque a Palavra não é "real". Os processos do pensamento ambivalente de uma mente passiva tomam mais validade do que aquilo que a Palavra de Deus diz a respeito de uma situação. Romanos 1.28 diz: "E, por haverem desprezado o conhecimento de Deus, o próprio Deus os entregou a uma disposição mental reprovável, para praticarem coisas inconvenientes" (ARA). Uma mente ativa realiza muito e frutifica durante o curso da vida, enquanto a mente passiva pode falhar em completar as tarefas mais simples e os objetivos mais básicos na vida.

A passividade é um derivado da rejeição, e suas ramificações são muitas. Quando um processo reflexivo se paralisa na mente, a pessoa se torna quase imobilizada. Os sonhos, objetivos e o chamado podem nunca se materializarem porque a mente do servo está "congelada" naquele lugar. Uma consciência passiva é um estado de estagnação, não responsivo ao bom senso ou ao esforço de outros em motivá-los. A mente passiva parece não poder ouvir a verdade e nem tomar uma ação apropriada da forma com que deve ser feito. Uma consciência passiva é egoísta. Ela cria uma falsa realidade, e a voz de Deus é ajustada e distorcida para caber dentro daquela realidade.

Na vida espiritual, um dos aspectos mais essenciais do crescimento é a habilidade de alcançar a Deus quando nós necessitamos de Seu auxílio e misericórdia. O espírito humano cresce ao lutar e buscar o melhor nos piores momentos da vida. Quando nós assistimos a um torneio de basquete, é entusiasmante ver jogadores universitários alcançando o profundo de suas almas, empurrando o ar para dentro de seus pulmões para mais um arranque, mais uma cesta para vencer o jogo. Porém, o espírito passivo está indiferente no "último quarto" da vida, na bola decisiva, no tudo ou nada para muitos.

No seu ministério, você encontrará pessoas aprisionadas por um espírito passivo. Muitos deles estão sobrecarregados por uma falta de incentivo, de resultados, sem nenhum crescimento pessoal, mesmo ano após ano. Seus espíritos são egoístas e impotentes quando se trata da batalha da vida. Eles não podem cantar, não podem chorar, não podem dançar, não podem orar, não podem se alegrar. A passividade é

Carência Espiritual: a Raizda Autorrejeição

destrutiva. Não é uma condição benigna -e ela rouba a glória de Deus da vida de alguém a quem Ele criou.

É fácil detectar um espírito passivo. A passividade é óbvia no corpo. Você facilmente observará ociosidade, um tom de voz passivo, um andar passivo e uma postura passiva. Quantas vezes eu tenho presenciado pessoas vindo ao altar por oração, seus próprios corpos revelam o desespero e derrota: corpos encurvados pra frente, ombros caídos, pés arrastando, olhos fitos no chão e mãos frouxas. A raiz da autorrejeição é fácil de identificar. O seu sinal é inesquecível para qualquer pessoa que ame orar com eficácia. Tudo que você tem de fazer é abrir a sua boca e deixar que Deus ame alguém através de você!

Ao orar por alguém que é rejeitado, preste atenção a qualquer forma de passividade. Para algumas pessoas rejeitadas, a passividade se torna parte da grade da vida. A rejeição é a raiz, a passividade é o fruto! Quando você orar, conecte os pontos. Ao orar por um espírito passivo, há muitas palavras que você pode usar para endereçar tal cativeiro. Considere isto: desesperança, peso, apatia, desânimo, má vontade, escape e alienação. Junto a um espírito passivo, você encontrará perda de livre-arbítrio e de autocontrole, pensamentos enganosos, corpo inativo, falso ego, ilusão mental, falsa sabedoria e uma mente obscurecida. Pense nisso, a raiz aqui é a rejeição. Interpretar essas expressões da rejeição numa pessoa passiva irá ajudá-lo a formular uma poderosa e eficaz arma de oração, capaz de libertar o indivíduo.

Eu conheci um pastor local que estava perdendo toda a alegria na vida por causa das demandas de seu ministério. Quando nós iniciamos nosso período de oração, ele começou a falar de seus fardos, expressava um olhar entediado e sua voz se arrastava. Sua fala era tão lenta que antes mesmo que terminasse duas frases, eu já havia ouvido tudo que precisava. A passividade é facilmente discernida através do comportamento de uma pessoa. Eu orei colocando-o para cima e não para baixo. Ele precisava ser livre da rejeição e entrar de volta na batalha!

Alienação

A raiz da rejeição traz consigo um espírito de peso, incluindo melancolia, desânimo, derrotismo, e muitas vezes até mesmo um total afastamento da realidade. O mau humor normalmente caracteriza a vida daqueles com uma raiz de rejeição. A alma rejeitada tende a afastar-se da realidade e substituir a sua percepção da realidade. Devaneio, pretensão, fantasia e irrealidade levam a pessoa a ilusões a respeito de si mesma, de Deus, de outros e das circunstâncias. Essas ilusões podem levar a paranoia, ao passo que a pessoa com a raiz de rejeição começa a sentir que os outros estão lá para lhe causar algum tipo de dano mental, espiritual ou físico.

Muitos sofrem uma queda em um espiral de depressão sem conseguir identificar a causa, possivelmente até levando-os a pensamentos de suicídio. Um dos aspectos mais predominantes da rejeição é a depressão, que pode paralisar a atividade mental de uma pessoa. A questão aqui é esta: se você deseja orar com eficácia, como você aborda ameaças tão sérias à vida de uma pessoa? Nós devemos crer no irresistível poder da oração! O maior milagre da oração é que quando Deus fala, Ele já cumpriu a Sua Palavra. Quando você ouve de Deus, você deve crer que Ele já fez aquilo que Ele revelou a você.

No decorrer desses quarenta e cinco anos de ministério de oração, o Senhor tem feito diversas e poderosas coisas. Levaria vários livros para que eu pudesse lhe contar tudo que eu tenho visto o Senhor operar em incontáveis vidas. Orar com eficácia não é apenas possível, mas traz resultados eternos!

A Cura da Autorrejeição

Quando o ego está no controle, muito raramente há vida espiritual. A raiz da rejeição faz com que a pessoa foque em si mesma, o que interfere totalmente na vida de oração e no relacionamento ativo com Deus.

Carência Espiritual: a Raizda Autorrejeição 55

Lembre-se que a rejeição evita que o homem ou a mulher compreenda o amor de Deus e sua verdadeira identidade n'Ele. Ela impede que o indivíduo seja eficaz como uma testemunha e veículo do amor de Deus aos demais. Quando alguém é consumido pelo ego, é difícil de enxergar as necessidades dos outros. A rejeição é quebrada e curada na vida de alguém quando a pessoa descobre sua identidade em um Deus amoroso que se importa profundamente com ela. A plenitude é alcançada quando as emoções da pessoa são alinhadas com a poderosa realidade do amor de Deus.

Como cristãos, nós devemos prioritariamente levar as pessoas ao amor de Deus, e então deixar que o Espírito Santo revele onde elas estão na percepção de si mesmas. A rejeição em muitos casos começa muito mais cedo do que nós podemos pensar. Alguns indivíduos simplesmente não foram bem-vindos ao mundo mesmo. Eles foram maltratados ainda no ventre ou rejeitados logo após o parto, e hoje estão tentando buscar sentido e esperança para sua existência.

Apenas Jesus Cristo pode trazer cura nesses casos. Esta é a razão da oração aqui necessitar ser específica e direta ao ponto. Quando o Santo Espírito começa a revelar que alguém possui uma carência profunda, Ele apontará o momento, lugar, pessoa ou uma situação única que fez o indivíduo sentir-se de tal forma. O Espírito Santo falará neste instante como se Ele soubesse tudo a respeito dessa pessoa, porque, na verdade, Ele sabe de fato. Lembre-se de que Deus colocou o ser humano diante de você e irá carinhosamente cuidar dessa pessoa.

Quando oramos por esse indivíduo, a raiz do problema é a rejeição, então nós falamos diretamente à raiz. Nós não temos que analisar, nos tornar emocionais, ou gritar. Ao escolher as palavras em oração, nós estamos simplesmente cooperando com o Espírito Santo na realização dessa obra.

Aplicação

Aqui está uma oração para um homem que tenha sido rejeitado por sua mãe desde o momento em que nasceu:

Querido Deus, cure meu irmão dos pensamentos de rejeição, que estão enraizados em sua alma. No mais poderoso nome que é o de Jesus Cristo. Eu me levanto contra toda legalidade de Satanás contra você, meu irmão, e contra a sua família. Eu repreendo todas as sugestões, mentiras e atos que lhe tenham diminuído e criado um sentimento de não ser aceito, amado e valorizado. Eu repreendo todas as coisas que possam ter sido ditas e feitas contra você para diminuí-lo, acusá-lo e condená-lo como pessoa. Eu falo ao seu coração e peço a Cristo que lhe cure hoje. Eu declaro que você é amado, aceito e tão precioso ao Pai que Ele enviou Seu Filho para tomar a vergonha e a rejeição em seu lugar sobre a cruz. Eu o libero de toda rejeição no nome de Jesus Cristo. Amém.

5

Carência Espiritual: a Raiz da Rejeição a Deus (Rebelião)

A rejeição a Deus é a elaboração a partir de um pensamento, objeto ou ideia que é posta acima do conhecimento de Deus. A raiz da rejeição a Deus separa o homem de seu Salvador, uma vez que a sua fé n'Ele torna-se paralisada. Ela vai em oposição ao Deus Todo-Poderoso através da recusa em relacionar-se com Ele pela fé.

Eu posso dar um exemplo de minha própria vivência que poderá ajudá-lo a distinguir a diferença entre a rejeição e a rebelião. Quando eu terminei meus dois mestrados, um em Divindade[1] e outro em Comunicação[2], e um Bacharelado Associado[3] em Jornalismo pela Universidade da Geórgia, eu estava espiritualmente falido. Minha mente muito havia se distanciado de Deus e de Seus caminhos. Eu não poderia me importar menos em ir à igreja, meus finais de semana de viagem para louvar ou mesmo pregar eram puro entretenimento. Uma vez que minha mente estava contrária ao Senhor, meu ministério não tinha nada a oferecer a ninguém. Eu estava em rebelião contra Deus.

A rejeição a Deus se dá em processos reflexivos e, portanto, toda a questão está na mente. Alguém que esteja rejeitando a Deus não se submete a Ele. A pessoa é iludida a seguir a sua própria vontade, ou a de outros, ao invés de seguir o Senhor. A vontade do indivíduo em rebelião já foi estabelecida a despeito da voz de Deus, talvez porque a voz do Espírito Santo tenha sido encoberta pelo "barulho" do intelecto. A tendência é ou tomar a frente de Deus ou ficar para trás, em desobediência ao ouvirmos nossas próprias mentes mais alto do que a voz do Santo Espírito.

Paulo escreve à Igreja de Corinto a respeito do problema espiritual da rejeição a Deus (rebelião) em II Coríntios 10.3-6:

Porque, andando na carne, não militamos segundo a carne.

Porque as armas da nossa milícia não são carnais, mas, sim, poderosas em Deus, para destruição das fortalezas (conceitos enraizados na mente); destruindo os conselhos e toda altivez que se levanta contra o conhecimento de Deus, e levando cativo todo entendimento à obediência de Cristo, e estando prontos para vingar toda desobediência, quando for cumprida a vossa obediência.

Repare que o texto aqui é todo a respeito da mente. A rebelião a Deus cria uma "fortaleza" -conceitos firmemente estabelecidos na mente- os quais crescem ou recebem mais importância do que a intimidade e o conhecimento revelado de Deus. O texto também é a respeito de obediência. A obediência só pode vir quando você crê em Deus mais do que acredita em si mesmo, e quando você se torna disposto a permitir que a vontade d'Ele supere a sua. Isso não é algo fácil para alguém que confie no próprio intelecto e racionalidade mais do que no relacionamento e direção que podem ser acessados somente através de uma vida de fé em Deus (veja ainda I Coríntios 2.10-14).

Carência Espiritual: a Raiz da Rejeição a Deus (Rebelião) 59

Expressões de Rejeição a Deus (Rebelião)
Orgulho

A teologia que não produz nenhum fruto não possui nenhum poder. Um estudo regular de análise religiosa e dissertação podem, na verdade, criar uma séria deficiência de fé. Aqueles que estão "tendo forma de piedade, negando-lhe, entretanto, o poder" (II Timóteo 3.5a, ARA), à medida que interminavelmente praticam e defendem a exegese religiosa, ofendem a Deus. No próprio ego, eles preferem "conhecer a Deus" ao invés de buscar um relacionamento vital com ele. A rejeição a Deus pode manipular uma pessoa a ponto de defender ideias que são opostas à Palavra de Deus, mas vão de encontro ao senso comum ou à "necessidade" do momento. A pessoa tem a ideia de que a satisfação está em conhecer mais que os outros e estar sempre certo. Entretanto, questões espirituais não podem ser recebidas ou racionalizadas com a mente apenas. Para encontrá-Lo, nós devemos nos humilhar e admitir que Ele É Deus e nós não o somos.

Isaías 55.8,9 define dessa forma: "Porque os meus pensamentos não são os vossos pensamentos, nem os vossos caminhos, os meus caminhos, diz o Senhor. Porque, assim como os céus são mais altos do que a terra, assim são os meus caminhos mais altos do que os vossos caminhos, e os meus pensamentos, mais altos do que os vossos pensamentos".

A rejeição a Deus (rebelião) está atrelada ao orgulho. A pessoa vem nutrindo um desejo de parecer superior, mais inteligente e mais culto que os outros. Ela geralmente não está disposta a receber a Palavra ou ministração daqueles que estão "abaixo" dela. Isso vai diretamente contra a exortação de Jesus, em Mateus 11.29, a "Tomai sobre vós o meu jugo, e aprendei de mim, que sou manso e humilde de coração, e encontrareis descanso para a vossa alma."

Eu conheci um pastor que relutava muito com sua fé, suas ideias de Deus, e especialmente com a divindade de Jesus Cristo. Ele possuía muito conhecimento teológico, mas nenhuma paz em sua mente a respeito de Cristo. Por anos ele vinha sofrendo e relutando quanto às coisas espirituais, racionalizando-as ao ponto de não ter mais volta. Certa noite, numa viagem missionária, eu estava traduzindo para ele, ao pregar numa igreja no Rio de Janeiro. Ele estava pregando sobre "Todas as cores do arco-íris!" Ele equiparava o azul aos dias obscuros da vida, em que a solidão afetava as manhãs e soprava nuvens escuras sobre as noites. Vermelho, ele dizia, era o ponto de crise que nos sobrevém nessa jornada de peregrinação. Preto estava relacionado à depressão e branco à paz. Ele foi, e foi, e falava um monte de palavras vazias. Aquela não era a viva, pulsante e poderosa Palavra de Deus!

Eu olhava para a congregação e percebia que eles, obviamente, não estavam recebendo nada além do que um discurso a respeito "das cores do arco-íris". Agora, ali se tratava de uma congregação de brasileiros, falantes nativos de Língua Portuguesa, eles não poderiam entender o que o meu irmão nativo de Língua Inglesa estava dizendo. Então eu simplesmente comecei a traduzir suas palavras do Inglês ao Português de outra forma! "Meu" sermão falava sobre um ser anil melancólico cheio de dúvidas e medo do futuro. Eu disse que somente Cristo pode trazer paz sobre o futuro de alguém. E que vermelho era a cor de Seu sangue derramado na Cruz do Calvário, onde o Salvador deu Sua vida para cada um de nós. Branco se referia à salvação, à purificação dos nossos pecados e à santificação pela Sua Graça e misericórdia. Eu proclamei que tão somente Cristo traz plenitude à vida de alguém que não a tenha. E fiz um convite àqueles que gostariam de receber a Cristo em suas vidas para virem à frente.

Para a admiração do meu irmão, e minha, todos se achegaram para a salvação naquela noite! Ao passo que o meu amigo orou humildemente por aqueles que se aproximavam, eu lhe contei que seu sermão convenceu a todos da pessoa de Jesus Cristo. Aquela foi a gota d'água que fez transbordar toda a rebelião para fora de sua mente. Isso era exatamente o que ele vinha buscando e esperando durante todo o seu ministério. Nunca antes ele havia visto o fruto da transformação de almas como

Carência Espiritual: a Raiz da Rejeição a Deus (Rebelião) 61

um resultado de sua pregação, ainda que ele estivesse faminto por experimentar algo daquele tipo. Rios de lágrimas começaram a escorrer dos seus olhos enquanto ele orava por todos naquela noite. Depois daquele culto, ele era um homem transformado. Ele pregou a semana inteira, e centenas vieram à frente para receber a Cristo. E pregou sem anotações, falando livremente a respeito do Salvador. Sua rebelião, explícita nos seus pensamentos conceituados e discursos vazios, elevados acima da verdade do conhecimento de Deus, havia sido totalmente desbaratada. Ele havia provado da vida no Espírito e já não desejava outra coisa.

Quando você ouve um sermão exclusivamente baseado em habilidades humanas e no intelecto, você está presenciando a idolatria à mente operando. Muitos de nós pesquisamos e preparamos os sermões, especialmente quando somos estudantes da Palavra, o que é muito bom. Mas, quando a rebelião está a serviço no coração de alguém, você não escuta o Salvador em sua mensagem, apenas ao pregador e suas palavras eloquentes. Você não ouve à Palavra Viva, mas somente a pensamentos orgulhosos do indivíduo. Eles podem ser entregues com entusiasmo e perspicácia, mas o Espírito Santo não está presente. Deus, na verdade, não é bem-vindo no ambiente. Esta é uma expressão da rejeição a Deus. É ofensiva a Ele e dissipa todo o movimento do Espírito.

Apenas alguns instantes são necessários para identificar a rejeição a Deus (rebelião), o que é suficiente para providenciar tudo que você precisa a fim de elaborar uma oração bíblica para aquele indivíduo. A rebelião é a raiz mais fácil de se detectar, ainda que a pessoa não esteja vivendo um estilo de vida flagrantemente rebelde. Por vezes, a expressão é claramente visual, assim como uma forma de se vestir ou um penteado. A rebelião pode ser comunicada através de um olhar soberbo, um andar altivo, sobrancelhas franzidas, evidenciando que a mente se apressa em analisar tudo que está sendo dito. Isso pode ser revelado por falas de dúvida a respeito das coisas santas de Deus.

Apenas o tom de voz e a forma de falar nos dá uma extensiva informação a respeito do que está se passando pela mente da pessoa. Nos evangelhos, Jesus observou as palavras de Jairo, o toque da mulher com o fluxo de sangue e a voz do cego Bartimeu tudo que era necessário para perceber num único instante quem eles eram. Quando você tem a intenção de realmente ouvir à pessoa em necessidade e ouvir a Deus naquele momento, você irá discernir o que se passa ali. Como você lidaria com um membro antigo de sua igreja que esteja constantemente pontuando críticas a respeito do que acontece no culto de domingo de manhã? Como você ministraria a um membro da sua liderança que esteja continuamente debatendo pormenores religiosos com os outros? E o que dizer do líder de louvor cuja música não convém com a membresia da igreja, mas se recusa a adaptar-se, insistindo que "ou é do seu jeito ou não tem jeito"? Você saberia como abordar uma pessoa em tão grande pântano demergulhada em grande rebeldia? Quando a raiz não é endereçada, a situação continuará a deteriorar-se. É imperativo que aprendamos a discernir e lidar com a rebelião no meio da igreja. A rebelião é galopante, e líderes que tenham tal problema trarão grande dano e sufocarão o crescimento saudável dos demais na igreja se a rebelião não for confrontada.

Como poderá a cura aqui se iniciar? Você pode estar apaixonado por Jesus e nunca receber o Seu Espírito. Você pode falar a respeito de perdão e nunca ter se sentido perdoado. É uma questão de coração. Quando alguém rejeita a Deus, isso é premeditado. Essa pessoa já estabeleceu dogmas e posturas rígidas concernentes a questões teológicas, e no processo, se fechou à convicção e ao trabalho santificador do Espírito Santo. Essa pessoa tem uma série carência espiritual. A cura se inicia quando o coração clama por ajuda.

Eu encontrei um pastor que possuía uma carreira de trinta anos de ministério. Na verdade, tinha a noção de que nunca havia realmente alcançado nada extraordinário em todos os seus anos de serviço. Ele se sentia vazio por dentro, e apesar de desejar ver as pessoas impactadas

Carência Espiritual: a Raiz da Rejeição a Deus (Rebelião)

pelo Reino, poucos eram de fato. Em seu coração, ele até mesmo sabia que muitas de suas ideologias eram contrárias a Deus. Porém, o que ele não sabia era o que fazer para mudar a si mesmo, ele admitia que estava cansado disso tudo. Numa oração de rendição, a raiz foi identificada. Eu me recordo muito bem que as palavras que eu utilizei foram as seguintes: "Pai, este é o teu servo que tem servido à sua própria mente por anos. Hoje, ele decidiu submeter a sua mente rebelde a Ti. Não mais duvidando, não mais racionalizando, não mais comprometendo a sua fé, não mais resistindo ao Espírito Santo de Deus! Não mais!" Eu ouvi esse mesmo pastor um ano depois compartilhar que as pessoas estavam aceitando à fé em nosso Senhor Jesus Cristo como nunca antes. Deus estava falando através dele, finalmente! Quando o coração de alguém se abre apenas um pouco ao Espírito Santo, Deus começa entrar ali e operar maravilhas.

Perfeccionismo

Outra expressão da rejeição a Deus é o perfeccionismo. A pessoa com a raiz de rebelião frequentemente tenta compensar sua falta de fé através de exageros e esforços em excesso. Ela estabelece metas, que geralmente são inalcançáveis, até mesmo para ela. Isso gera estresse e medo, à medida que ela continuamente luta pela perfeição, mas falha no fim. O perfeccionismo é uma forma de medo, enraizado na idolatria. Eventualmente, atingir a perfeição se torna mais importante que a vida, que os outros, e até mesmo que o próprio Deus. Nós devemos nos lembrar de que a perfeição é reservada apenas a Deus. A pessoa pode vestir-se impecavelmente, ser obcecada a respeito de seu corpo, limpeza, ordem, e despender uma grande porção de tempo e energia para manter certos padrões de excelência, quando não há na verdade nenhuma necessidade disso. O perfeccionismo é um "falso ditador" que furta a pessoa de experimentar todo o amor de Deus com alegria.

No perfeccionismo, o medo que cerca a mente da pessoa está relacionado com a idolatria que alguém possui por suas próprias ideias e medos. O perfeccionismo religioso se torna legalidade, em que um crente tenta agradar a Deus aderindo a códigos de conduta e regras religiosas. Esse crente equivocado está tentando alcançar uma justiça própria através da lei ao invés de desfrutar de um relacionamento íntimo com Deus e da dependência à Sua abundante Graça. Quando uma pessoa rejeita a perfeição de Deus como sendo suficiente e, ao contrário, tenta estabelecer a própria perfeição, não é apenas legalista, mas possui um comportamento enraizado na rebelião. O único remédio definitivo é ir ao âmago da carência nesses casos, se nós verdadeiramente desejamos ajudar alguém. Debater os comportamentos, crenças e a aplicação da lei não contribuem. Essa pessoa precisa arrepender-se de exaltar seus pensamentos e caminhos acima da revelação do evangelho da paz em Cristo Jesus.

Hipersensibilidade

A hipersensibilidade aos outros e a si mesmo é uma forma de medo. O desejo por perfeição leva a uma autoconsciência exagerada, que gera medos de todos os tipos: medo de outros, medo das finanças e medo do futuro. O impulso por controlar e manipular pessoas e situações ao invés de confiar em Deus cresce a partir desse medo e o resultado é preocupação, ansiedade, estresse e apreensão. A hipersensibilidade causa doenças da mente e do corpo. Você não pode viver pacificamente em um ambiente onde tudo e todos devem constantemente adaptar-se a seus desejos e medos. Esse tipo de sensibilidade exagerada traz escravidão. Ela mata a alegria e o crescimento espiritual. Uma pessoa hipersensível se torna reservada e introvertida. Ela fica tão autoabsorvida e preocupada com o que as pessoas vão pensar a seu respeito, que ela se torna inacessível e também incapaz de achegar-se aos outros em amor. No final, isso faz com que a pessoa se sinta muito isolada e incompleta. Isso tudo pode parecer um problema relacional, mas é realmente um problema espiritual. Isso se dá porque a questão central é entre a pessoa e Deus. A pessoa está afastando a Deus. Uma vez que a cura ocorre lá, no relacionamento com Deus, os relacionamentos com outras pessoas começarão a mudar. Você está começando a entender por que a perspectiva bíblica da carência humana, unida à revelação do Espírito Santo, é tão importante?

Conhecimento e Rejeição a Deus

"Mas temo que, assim como a serpente enganou Eva com a sua astúcia, assim também sejam de alguma sorte corrompidos os vossos sentidos e se apartem da simplicidade que há em Cristo" (II Coríntios 11.3). A bíblia nos diz que é nas coisas mais simples da fé que encontramos força e paz. Nós rejeitamos a Deus com nossas mentes quando idolatramos a busca pelo conhecimento como nossa fonte principal de fortalecimento. A oração vem do espírito, não é um exercício de mente, e ela opera apenas através do poder da revelação que vem somente de Deus. A pessoa, portanto, rejeita a Deus quando permite que a mente assuma aquilo que somente pode ser acessado pela fé. A racionalização pode ser tão mortífera quanto uma cobra venenosa.

Filipenses 4.7 assevera: "E a paz de Deus, que excede todo o entendimento, guardará o vosso coração e a vossa mente em Cristo Jesus" (ARA). A paz que excede todo entendimento! Em outras palavras, se você tem a paz de Deus em seu coração através de uma completa fé n'Ele, você não precisa entender e compreender todas as coisas! Nosso Senhor não espera de nós que conheçamos e expliquemos todo e qualquer enigma teológico. O que ele procura em Seus servos, mais do que qualquer outra coisa, é uma fé viva.

Aqui está um exemplo bíblico. Marcos 2.5-11 nos conta a história de Jesus curando o paralítico: "E Jesus, vendo-lhes a fé, disse ao paralítico: Filho, perdoados estão os teus pecados. E estavam ali assentados alguns dos escribas, que arrazoavam em seu coração, dizendo: Por que diz este assim blasfêmias? Quem pode perdoar pecados, senão Deus?"

Nesta passagem, Jesus curou o homem coxo que foi descido pelo telhado da casa em Cafarnaum. O intelecto humano dos escribas não podia conceber as palavras proferidas por Jesus: "Filho, perdoados estão os teus pecados", então eles começaram a racionalizar e debater as Escrituras e a Lei em suas mentes. Jesus apenas lhes perguntou: "Por que arrazoais sobre estas coisas em vosso coração?" Ele sabia que aqueles escribas eram judeus de intelecto e instrução que funcionavam mentalmente, mas eram espiritualmente vazios.

Sendo que a rejeição a Deus ocorre primeiramente no seu intelecto, este é um conceito assustador. Nós somos ensinados durante toda a nossa vida a desenvolvermos nossas mentes, a sermos educados, a planejarmos as coisas de modo a resolvermos os quebra-cabeças e desafios da vida. Sim, Deus criou nossas mentes, e como elas funcionam é uma maravilha de Sua criação. Nós somos feitos à Sua imagem, nos sendo conferidas por nosso Criador incríveis habilidades de intelecto, comunicação, criatividade, memória e muito mais. Entretanto, nós estamos rejeitando ao Senhor quando nós permitimos a nós mesmos e nossas mentes a elevarem-se e tomarem o lugar da revelação do único que nos criou. Ele está acima da Sua criação!

É lamentável que tanto do que nós lemos nos comentários bíblicos não venha da revelação do Santo Espírito. Os pensamentos e contribuições dos homens podem aprimorar nosso conhecimento, mas eles nunca foram destinados pelo Senhor a assumir o lugar do ouvir diretamente d'Ele, ou para ser a principal fonte para a nossa pregação da Palavra. A rejeição a Deus é demonstrada por aquele que apenas dá ouvidos ao que

Carência Espiritual: a Raiz da Rejeição a Deus (Rebelião) 67

lhe atrai à mente. Ao orar, seu desejo de ouvir a Deus tem de exceder à sua vontade de ouvir à sua própria mente. A fé tem de assumir o seu lugar. Alguns de nós muito consideram que seria necessário um furacão espiritual para que nós pudéssemos ouvir de Deus. Por muitos anos, eu preguei sermões que eram preenchidos por apenas aquilo que vinha da minha mente. E foi então que eu me humilhei e dei uma chance à revelação do Santo Espírito e meu inteiro ministério mudou para sempre.

Aplicação

Aqui está um exemplo de uma oração por alguém atrelado à sua mente, e com dificuldades em ouvir de Deus:

Pai nosso, eu venho contra toda rejeição a Ti. Eu falo contra todos os pensamentos que se levantam acima do conhecimento de Deus. Eu exerço a autoridade acima de toda descrença, todo medo e todo intelectualismo que banalizam o trabalho da Cruz. Eu me levanto contra toda teimosia e busca por perfeição longe do sangue de Cristo. Na autoridade de Jesus Cristo e Seu precioso sangue, eu corto toda relação com o oculto e a invocação de pensamentos que bloqueiam a Tua Presença. Em Teu precioso e santo Nome, eu repreendo todos os pensamentos que escarnecem da pessoa de Jesus Cristo e Seu trabalho de Salvação na Cruz. Eu exerço autoridade contra o domínio e reino de toda racionalização, ego e orgulho neste filho de Deus. No nome de Jesus Cristo, eu me levanto contra a comunhão com mentes que tenham se voltado a perversamente suprimir a verdade de Deus. Deste momento em diante, na autoridade me conferida por Deus, eu te declaro livre para viver e experimentar uma vida de fé pura na Graça de Deus por meio de Jesus Cristo, nosso Senhor. Amém.

6

Carências Relacionais: a Raiz da Falta de Perdão

Quando Jesus disse tais palavras em Marcos 12.31: "Amarás o teu próximo como a ti mesmo", Ele estava confirmando uma carência básica. As pessoas têm dificuldades com outras pessoas, e isso afeta suas vidas como um todo. Esses conflitos devem ser resolvidos de forma que um filho de Deus possa administrar bem a sua vida. A falta de perdão destrói a paz que deveria prosperar no coração de todo cristão. Ela cria desconfiança, paranoia, raiva, discórdia, inveja e conflitos.

Os autores do Antigo Testamento referem-se à raiz básica de falta de perdão quando a lei condena comportamentos como maus-tratos contra os judeus (Gênesis 27.29), desonra aos pais, defraudação ou furto ao semelhante, ou tomar vantagem do cego (Deuteronômio 27.17,18). Os mandamentos relacionados a malevolências contra viúvas, órfãos e estrangeiros (Deuteronômio 27.19) também envolvem atitudes referentes a outros. Essas citações indicam que no coração de Deus, Ele guarda parâmetros específicos de como Ele deseja que nós nos relacionemos com os outros. Essas passagens referem-se a ofender a pessoas de valor, aos pais e tomar vantagem sobre os mais vulneráveis entre nós como profundamente críticas ao coração do Senhor. Deus está nos dizendo que essa questão relacional da falta de perdão é tratada veementemente em Sua Palavra, e merece nossa total atenção.

[Comentário adicional: note a palavra "estrangeiro". Nós estamos vivendo num tempo em que a imigração à América está sob análises e debates polêmicos. Enquanto a segurança nacional é uma prioridade criticamente urgente, é preciso que sejamos cuidadosos para não isolarmos os estrangeiros indiscriminadamente. Há sempre aqueles a quem Deus está enviando à América, e o povo de Deus tem o dever de primeiramente cuidar e mostrar-lhes o amor de Jesus.]

A Raiz da Falta de Perdão

A questão a este ponto de nosso estudo é: como ministrar às pessoas que estão experimentando essa carência relacional da falta de perdão? Primeiro, saiba você que este é um problema comum entre nós. Pense dessa forma: Se a maneira de Deus enxergar as carências humanas divide todas as complexidades de nossos pecados e fraquezas humanas em apenas duas áreas, espiritual e relacional, então a questão relacional da falta de perdão deve ser muito comum ao homem!

Todos nós já experimentamos dificuldades em lidar com alguém dentro de nossa família, trabalho ou comunidade. Uma vez que discordar dos demais é algo habitual ao homem, como você pode discernir se uma raiz de falta de perdão se tornou o cerne, ou a área de grande carência na vida de alguém? Lembre-se do que nós aprendemos no Capítulo dois, que o seu problema ou é para com Deus (espiritual) ou para com os outros (relacional). Parece muito mais fácil reconhecer alguém com um problema espiritual, que está rejeitando a si mesmo ou a Deus. A raiz relacional da falta de perdão pode ser mais difícil de

Carências Relacionais: a Raiz da Falta de Perdão 71

se identificar em um indivíduo, a não ser que você entenda como ela é formada e como ela se expressa.

Sempre tenha em mente que essa oração é um exercício do seu espírito mais que um exercício da sua mente. Deixe que Deus o guie em como orar. O discernimento de espíritos, ou qualquer outro dom, é um movimento do Santo Espírito que aponta para as áreas de carência. Você não está sozinho nessa jornada. Você está sendo direcionado por um Deus Poderoso que quer vê-lo ministrando poderosamente através da oração. Ele lhe ensinará passo a passo à medida com que você dependa d'Ele. Então, permita que o seu ministério se inicie com a revelação de Deus. Eu venho lhe contando histórias no decorrer deste livro sobre o que já me ocorreu durante os meus muitos anos de ministério. Eu espero que você receba essas histórias como um testemunho do que Deus me tem feito e como um encorajamento do que Ele pode fazer através de você!

Eu estava orando por uma mulher numa igreja no Arkansas, no gabinete pastoral durante um final de semana de conferência de avivamento. Ao começar a orar, eu pedi à mulher que me contasse a respeito de sua irmã, e ela começou a chorar. Uma grande contenda vinha acontecendo por mais de cinco anos entre as irmãs. Eu sugeri que a mulher se dirigisse até a casa de sua irmã naquela noite, e restaurasse o relacionamento. Ela hesitou a princípio, mas finalmente concordou em fazer o que o Senhor, através de mim, estava lhe instruindo. Sua irmã e ela foram completamente reconciliadas, mas não para por aí! A cura começou a espalhar-se pela extensa família, alcançando outros conflitos, e ela ficou muito encorajada em ver como Deus estava operando na família inteira. E tudo porque ela deu o primeiro passo para deixar o Senhor lidar com sua própria raiz da falta de perdão.

Repare que tudo começou na abordagem do rancor entre as duas irmãs. O centro da falta de perdão se encontrará direcionado contra uma única pessoa, e não a um completo grupo de pessoas, ainda que haja múltiplos relacionamentos que tenham se tornado tensos. Inicie sua oração buscando aprender do Espírito Santo: onde começa a dor? Quem, na mente da pessoa por quem você está orando, é responsável pela dor maior? Você deve endereçar o problema desde o seu âmago _ a raiz.

Biblicamente falando, a falta de perdão é fácil de entender. O diálogo entre Jesus e Pedro em Mateus 18.21,22 nos dá um valoroso olhar bíblico sobre a falta de perdão: "Então, Pedro, aproximando-se dele, disse: Senhor, até quantas vezes pecará meu irmão contra mim, e eu lhe perdoarei? Até sete? Jesus lhe disse: Não te digo que até sete, mas até setenta vezes sete."

O próprio Jesus Cristo trata a falta de perdão muito seriamente. No final do capítulo em Mateus 18.33-35, ele diz: "não devias tu, igualmente, compadecer-te do teu conservo, como também eu me compadeci de ti? E, indignando-se, o seu senhor o entregou aos verdugos, até que lhe pagasse toda a dívida. Assim também meu Pai celeste vos fará, se do íntimo não perdoardes cada um a seu irmão" (ARA).

Se você ler a parábola inteira, o primeiro servo desejava ser perdoado, mas não estava disposto a perdoar. Jesus contou a história a Pedro para demonstrar que um coração perdoador tanto recebe o perdão, que nos é imerecido, como também confere perdão, mesmo sem merecimento. Na parábola, o senhor perdoou um enorme e irreparável débito, que equivaleria a milhões de dólares em valores atuais. Por sua vez, ele esperava que seu servo seguisse o seu exemplo e estendesse a mesma compaixão a qualquer pessoa que lhe estivesse devendo. O perdão deve ser uma via de mão dupla. Na passagem acima, a punição pela falta de perdão foi que o homem foi entregue aos algozes. Esta é uma palavra dura! Por que a falta de perdão é tão séria? Ela é tão séria porque nós fomos criados à imagem de Deus. E isso significa que nós fomos criados para amar os outros e sermos amados. A qualquer nível em que nós não somos capazes de amar e receber amor, nós estamos

Carências Relacionais: a Raiz da Falta de Perdão

quebrados, e nosso propósito como seres humanos é posto abaixo e depreciado. Ainda que possa ser difícil, você nunca será completo e pleno a menos que seja capaz de viver com os outros em família e comunhão.

Você deve estar pensando: "seria muito mais fácil se eu pudesse apenas viver na minha pequena ilha e não ter que lidar com os pecados dos outros." Sim, de alguma forma isso realmente seria mais fácil! Mas nosso Criador nos moldou para nos desenvolvermos, aprendermos e crescermos dentro do contexto de relacionamentos humanos. Quando Ele disse a Adão: "Não é bom que o homem esteja só" (Gênesis 2.18), não estava apenas referindo-Se à nossa capacidade de reprodução. Nós fomos projetados pelo nosso Pai para ter comunhão com Ele e com outros seres humanos. Está em nosso "DNA". Deus desejava uma família que O amasse e se amasse entre si. Isso lhe traz glória e preenche Seu propósito para nós. Ainda, para perdoar e ser perdoado é crucial que vivamos uma vida com Deus em Seu Reino!

Quando Jesus disse que amar ao próximo cumpre a lei, Ele orientou, na verdade, que você faça o seu semelhante parte da sua vida! Como você pode amar ao seu próximo sem se envolver com ele na vida real? Por vezes, a pessoa que não perdoa se "esconde" dentro da multidão, ou até mesmo dentro da família. Eles estão fisicamente presentes, mas essencialmente se fecharam para todos ao seu redor. A princípio, essa parede autoimposta pode parecer um lugar de segurança. Mas à medida que os anos passam, torna-se um lugar de isolamento e tortura. No caso da falta de perdão, é essa condição que o Senhor deseja curar. Ele quer que cada um de nós seja livre para cumprir o mandamento bíblico: "Amarás o teu próximo como a ti mesmo" (Marcos 12.31).

Numa oração pela falta de perdão, você deve comprometer-se em algumas frentes. Aqui estão algumas coisas que eu tenho aprendido em meus anos de oração pelas pessoas:

1) *A raiz da falta de perdão tem características distintas daquelas encontradas nas raízes da autorrejeição e da rejeição a Deus.* Quando você vê fraqueza de personalidade, assim como timidez e vergonha, esses traços apontam para alguém que foi rejeitado. Na falta de perdão, você pode observar sintomas, tais como raiva, distanciamento, agitação e um espírito crítico. Ela traz um comportamento endurecido, indiferença, irritação, tristeza e uma personalidade obstinada e inflexível. Parece que quando você está em conflito com alguém, o seu próprio semblante muda. Sua alegria é tirada de você. O seu sorriso não está presente, e a expressão facial torna-se enfadonha. A falta de perdão literalmente muda a sua aparência. Eu nunca conheci alguém que estivesse nutrindo uma mágoa que dormisse bem ou genuinamente tivesse prazer em estar com pessoas, porque não consegue confiar em ninguém. Alguns indivíduos estão tão entranhados na falta de perdão que eles a defendem, a vivem como se isso fosse a ordem da vida. Eu nunca vi uma pessoa que não perdoa livre de preocupações. Muitas delas justificam seu comportamento tentando manter uma aparência superficial de que tudo está perfeitamente bem, mesmo que seus pensamentos estejam cheios de frustração e tormento.

2) *A raiz da falta de perdão furta a pessoa de amizades.* Aquelas que não conseguem perdoar declinam mais rapidamente em decorrência da falta de amizades. Um amigo se ganha sendo real. Seres humanos desejam pertencer, ser amados e aceitos. A falta de perdão toma sua parte mais tenra e faz com que você se torne alguém difícil de se lidar. Ainda, a segurança em se ter amigos verdadeiros se perde na vida de alguém cujo coração não pode perdoar. Você se torna um solitário, com paredes ao seu redor. Parece que ninguém pode entendê-lo, e realmente não podem, porque você mantém o seu "verdadeiro eu" escondido. Você não confia em NINGUÉM. Os poucos amigos sinceros que você realmente tem se aproximam de você apenas por dever, obrigação ou pena. Por causa da falta de perdão, sua forma de relacionar-se é egoísta

Carências Relacionais: a Raiz da Falta de Perdão

e falsa, criando uma barreira entre você e os outros. Você teme abrir-se e ser vulnerável, de forma que o seu verdadeiro "eu" não pode vir à tona e ganhar vida. A pessoa deficiente em perdoar se priva de experimentar as alegrias de ter uma comunhão verdadeira e amigos íntimos.

Uma certa vez, pregando em Kentucky, minha atenção se voltou para uma mulher na congregação, que estava tão cheia de ressentimento por uma outra pessoa que ninguém se sentaria perto dela. Qualquer um podia sentir a sua dor e raiva, e isso fazia as pessoas se afastarem. A falta de perdão cria uma atmosfera específica. Simplesmente observar essa atmosfera e essas características em alguém lhe ajudará a tornar-se preciso em sua oração por alguém preso à escravidão da falta de perdão.

Expressões da Falta de Perdão

Nós vemos muitos problemas com adolescentes agindo com raiva contra a família. Pais que fazem uso de palavras ásperas e cruéis, ou até mesmo violência física com seus adolescentes, têm se tornado comum nesses dias. Êxodo 21.15 proíbe filhos de contenderem ou atacarem seus pais. Porém, um filho que é rejeitado, abusado ou traído pelos pais pode reagir veementemente a partir de sua ferida e raiva, arremetendo, verbal ou fisicamente, contra eles. Quando um jovem de quinze anos tem suportado aspereza e abuso verbal por anos, precisa encontrar uma forma de responder à sua dor interna. Em nossa atual sociedade, os adolescentes têm reagido a anos de rejeição e negligência. Para alguns, a raiz da autorrejeição se forma, como discutido no terceiro capítulo, e então passa a caracterizar sua vida. Para outros, um profundo "vulcão" de falta de perdão começa a acumular-se. Numa questão de anos, uma raiz de falta de perdão é tão residente em sua vida que um profundo abismo se forma entre os pais e os filhos. É como se os pais vivessem num mundo totalmente diferente de seus filhos.

Ao orar por pais e filhos, você deve prestar muita atenção à desordem familiar e sentimentos de mágoa. As palavras certas em oração por alguém com uma raiz de falta de perdão podem desbloquear um enigma, que tem escravizado uma pessoa ou família por gerações. Se a raiz é falta de perdão, o Santo Espírito lhe direcionará ao ponto exato por onde iniciar sua oração. Você está lendo este livro no intuito de aprender como ministrar através de uma oração de forma precisa. Eu lhe garanto, quando há uma carência humana tão crítica quanto a falta de perdão dentro de uma família, o Espírito Santo falará muito fortemente a você, revelando exatamente como você deverá orar.

Sofrimento Prolongado

Eu vou lhe contar um segredo que o ajudará tremendamente em sua busca em orar com eficiência por pessoas machucadas. Tem a ver com sofrimento prolongado. Veja você, um sofrimento estendido é um produto de um problema relacional. A falta de perdão é comum em situações em que a família está abalada por uma perda significante, assim como uma separação, divórcio ou morte. Pense numa mãe que abandona a família, deixando três crianças pequenas. Você pode imaginar o sofrimento que essas crianças experimentarão pela vida inteira. Todas as suas conquistas e sucessos não poderão compensar tamanha carência não suprida. O abandono de uma mãe é muito difícil de esquecer e perdoar.

Normalmente, uma pessoa evolui do sofrimento à cura dentro de aproximadamente três anos. Contudo, quando a perda continua sendo dolorosamente sofrível ano após ano, até mesmo décadas na vida das pessoas, há algo de errado. Tudo isso é muito comum. Você encontrará um sofrimento prolongado até mesmo encorajado em algumas igrejas, quase como um ritual. É como se os mortos nunca fossem livres para irem ao seu galardão e descanso, e os vivos nunca fossem libertos

Carências Relacionais: a Raiz da Falta de Perdão

para seguir em frente em direção a um novo ciclo de suas vidas. Eu lhe pergunto: é bíblico para um cristão maduro murmurar profundamente por um membro familiar por tantos e tantos anos depois de sua morte? É essa a vontade de Deus para nós? Saudade e recordação a respeito de alguém amado é totalmente normal, mas qual é a causa de um sofrimento doloroso que parece não ter um fim à vista?

A principal causa de um sofrimento estendido que vai muito além da norma é a falta de perdão. Quando a lamentação é complicada pela falta de perdão, ela é prolongada para além do escopo do que é normal e saudável. Apesar de um indivíduo em lamento poder experimentar algum nível de cura através do aconselhamento, continuará preso em amargura e dor por muitos outros anos se a falta de perdão não for honestamente abordada.

Onde reside a falta de perdão? Como consequência de perder uma pessoa amada, nós frequentemente nos culpamos por qualquer montante de erros perceptíveis. Talvez, nós sintamos que não fizemos o suficiente durante as últimas etapas da vida da pessoa, e nos voltamos à culpa. Nós podemos sentir um certo nível de raiva daquele que está indo, culpando-o por estar nos deixando. Nós podemos culpar alguns membros familiares por estarem ausentes ou por alguns comportamentos durante o tempo da perda. Alguns de nós direcionam a raiva a Deus. Se há alguma mágoa não resolvida e culpa seguindo uma perda, a responsabilidade deve ser imposta sobre alguém: a membros da família, a si mesmo, àquele que morreu ou mesmo a Deus. Seja qual for o caso, lidar com a culpa e a raiva é essencial para trazer a pessoa ao lugar onde pode eventualmente resolver a perda, experimentar a cura, e aprender a voltar a viver.

Como orar por alguém que está vivenciando um sofrimento prolongado? Quando alguém ainda está profundamente conectado corriqueiramente com alguém que já morreu, essa pessoa desenvolverá uma aparência mórbida e depressiva. É impossível estar "no cemitério" dia após dia e ainda assim experimentar alegria e esperança a respeito da vida. Eu não posso contar as vezes em que tive aconselhamento numa sala de Escola Dominical com vista para o cemitério da igreja, olhando nos olhos de uma santa cristã, que estava presa à raiva pelo seu falecido esposo não tê-la permitido morrer primeiro!

Ao orar, preste atenção que muitas pessoas, especialmente os idosos, estão experimentando um sofrimento prolongado. Tenha em mente que este é um problema relacional. Pensando dessa forma, você está em terreno bíblico, e o Espírito Santo também o guiará através de muita informação. Detalhes virão rapidamente à sua mente. O Santo Espírito concentra-se em dor e carência. Ele Se moverá mais rápido que você, ajudando-o a enxergar dentro do coração da pessoa em sua frente que necessita da sua oração.

Raiva, Inveja e Contenda

A falta de perdão produz conflitos dentro da família ou de um relacionamento. Esses conflitos envolvem contenda, discussões, discórdia e brigas. Esses comportamentos emocionais crescem a partir de desavenças mal resolvidas por um longo período de tempo. A incapacidade de perdoar feridas passadas pode levar facilmente a uma agitação das emoções. A pessoa pode descontar a mágoa em outros de quem não receberam nenhuma ofensa, fazendo com que os relacionamentos se tornem tensos e doentios.

Uma alma humana envenenada com a falta de perdão pode experimentar emoções tão inconstantes, como inveja e contenda, que são capazes de levar até mesmo à morte. Raiva e ressentimento construídos a partir de memórias remoídas de ofensas e eventos passados continuam a influenciar o presente e futuro. Um indivíduo com uma raiz de falta de perdão pode conviver com um sentimento generalizado de amargura, tornando a alegria algo distante do passado, com pouca

Carências Relacionais: a Raiz da Falta de Perdão   79

esperança no futuro. A falta de perdão como um todo pode quase paralisar alguém a um estado mental de inércia. Ao mesmo tempo, ataques de raiva e contenda são reações momentâneas que irrompem e esvaecem -levantando-se de circunstância em circunstância.

Ao trabalhar sobre essa área de raiva, inveja e contenda, o objetivo é identificar um nome. O Santo Espírito é muito pessoal nessas situações. Apenas pergunte pelo nome da pessoa que causou ou ainda está causando todo o tormento interno. Apenas vociferar o nome da pessoa irá trazer toda dor à superfície, e então você será capaz de começar a orar com total precisão. Em todo caso que envolva conflitos, você estará orando por uma alma cujos direitos foram violados, cujas esperanças foram esmagadas, e cujas vidas foram dilaceradas por causa de uma animosidade que se iniciou com uma pessoa-chave. Quando o nome for citado, então comece a orar a partir de um ponto de vista positivo. O que isso significa? Isso quer dizer que você precisa levantar o ânimo da pessoa que está recebendo a oração, não agindo como um juiz, júri ou executor da pessoa que aparenta ser o perpetrador. Desde que a pessoa por quem você está orando venha sendo profundamente afetada por outra, é provável que esta mesma pessoa-chave possa rapidamente tornar-se a grande protagonista no processo de cura. Oh sim! Nosso Amável Pai Celestial tem seus modos de agir!

Nunca se esqueça de que você está lá para orar por restauração, não por condenação. Seu objetivo é ser um condutor de cura. Deus é o Juiz, e não você. Isso pode ser muito difícil de se fazer quando você ouve o que se passou com a pessoa ferida e tende a tomar partido de um dos lados. Mas em oração você não pode tomar partido. Você simplesmente ora, e o Senhor opera a cura. Pense dessa forma: A pessoa que causou a grande dor é também aquela que pode ter a chave do milagre. Quando um nome vem à tona, você pode esperar pelo romper!

Quando o causador da dor maior ainda está vivo, há muitos casos em que a esperança é ver as partes reconciliadas. O Senhor pode usá-lo para facilitar um encontro onde ambos se sentem face a face e tratem de perdoar um ao outro. É claro que isso não é possível ou apropriado em todos os casos. O ponto é: se você critica o perpetrador, você, na verdade, estará fechando as portas para a cura acontecer. Lembre-se de que o ofensor também é um filho de Deus que está em necessidade de perdão, cura e restauração. Quando você enxerga a todos os indivíduos envolvidos neste cenário de contenda, você entenderá que o causador também é um vítima da vida e tão merecedor de perdão quanto qualquer outro.

Acusação

Um grande indicador de falta de perdão é a acusação de outros. A acusação é cheia de orgulho e consiste em julgamento, culpa, criticismo e apontamento de falhas. Na acusação, a falta de perdão se dá a partir da cristalização de um comportamento em toda a perspectiva de vida. Tendo uma intensa propensão de que a desconfiança, suspeita e acusação posicione a pessoa em um constante estado de solidão e tormentos. Ela pode afirmar que tudo vai bem, mas sua face mostra uma história diferente. Seu coração está cheio de negatividade, inquietação e angústia.

Frequentemente eu me vejo orando por pessoas que perderam seus empregos. Algumas delas são cheias de fé e confiança de que Deus é Fiel para prover na vida delas. Porém, quando uma falta de perdão e ressentimento profundos se fazem presentes, há uma atitude interna de que a vida, Deus e o mundo são totalmente injustos. Questões de ressentimento, direito e antagonismo complicam a crise. A falta de emprego é um problema menor, mas quando tal imprevisto causa uma paralização no crescimento espiritual, e o indivíduo parece mais interessado em estabelecer culpa do que confiar em Deus, atente-se para a falta de perdão.

Quando alguém está acusando a outros, há uma conversa interior (diálogo interno) de julgamento, culpa, suspeita e acusação acontecendo. A mente da pessoa está constantemente cheia desses pensamentos negativos e cheios de orgulho em relação às outras. As partes aqui estão a milhões de quilometros distantes uma da outra, ainda que possam ser membros da mesma igreja ou viver debaixo do mesmo teto como uma família. A oração que endereça essas situações deve ser construída cuidadosamente. A oração com eficácia vem à cena quando você nomeia o problema como ele realmente é: acusação. A única forma de abordar tais coisas é falar debaixo da autoridade de um poder superior que é o de Jesus Cristo. Você não pode simplesmente dizer que essas coisas são inaceitáveis em sua opinião. Essas atitudes e emoções são totalmente contra a Palavra de Deus e a Santa natureza de Deus. Então, ore sobre isso. Ore para que essas atitudes e emoções sejam anuladas e esvaziadas no nome de Jesus Cristo. Levante a pessoa que está experimentando tais emoções e peça ao Senhor por paz dentro de seus corações e ambientes.

Como Identificar a Falta de Perdão?

Muitos sinais apontam para a falta de perdão. Eu já mencionei sofrimento prolongado, raiva, inveja, contenda e acusação. Conflitos não resolvidos entre seres humanos secam a alma, assim como viver sem água por dias desidrata o corpo. É como se a própria pele da pessoa mudasse quando os relacionamentos estão com problemas. Para algumas pessoas com uma raiz de falta de perdão, a questão não é necessariamente uma outra pessoa que errou contra elas. Uma boa porcentagem das pessoas por quem orei tinham que perdoar a si mesmas. Seus erros, falhas e ações passadas permanecem em suas mentes e continuam a confrontá-las em seu dia-a-dia.

Quando você olha para uma pessoa que tenha dificuldades em perdoar, você pode notar as expressões tensas em seus rostos e ombros. Muitas vezes você também repara uma falta de expressão. A pessoa não responde normalmente a um sorriso ou cumprimento. Nem todos que você encontrar terão tais expressões faciais, mas você perceberá uma dureza em seu tom de voz. Assim como uma pessoa pisca os olhos quando está nervosa, alguém que não perdoe normalmente irá fitar os olhos, quase que sem movimentá-los. Assim como as mãos calejadas de um fazendeiro confessam o trabalho duro, as mãos de uma pessoa que não pode perdoar mostram danos ainda mais severos, ao passo que a tensão constante tem quase deformado as suas mãos. Em outras palavras, a falta de perdão pode criar rigidez no rosto, nas mãos, na expressão, voz e movimentos de um indivíduo.

Ao orar por alguém que tem nutrido uma falta de perdão por um longo tempo, tenha em mente que sentimentos vêm sendo endurecidos e reprimidos. Ninguém quer ser exposto em tão dolorosa e íntima área de sua vida. Uma pessoa que não perdoa está sempre desconfortável com a verdade. Na sua oração, você provavelmente irá cair em extremo desconforto em até mesmo trazer essas questões dolorosas à tona. A pessoa pode veementemente negar que venha nutrindo qualquer mágoa e afirmar que "perdoa a todos". Portanto, a oração aqui deve começar com o encorajamento à pessoa em receber a oração. Lembre-se de que a falta de perdão é uma condição relacional. Há outros envolvidos nessa situação. A pessoa pode relutar em discutir os eventos ou pessoas que estão no centro da ofensa. Mas o seu principal objetivo é identificar a pessoa que tem causado a mais profunda dor. Isso é possível quando você permite que o Santo Espírito lhe transmita informação através da revelação.

Carências Relacionais: a Raiz da Falta de Perdão

Como uma Pessoa Recebe Perdão?

Um fato que você deve saber: seja obediente à voz do Espírito Santo. Certa vez em que eu estava orando por uma jovem, ela negava todas as minhas tentativas de lidar com o problema da falta de perdão. Mas o Santo Espírito não lhe deixaria escapar. Ela reconhecia que havia passado por um relacionamento opressor quando ela tinha dezessete anos de idade, e admitia um incidente que lhe havia partido o coração. A mesma sorte de drama ocorreu aos seus vinte e cinco anos com uma outra pessoa. E então, ela começou a falar de uma forma emocionada, e era a respeito da morte de alguém em sua vida. Por fim, era a morte de seu bebê, a quem ela havia abortado. Quando ela compreendeu que Deus ainda lhe amava mesmo depois de algo tão terrível, e que Ele lhe perdoaria de seus pecados passados, ela finalmente aceitou minha oração e recebeu a cura em sua vida.

O indivíduo com uma raiz de falta de perdão encontra dificuldades em ser perdoado. Uma vez que nosso inteiro relacionamento com Cristo é construído sobre a fé em Sua capacidade de nos perdoar e nos receber através de Sua Graça, essa relação é quebrada se nós não conseguimos receber plenamente o Seu perdão. As Escrituras asseveram: "Se confessarmos os nossos pecados, ele é fiel e justo para nos perdoar os pecados e nos purificar de toda injustiça" (I João 1.9). Quando nós fazemos uma confissão de nossos pecados, Deus nos promete que Ele é Fiel para nos perdoar. Portanto, o ser perdoado não depende de como nós nos sentimos, mas de receber o perdão de Deus através da fé em concordância com a Sua promessa em Sua Palavra.

Para alcançar o perdão do Senhor, você deve compreender que você é completamente perdoado. Você deve identificar a si mesmo como "perdoado" e agir como tal. O perdão genuíno requer que nós perdoemos a nós mesmos pelas escolhas que tenhamos feito na vida. Se entendemos que Deus nos perdoará quando nós nos achegarmos a Ele em arrependimento de coração, então nós devemos entrar em concordância com Ele e perdoar a nós mesmos. O inimigo de nossas almas, que em Apocalipse 12.10 é chamado de "o acusador de nossos irmãos", irá continuamente insinuar aos crentes que eles não podem ser perdoados. Mas Satanás é um mentiroso e essa mentira deve ser resistida. Você irá acreditar em Deus, que nos promete perdoar os nossos pecados se os confessarmos e nos arrependermos, ou você vai crer no enganador? Isso se torna uma decisão entre a vontade em confiar no que Deus nos diz, e o desejo de acreditar no diabo ou até mesmo nos próprios sentimentos.

Como Alguém Perdoa os Outros?

Deus não tem limites quando o assunto é perdão, e Ele também nos chama a sermos ilimitados de tal forma. Lucas 17.4 diz: "e, se pecar contra ti sete vezes no dia e sete vezes no dia vier ter contigo, dizendo: Arrependo-me, perdoa-lhe". Isso requer que a pessoa esteja disposta a perdoar repetidas infrações, o que pode ser muito difícil, e vai contra a nossa natureza humana. Mas a Palavra é clara: se alguém está contando quantas vezes deve-se perdoar o outro, não está verdadeiramente perdoando.

O perdão é uma expressão de amor. "Nosso amor perdoador perante os homens é a evidência do amor perdoador de Deus em nós. É uma condição necessária à oração de fé." O amor é uma decisão; e assim sendo, perdoar é decidir amar. Abrir-se ao amor significa que você provavelmente será ferido novamente porque os seres humanos realmente machucam uns aos outros. Contudo, uma vez que a pessoa em carência descobre que o perdão é verdadeiramente possível, ela perceberá que ser ferida não é tão ruim quanto estar sozinha na vida, desprovida de amor e comunhão. Colossenses 3.13 nos exorta: "suportando-vos uns aos outros e perdoando-vos uns aos outros, se algum

Carências Relacionais: a Raiz da Falta de Perdão

tiver queixa contra outro; assim como Cristo vos perdoou, assim fazei vós também".

Sermos capazes de liberar aqueles que erraram contra nós requer que ajamos em amor, recusando-nos a estar presos ao ressentimento. Isso não é fácil. Pode ser uma grande batalha. Perdoar não é simplesmente esquecer o que foi feito. Algumas feridas são tão profundas que isso seria impossível. Nós podemos ser curados da dor, mas o ato da insulta ou dano fica marcado na mente. O perdão acontece quando a vítima deliberadamente cancela o débito que foi adquirido pelo autor da ofensa. Ainda, a raiva deve ser tratada com abertura e honestidade. Ao invés de desabafar em retaliação, a parte ofendida deve confessar isso em oração, de modo a ser liberta e também liberar a outra parte.

O Santo Espírito começa a revelar a carência com uma palavra, e ela pode ser tão simples quanto "homem", "pai", "irmã" ou "mãe". Você nem sempre precisa citar nomes, apenas relacionamentos. Isso já dará o gatilho necessário para o Espírito Santo examinar precisamente o centro da carência. Ore destemidamente. Se houver um nome de alguém para ser mencionado em oração, fale o nome da pessoa. Ore por libertação, ore por perdão, ore por misericórdia, e ore por livramento de toda raiva, descrença e falta de perdão. Sua oração, se eficaz e precisa, pode desencadear um processo de cura na vida de alguém.

Em muitos casos, você é como um treinador em uma luta, com alguém que tem sido vítima e está lutando para liberar a outra pessoa e se livrar do passado. É um momento de definição na vida da pessoa. Ore com convicção! Ore com autoridade! Tente levar a pessoa a repetir uma oração de perdão. Fale o que Deus estiver revelando a você no momento da oração. Dê esse passe para o touchdown! Aponte para a raiz, ore sobre a palavra dada pelo Espírito Santo, e nunca tente adivinhar por conta própria. Deus estará na sua oração!

Aplicação

Aqui está uma oração para uma pessoa que está buscando ser liberta da raiz da falta de perdão:

_____

Querido Deus, há dor aqui _tanta dor que a minha irmã está em uma necessidade desesperadora neste momento. Remova as barreiras em seu coração e faça todo sofrimento prolongado, raiva e contenda desaparecer. Livre-a das garras da mágoa. Agora, ore comigo: Deste momento em diante, eu me humilho debaixo do amor de Deus e destruo todas as atitudes de falta de perdão para com _____ (nome da pessoa ou relacionamento, como por exemplo "meu pai") por causa da dor que eu tenho sofrido. No nome de Jesus Cristo, derrame o Seu amor sobre o meu passado. Eu te agradeço que Jesus levou a minha dor e sofrimento sobre a cruz. Cure todas as feridas que foram infligidas por _____ sobre mim. Destrua todo meu desejo de retaliação, de fazer justiça ou justificar a mim mesma. Eu abdico, deste momento em diante, de todo desejo de julgar e manipular.

Querido Deus, faça conforme a tua vontade para com aqueles que me feriram, ame-os conforme é a tua vontade, cuide deles como é de teu desejo, e limpe a minha memória de toda e qualquer falta de perdão desde momento até quando eu ouvir o meu nome ser chamado para a Eternidade. Eu oro no nome de Jesus Cristo que morreu por mim. Amém

_____

7

A Raiz da Mágoa

Conhecer as Escrituras e ouvir a Deus andam juntos. A revelação é cinquenta por cento bíblica e cinquenta por cento espiritual. A Palavra ativa o coração de Deus. Uma vez que você tenha discernido que a carência é relacional, a falta de perdão é a primeira área que você considerará. Se a falta de perdão na vida de um indivíduo não for tratada, a raiz da falta de perdão pode levar à raiz da mágoa. Este é o ressentimento que alcançou o cerne das emoções humanas. A mágoa leva a pessoa a nutrir o ódio até que ele apodreça por dentro e envenene a mente e o próprio coração do indivíduo. A mágoa é uma raiz relacional que nasce da recusa em perdoar ao longo de uma vida ou até mesmo de gerações. Assim como o amor é uma decisão e não uma emoção, o ódio também é um arbítrio. Na mágoa, a pessoa decide odiar, e segurar esse ódio com punhos de ferro. A falta de perdão é o ingrediente básico da mágoa; uma leva à outra, a um passo progressivo. Quando a falta de perdão é ignorada em uma pessoa, tende a crescer e evoluir para a mágoa. Ainda, nós poderíamos dizer que a mágoa "reside" na falta de perdão.

A mágoa afeta os laços familiares, ao passo que se torna "herdada", de modo que os filhos experimentem anos de um histórico familiar de raiva, brigas e violências, que têm sido o padrão responsável por uma vida de pressões. Essa é a raiz de uma família disfuncional. Você poderia dizer que a mágoa "está no sangue", perpetuando-se através da linhagem familiar e estabelecendo raízes fortes e permanentes na vida da pessoa. Quando os pais tentam resolver os problemas a partir de medidas extremas, os filhos tendem a repetir este padrão. Este tipo de comportamento é abordado frequentemente pelo Antigo Testamento. Deus abomina e frequentemente condena o uso de vingança e ódio como uma resposta aos problemas humanos. Em Deuteronômio 32.35, Deus diz: "Minha é a vingança e a recompensa".

Nós observamos o Senhor abordando a raiz da mágoa em Êxodo 20.13: "Não matarás". O homicídio é uma forma extrema de mágoa. Nem todos com uma raiz de mágoa irão cometer assassinato, especialmente após ter um encontro com Deus. Uma raiz de mágoa pode ser "diluída" em decorrência do trabalho redentor de santificação do Espírito Santo. Ainda assim, durante o curso da existência do indivíduo, essa mesma raiz permanece como a área básica da carência.

I João 3.14,15 diz: "Nós sabemos que passamos da morte para a vida, porque amamos os irmãos; quem não ama a seu irmão permanece na morte. Qualquer que aborrece a seu irmão é homicida. E vós sabeis que nenhum homicida tem permanente nele a vida eterna".

Assim, veja você que a mágoa vai muito além da falta de perdão. A mágoa é ódio mortífero que vive dentro do coração. Ela traz um espírito de morte, ao invés da vida abundante que Jesus deseja para nós. A obsessão sobre a memória de eventos dolorosos do passado pode causar mágoa. A raiz da mágoa perpetua memórias do passado de forma que elas nunca se vão, não desaparecem. Essas lembranças podem gerar uma vida de ofensas não resolvidas, que comprometem relacionamentos, paralisam ministérios e destroem a intimidade com

Deus. A alma com uma raiz de mágoa pode reagir a pessoas amadas com raiva e ressentimento de feridas emocionais de anos atrás, ainda que esses eventos não tenham nenhuma relação de fato com o presente. A pessoa vê a vida através de "lentes" negativas e cínicas, esperando o pior da vida e das pessoas.

A mágoa afetará o corpo mais do que qualquer outra raiz. Um dos sintomas da raiz da mágoa é o rosto de um indivíduo. A mágoa pode acelerar o processo de envelhecimento, fazendo uma pessoa parecer muito mais idosa do que verdadeiramente é. O semblante torna-se endurecido e enrugado. A pele adquire um aspecto oleoso, como se fosse de plástico. A degradação dos relacionamentos desencadeada pela mágoa pode trazer efeitos poderosos sobre o sistema nervoso, a pele e a saúde do indivíduo em geral. Doenças de todos os tipos assim como problemas psicológicos podem ser causados por tomar do veneno da mágoa por muitos anos.

Ao orar por alguém consumido pela mágoa, tenha em mente que você necessita de um milagre, porque seres humanos costumam ser bem duros diante dos outros. Sua oração deve ser centrada na revelação que Deus lhe dá. A revelação pode convencer uma pessoa mais rápido do que se você argumentar por perdão. Sua oração cheia da revelação de Deus é a sua arma mais poderosa nesta guerra. Você sabe que a carência é relacional. Você está ciente de que o perdão não aconteceu e que o problema progrediu e se aprofundou em mágoa.

Não comece sua oração numa galáxia distante, esperando chegar eventualmente a algum lugar. Ocasionalmente faça uma pergunta do tipo: "Você poderia me contar a respeito do seu avô materno?" Eu frequentemente inicio dessa forma porque normalmente foi um avô ou uma avó que criou a situação lá atrás. Os pais da pessoa por quem você está orando tiveram pais que também foram vítimas da vida. Fazer esse tipo de pergunta irá capacitar a pessoa a rapidamente identificar de onde a dor vem. Se você puder mover-se para esse ponto em sua oração, você terá informação suficiente vinda de Deus e a pessoa em sua frente fará a diferença. Muitas pessoas conseguem identificar a mágoa dentro da família. Quando há um padrão de malícia, violência e crueldade, isso deixa uma marca na pessoa. Identifique o veneno da mágoa em sua oração e aborde-o antes de mais nada. Ore sobre a raiz! Por vezes, eu peço ao indivíduo para inspirar fundo e então expirar com força. E então, eu oro para que toda raiva, rancor e veneno sejam arrancados de seu interior e para que seja liberto.

Eu recebi um convite para pregar numa igreja Metodista de um Estado do sul. No primeiro culto, eu percebi um homem sentado no último banco, do lado direito da igreja. Ele estava sentado próximo ao corredor e observei que ele era muito alto, sobressaindo a todos. Até mesmo quando ele se sentava, continuava mais alto que qualquer pessoa de estatura mediana. Quando chegou o momento dos cumprimentos e a congregação começou a trocar apertos de mão e dar as boas-vindas aos visitantes, eu me dirigi àquele homem alto e estendi meus cumprimentos a ele. Apenas um aperto de mãos despertou uma reação em mim. Não havia dúvidas de que ele estava profundamente aflito e raivoso. Seus largos ombros pareciam carregar muito peso, e ele me olhou como se fosse uma questão de vida ou morte. Meu sermão naquele dia foi sobre Mateus 18.21-35, a respeito de perdão. Eu podia ver os olhos daquela alma torturada intensamente fitos em mim durante todo o culto. Então, eu entreguei um convite para que a congregação se achegasse para receber oração, e pedi ao pastor local que permanecesse na frente para orar por aqueles que viessem ao altar. Eu sabia que precisava orar por aquele homem no banco dos fundos sem demora!

Fui até ele e lhe pedi que me seguisse até uma sala reservada que eu pudesse encontrar próxima ao templo. No fim, acabou que era o banheiro masculino. Quando eu comecei a orar por ele lá mesmo, eu discerni uma raiz de mágoa e raiva como eu nunca havia visto antes.

A Raiz da Mágoa

Eu continuei e, quanto mais eu orava, mais alta sua voz se tornava, primeiro chorando e depois gritando como que clamasse pela misericórdia do Senhor. É inesquecível a cena de um homem crescido chorando daquela forma _e aquele homem era o maior que eu havia visto em todo o meu ministério.

Meu coração se encheu de coragem, e eu prossegui orando por ele com uma ousadia que só poderia ter vindo do Espírito de Deus. Eu abordei a falta de perdão e a mágoa como a principal área de carência em sua vida. O Santo Espírito falou a palavra "sangue" ao meu espírito. Quando eu pronunciei a palavra "sangue", algo começou a acontecer ali. Agora ele estava gritando ainda mais alto para que Deus lhe ajudasse. Meu período de oração ali no banheiro por aquele "Hulk" durou mais de duas horas. Era como se camadas e mais camadas de ódio fossem sendo arrancadas dele, e eu não poderia parar até que ele chegasse a um lugar de paz.

Posteriormente, o pastor me contou que aquele homem imponente era o grande líder de uma seita, e que havia vindo ao culto desesperado por libertação. De fato, Deus o livrou de profundos danos, ira e um ódio mortífero naquela noite no banheiro da igreja! Não foi uma coisa bela, e levou um longo tempo, mas nossas orações foram ouvidas. Você está disposto a ser usado nas mãos de Deus por alguém em tamanho tormento? Se sim, então espere algo do tipo acontecer contigo ao passo que se abra para orar pelos outros.

A Mágoa Dissipa o Espírito Santo

A mágoa está diretamente associada com a dissipação do Espírito de Deus. Efésios 4.30,31 nos admoesta: "E não entristeçais o Espírito Santo de Deus, no qual estais selados para o Dia da redenção. Toda amargura, e ira, e cólera, e gritaria, e blasfêmias, e toda malícia seja tirada de entre vós". O Espírito Santo não abundará onde houver mágoa. Entristecer o Espírito Santo resulta no afastamento de Sua unção e poder.

O fruto do Espírito Santo e os Seus dons revelam a Glória de Deus através do crente. A mágoa, mais do que qualquer outra raiz, mata o fruto do Espírito. Quando as pessoas podem ver amor, alegria, paz, paciência, benignidade, bondade, gentileza, fé e autocontrole na vida de um crente, Deus é glorificado, uma vez que o homem é incapaz de produzir tais frutos longe de Deus (veja Gálatas 5.22,23). Contudo, a mágoa furta a pessoa de gerar frutos, de modo que a Glória de Deus não é revelada em sua vida. Quando o fruto do Espírito apodrece na videira, a Glória se dissipa e a unção se vai. A mágoa não apenas polui a alma, mas também consome a unção. Os dons do Espírito não fluirão através daquele que está envenenado pela mágoa.

Você ficará impressionado com os resultados quando a oração de cura nessa área for bem recebida. A pessoa recebendo oração desejará trazer toda dor, ódio e contenda a um fim. Por vezes, dependendo da situação, o Santo Espírito fará que você direcione a pessoa no tocante ao que fazer quando a oração terminar. Há ocasiões em que eu me senti guiado por Deus para instruir o indivíduo a abordar a pessoa que é o grande objeto da mágoa, trazendo-lhe um presente, como um ato de gentileza, ou pedindo-lhe perdão. Eu diria que em oitenta por cento desses casos, em que o indivíduo fez o que lhe foi proposto, houve cura. O que é interessante aqui é que algumas pessoas se recusam a tomar uma posição em direção à reconciliação, mas do contrário, escolhem permanecer no tormento e nutrir o rancor. O fruto do Espírito é paralisado quando alguém opta por persistir em um estado de mágoa.

Espírito Fortemente Abatido

"O espírito do homem aliviará a sua enfermidade, mas ao espírito abatido, quem o levantará?" (Provérbios 18.14). Um espírito abatido

A Raiz da Mágoa

é um espírito derrotado. O peso de muitos problemas e feridas passadas sobrecarrega o indivíduo, oprimindo-o espiritualmente. É como se as ofensas e traumas de quarenta anos atrás houvessem acontecido ontem mesmo. Quando você inicia seu ministério de oração, você pode se impressionar com as distorções de senso comum e as totais confusões relativas às coisas mais simples da vida. É aqui que você percebe que quando um ser humano possui um espírito abatido, seu panorama da vida se torna débil. Não se esqueça de que um espírito pesado, abatido, é uma condição causada pela raiva e mágoa.

A raiz da mágoa substitui a alegria pelo pranto. Esse espírito pesado, abatido, leva a pessoa a ter a impotência e a desesperança como seu "padrão" de vida. Quando o passado e o presente são vistos como amargos, a pessoa nutre pouca esperança de um futuro feliz. No Antigo Testamento, no livro de Êxodo, os israelitas haviam conhecido um passado amargo durante os quatrocentos anos de escravidão no Egito, eles, posteriormente, enxergaram sua jornada à Terra Prometida como amarga, de igual forma. Ainda que tivessem sido milagrosamente livres da servidão, eles ainda agiam como escravos da amargura. Eles falharam em ver como Deus poderia mover em seu favor naquilo que eles criam ser uma situação sem esperança.

Os indivíduos com uma raiz de mágoa não enxergam uma forma como alguém possa ajudá-los. Eles não têm nenhuma esperança de melhora, e frequentemente, nem mesmo percebem que a melhora é necessária. Rapidamente, eles começam a aceitar o estado de impotência e desesperança como sendo o status quo: "Eu sou assim mesmo". É mais fácil enraivecer-se do que admitir a amargura. Como você ora por alguém em tal condição? Primeiramente, lembre-se de que ela é sempre relacional. Tem a ver com os outros. Você terá de identificar quem tem afetado negativa e profundamente a vida da pessoa. Não se desvie dessa abordagem. A pessoa a receber a oração pode negar ou até mesmo questionar seus métodos, mas permaneça na revelação! Nunca fuja da revelação. Deus está no controle de sua oração; você não está só.

Controle

Em relação à raiz da mágoa, o controle também está ligado aos sentimentos de impotência e desesperança. Lutas por poder se levantam e são vencidas através de uma postura crítica e o controle sobre outros. Aqueles que se sentem impotentes e que a vida é opressiva podem tentar controlar pessoas e situações para que se sintam seguras e protegidas. A amargura faz com que a pessoa perca perspectiva em relação aos outros. De modo a sentir que tem controle, a pessoa começa a manipular os outros para ganho pessoal, e se torna possessiva de coisas e pessoas. É como se houvessem decidido exercitar o domínio de forma a manter o poder e nunca tornar-se vulneráveis novamente.

Para que haja cura, os indivíduos com uma raiz de mágoa devem descobrir aquelas coisas que eles desejam controlar e o porquê de estarem tão compelidos a controlá-las. Eles devem fazer um difícil e honesto olhar sobre si mesmos e seus relacionamentos com os outros e Deus. Para a pessoa, ela pode acreditar que não consegue evitar ser desse jeito. Mas querer controlar os outros em decorrência da raiva e do medo é uma escolha. Será muito difícil fazê-lo. Mas a pessoa deve chegar à conclusão de que está doente e cansada de viver dessa forma e deseja ter algum alívio!

Nós combatemos a amargura humildemente permitindo a nós mesmos nos tornarmos desarmados diante de Deus, totalmente dependentes d'Ele, como uma pequena criança, desejosa de Sua misericórdia e auxílio. Ao orar por situações envolvendo controle, fale contra toda manipulação de outros. Sua oração deve endereçar o problema com amor e zelo. Use toda a gentileza possível. Se alguém está disposto a receber a sua oração, então fale à carência com autoridade e propriedade. Você deve orar com ousadia contra todo tipo de atitude relacional negativa, incluindo controle e manipulação, que aprisionam a pessoa em amargura. Você pode falar diretamente a um espírito humano. O Espírito Santo envolve o espírito humano para confortá-lo e consolá-lo em tempos de necessidade. Sua oração é capaz de acertar o alvo dentro do espírito da pessoa por quem você está orando.

Isso é o que o livro está nos ensinando a fazer. Sem dúvidas, você está percebendo a este ponto que orar com eficiência requer ousadia, coragem e uma absoluta confiança no Senhor. Não é uma "bela oração" que você traz de si mesmo que fará alguém sentir-se melhor. O próprio Deus lhe dá esse tipo de audácia e oração eficaz!

Destruição

Uma família pode ser despedaçada pela força destrutiva da mágoa. Pais com uma raiz de mágoa podem expressar-se com tal dureza, crueldade e intensidade que alteram toda uma dinâmica familiar. Um destrutivo abuso verbal e físico separa os membros de uma família. Paredes de proteção são erguidas e todos se dispersam de modo a encontrar um lugar de segurança. E porque isso envolve família, os filhos são pegos numa teia. Eles perdem um senso positivo de identidade familiar e, em seu lugar, aprendem que tal ódio, vingança e punições são normais na vida familiar. Tristemente, eles frequentemente procuram relacionamentos onde os mesmos comportamentos destrutivos ocorrem, pois isso é ao que estão ambientados.

Eu não posso esquecer uma visita a uma igreja ao norte da Geórgia. Uma inteira congregação estava prestes a dividir-se devido à mágoa. Parece até um motivo bobo, mas o problema havia se dado há mais de cinquenta anos atrás, em que um membro de uma família havia matado uma vaca pertencente a outra família. Essas duas famílias frequentavam a mesma igreja e durante a conferência de avivamento ambas vieram para todos os cultos da noite. Quando o primeiro culto começou, eu reparei que as duas estavam no templo, mas se sentaram o mais longe uma da outra que poderiam, em lados opostos da igreja. Durante a Santa Ceia, ambas tomaram muito cuidado para que não viessem à frente ao mesmo tempo para receber os elementos. Eu não poderia ignorar tão óbvia divisão. Na segura-feira pela manhã, eu visitei a casa de um dos presbíteros, e ele compartilhou comigo a história das duas famílias. Era de conhecimento público que haviam odiado uns aos outros por muitos anos, e nenhum dos lados estava disposto a renunciar à rixa.

Na quarta-feira de manhã, no nosso último culto, eu decidi convidar os dois membros mais idosos _um de cada família_ para virem à frente. Os dois avós vieram relutantemente. Eles ficaram face a face em frente à Mesa da Comunhão, e eu perguntei francamente se eles estariam prontos para quebrar a maldição da mágoa, que vinha destruindo a paz e a alegria dentro de ambas as famílias por muitos anos. Um dos senhores me olhou e disse: "Eu creio que já é tempo." Incrivelmente, o outro concordou. O Espírito Santo já vinha operando. Um cochicho de surpresa sobreveio à congregação.

Eu li, então, Hebreus 12.14,15, que diz: "Segui a paz com todos e a santificação, sem a qual ninguém verá o Senhor, tendo cuidado de que ninguém se prive da graça de Deus, e de que nenhuma raiz de amargura, brotando, vos perturbe, e por ela muitos se contaminem". Posteriormente, eu conduzi os dois homens em uma oração, que seguia mais ou menos assim: "Pai Celestial, nós confessamos que temos pecado um contra o outro e contra ti. Nós pedimos perdão por tudo o que temos feito aos nossos filhos e netos, e te pedimos que nos perdoe. Hoje nós renovamos nosso compromisso em caminharmos juntos e contigo. Venha, Senhor, e quebre a maldição da mágoa que fere nossas famílias e nossas vidas". Àquele ponto, todos, de ambas as famílias, vieram à frente e uma festa do amor se iniciou. Eu ouvi depois que haviam mais

A Raiz da Mágoa 97

visitantes no domingo seguinte do que em todos os outros domingos do ano juntos.

Identificar aquilo que realmente se passava, uma maldição de mágoa, foi suficiente para que o Espírito Santo trouxesse convicção. A destruição causada pelo diabo por anos, no final, pode ser revertida por uma única palavra proferida na autoridade do Nome de Jesus Cristo.

A Mágoa e o Corpo de Cristo

Relacionamentos são difíceis para indivíduos com uma raiz de mágoa porque eles temem a vulnerabilidade e a intimidade. A mágoa pode trazer um comportamento que é ofensivo a Deus e desagradável ao homem. Preconceito e racismo podem frequentemente ser encontrados naqueles com uma raiz de mágoa. Há muita "discussão" a respeito de racismo na nossa cultura atual, normalmente sem base. Contudo, a mentalidade do racismo e do preconceito em alguém com uma raiz de mágoa é real. Ódio e desprezo profundos por pessoas de diferentes raças, culturas ou religiões são propensos a ser passados através de três ou quatro gerações. As diferenças na Teologia Cristã podem fazer com que aqueles que deveriam ser irmãos no Senhor tratem uns aos outros com malícia e desdém. É provável que haja mais desse tipo de mágoa dentro do corpo de Cristo que no mundo nesses dias.

Muitos anos atrás, eu fui convidado para pregar em uma velha igreja no sul da Geórgia. Eu cheguei cedo sábado à noite e fui direto para dentro da igreja para preparar meu equipamento. Ao descer para o salão social, eu ouvi gritos e sons estridentes. Espiei pela porta entreaberta e percebi que estava acontecendo uma briga às vias de fato dentro do salão social da igreja! Eu rapidamente retornei ao templo para me organizar, esperando que ninguém me houvesse visto lá embaixo. Eu já sabia o que deveria pregar durante a conferência de avivamento: perdão! Foi uma série de encontros difíceis. Eu eventualmente descobri que a discussão era a respeito da área do templo, que necessitava de reparos maiores em decorrência da idade do prédio da igreja. Ainda posso recordar perfeitamente de andar pelo templo durante o culto e ouvir o piso rangendo e estralando debaixo dos meus pés, como se estivesse para ceder. Convidei a igreja para vir à frente para a oração, e o chamado foi bem recebido. Mas o grupo de homens que haviam se oposto à reforma da casa do Senhor permaneceram sentados nos fundos da igreja, com seus braços cruzados, completamente alheios aos cultos. Eles haviam se agarrado firmemente ao seu rancor contra os outros. Na quarta-feira à noite, a última noite de reuniões, Deus me direcionou à passagem bíblica de Levítico 6.1-13.

No segundo verso, Deus fala a Moisés como se segue: "Quando alguma pessoa pecar, e cometer ofensa contra o Senhor, e negar ao seu próximo ... (ARA)" Eu comentei que, apesar do ponto em questão ser o conflito e a raiva para com o seu próximo, Deus enxergava isso como uma transgressão contra si mesmo. Essa congregação necessitava saber o que Deus pensa quando nós ofendemos a outrem. Nós frequentemente ofendemos a Deus.

Eu já havia pregado quatro sermões e ainda não tinha conseguido romper, mas esta Palavra trouxe arrependimento à congregação inteira. Aqueles homens do fundo da igreja laçaram-se ao altar em lágrimas e eu fui capaz, juntamente com o pastor, de orar por todos eles. Nós encerramos o culto com a leitura de Levíticos 6.13, que diz: "O fogo arderá continuamente sobre o altar; não se apagará". Moisés se referia ao fogo das ofertas queimadas, que originalmente vinha do céu. No domingo seguinte, no meio da noite, caiu uma chuva torrencial com relâmpagos. Um incêndio se iniciou dentro do templo e consumiu todo o prédio, pondo a igreja completamente ao chão! Essa congregação recebeu a oportunidade de não somente reformar o templo, mas construir uma igreja totalmente nova! A mágoa perdeu a batalha ali. E o arrependimento assumiu o seu lugar.

A Raiz da Mágoa 99

A mágoa e o ressentimento, claramente não são de Deus; e ainda assim, esse problema é muito presente em nossas igrejas, especialmente em meio à liderança. Há pastores que não têm se falado por anos devido a discordâncias teológicas. Pastores são importunados por essa praga da mágoa porque temem uns aos outros. Nesses casos, parece que não podem romper com a "ordem" e abrir-se àqueles líderes do lado oposto, pois agindo assim, poderiam ter seu status ou segurança financeira em risco. Essa é uma realidade presente em nosso meio. Nós devemos lidar com esse problema de mágoa dentro do corpo de crentes. Lembre-se que aquele por quem você está orando pode exercer influência sobre muitas almas. Há muita coisa envolvida quando a mágoa se infiltra na vida da igreja.

Condenação

O sofrimento que acompanha a raiz da mágoa pode internalizar a raiva. A pessoa pode ter pensamentos contínuos de autocondenação. João 16.7-11 nos mostra que o Santo Espírito nos vem convencer de forma a nos abençoar e nos trazer plenitude. Mas, a aflição da mágoa dificulta o ouvir da voz da convicção que advém do Espírito Santo. A pessoa em mágoa escuta apenas a voz da condenação.

O que realmente acontece é que você perde o seu amor-próprio. Uma vez que você não consegue romper, você se torna prisioneiro de seus próprios pensamentos. É doloroso ver irmãos e irmãs tentando viver a vida cristã cheios de mágoa e ódio, sofrendo em cada esforço para encontrar preenchimento, e culpando os outros ou o diabo por todos os seus problemas! Não há nenhuma bênção real, apenas suor e lágrimas pelas suas vidas infelizes.

A alma afetada pela mágoa não se alegra na misericórdia e Graça de Deus, mas vive em um estado de culpa e condenação. Romanos 8.1 felizmente proclama: "Portanto, agora, nenhuma condenação há para os que estão em Cristo Jesus, que não andam segundo a carne, mas segundo o espírito." Para tornar-se livre da mágoa, uma pessoa deve saber que o Senhor não lhe condena pelo passado, mas é cheio de amor e Graça para perdoá-la e limpá-la de todo pecado. Isso não é porque Deus esteja disposto a simplesmente ignorar o pecado! Mas é tão somente pela morte expiatória do Filho de Deus na Cruz do Calvário. O perdão torna-se gratuitamente disponível a nós apenas porque Deus enviou seu único Filho para carregar os pecados e maldições em nosso lugar. Nunca se esqueça disso! Cada uma das verdades que eu estou tentando comunicar a você neste livro é baseada em uma única coisa: a Cruz de Jesus Cristo.

Eu tenho visto muitas pessoas, depois de muitos anos de dor e enfermidade, virem a compreender o nível de decepção dentro de seus corações e darem um passo ousado em direção ao perdão. Eles finalmente decidiram que já tiveram o bastante e romperam! Você é uma dessas pessoas? Por quanto tempo você tem estado na igreja, mesmo na posição de um líder espiritual, mas continua nutrindo um profundo rancor contra outrem? Por quanto tempo você tem vivido debaixo do peso da condenação, da culpa e do ódio? Poderia o raio de sol do amor de Deus adentrar pela sua alma e iluminar o ambiente com alegria?

Eu conheci uma mulher no Mississippi que abrigava sentimentos doentios a respeito de alguém. Vamos falar a realidade: ela mataria essa pessoa se pudesse. Ela estava na escravidão das drogas e do álcool. Sua família estava dividida, com contínuas discussões e contendas. Depois que nos encontramos e começamos a orar, eu percebi que finalmente ela havia chegado a um ponto onde estaria pronta para receber e estender o perdão. Mais de quarenta e três anos haviam se passado e sua mente, seu corpo e sua carteira vinham pagando o preço da dureza de seu coração. Tudo o que disse foi: "Deus, obrigado por ter feito isto." Sua vida estava total e completamente transformada. No estacionamento, ela me disse:

A Raiz da Mágoa

"Eu quero que você conheça o homem que eu tenho odiado por tantos e tantos anos." Ela me levou ao gabinete pastoral. O homem era o pastor da igreja! Eu nunca esquecerei a reconciliação, as lágrimas e o abraço deles. Deus se fez presente naquele escritório. Eu tive notícias posteriormente de que os laços familiares foram renovados. Seu vício por drogas e álcool desapareceu, como se uma brisa fresca de esperança houvesse soprado em sua vida.

Aquele que ama a seu irmão está na luz, e nele não há escândalo. Mas aquele que aborrece a seu irmão está em trevas, e anda em trevas, e não sabe para onde deva ir; porque as trevas lhe cegaram os olhos. (I João 2.10,11)

Um indivíduo pode ser livre do espírito homicida, do espírito de morte e do espírito de escuridão. Uma fé simples contra todas as adversidades terá bom êxito! No passado, eu ministrava aconselhamento por horas e finalmente desistia. Não diz respeito a mim trazer cura a uma situação que tem furtado alguém de trinta anos de sua vida. Concerne a Deus fazê-lo. Porém, quando uma pessoa está verdadeiramente pronta para ser liberta da mágoa, confusão e escuridão mortíferas, tudo que precisamos ser é porta-vozes obedientes de Deus. O Senhor irá usá-lo, também, para isso. Simplesmente fale com ousadia e deixe o Salvador curar.

A Cura da Mágoa

Antes de sua conversão, o apóstolo Paulo soprou ameaças sanguinárias contra os seguidores de Jesus Cristo. Ele participou de suas prisões e execuções. Em I Timóteo 1.12-14, ele escreve ao jovem ministro Timóteo:

> E dou graças ao que me tem confortado, a Cristo Jesus, Senhor nosso, porque me teve por fiel, pondo-me no ministério, a mim, que, dantes, fui blasfemo, e perseguidor, e opressor; mas

alcancei misericórdia, porque o fiz ignorantemente, na incredulidade. E a graça de nosso Senhor superabundou com a fé e o amor que há em Jesus Cristo.

A cura da mágoa é nada menos do que um poderoso milagre. É um milagre porque os ressentimentos hospedam-se dentro da personalidade da pessoa e direcionam suas atitudes e comportamento. Cristãos, e não-cristãos igualmente, sofrem com a mágoa e permanecem presos nela, pois não há nenhuma experiência em suas igrejas que cheguem perto de uma abordagem de cura para essa tão agonizante condição.

Quando o apóstolo Paulo viajava pela estrada de Damasco, ouviu o Senhor falar com ele, dizendo: "Saulo, Saulo, por que me persegues? E ele disse: Quem és, Senhor? E disse o Senhor: Eu sou Jesus, a quem tu persegues. Duro é para ti recalcitrar contra os aguilhões. E ele, tremendo e atônito, disse: Senhor, que queres que faça? E disse-lhe o Senhor: Levanta-te e entra na cidade, e lá te será dito o que te convém fazer" (Atos 9.4-6). Repare que a revelação de Jesus a Paulo foi suficiente para transformar sua mente e curá-lo de sua mágoa. Tudo isso aconteceu através de uma revelação! Aqueles aprisionados por uma mágoa carecem experimentar da revelação do amor e misericórdia de Deus de uma forma íntima e pessoal. Quando uma revelação lhes sobrevém, numa questão de segundos suas mentes podem ser libertas e curadas. Se você pode crer neste poderoso método de cura, muito pode lhe acontecer ao orar pelos outros. Você deve estar aberto à ideia de que Deus pode curar tal condição. Se você puder ser um canal da misericórdia de Deus a uma pessoa infectada pela mágoa, sua oração poderá alcançar o alvo e Deus poderá operar o milagre.

Vamos revisar o básico. A mágoa reside na falta de perdão; o que significa que a mágoa é um produto de uma falta de perdão avançada ou "calcificada", que não tem sido tratada por muitos anos ou mesmo gerações. Pensar dessa forma pode ajudá-lo a distinguir entre as duas áreas, falta de perdão e mágoa. Lembre-se ainda de que os efeitos da

A Raiz da Mágoa 103

mágoa atuam sobre a pessoa. Ao invés de apenas direcionar ofensas pessoais, desentendimentos e contendas, a mágoa é uma falta de perdão que tem permanecido e se tornado em acidez, veneno e rancor generalizados dentro da personalidade do indivíduo. A pessoa tem se tornado endurecida e cínica. Quando o Espírito Santo lhe guia para o cerne da carência, inevitavelmente será visto um relacionamento que se tornou em vingança, até mesmo sangue derramado. Pode ter sido um pai que foi abusivo em corrigir um filho. Ao invés de discipliná-lo como um bom pai o faz, esse pai puniu seu filho muito severamente, ao ponto que a punição foi muito além da ofensa. Em muitos casos, isso é quase que a regra, há sangue no passado da pessoa. Se você se voltar para o histórico familiar, poderá encontrar um avô que derramou sangue para resolver um conflito ou um tio que tomou ações extremas para corrigir um comportamento. A carência aqui deve ser encontrada e abordada em oração. A raiz da mágoa pode ser tratada e a servidão quebrada.

A mágoa é uma ferida que não curará uma cicatriz no espírito. Você não pode ser tímido nessas situações. A oração eficaz deve alcançar o ponto profundo da carência. Você não pode ser tímido e deixar áreas intocadas e desamparadas. Eu sei que uma das coisas que você deseja em seu ministério de oração é saber o que fazer ou dizer quando confrontado com uma carência dessa magnitude. Deixe-me assegurá-lo que ao encontrar mágoas, elas falarão por si só. Quando eu abordo um sério problema, eu não me preocupo com o que dizer à pessoa, mas sim em compreender o que o Senhor fará. Tudo acontece a partir do momento em que você ouve do Espírito Santo e começa a orar. Nesses casos, onde a mágoa e o veneno estão envolvidos, é Deus quem deve operar uma transformação milagrosa na vida da pessoa. Quando Deus começar a mover-Se em relação à mágoa profunda, há muita coisa acontecendo, tudo que você deve fazer é pedir que Ele o direcione. Quanto maior o problema, maior a revelação!

Aplicação

Aqui está uma oração para uma alma aprisionada em mágoa:

Querido Senhor, sabes que o coração deste homem tem de ter um milagre hoje. Apenas um milagre fará isso. Os sentimentos e memórias são muito fortes e sangram dolorosamente. O Senhor viria com Seu jeito amoroso e gentil, e tocaria meu irmão com cura? Há muita raiva aqui, e a mágoa que tem feito sua alma doente e desesperada por um toque do alto. Por favor, intervenha com Seu amor e o poder da Cruz. Eu corto toda desesperança. Eu declaro o fim de todos os incidentes nessa família que têm deixado raiva e até mesmo derramamento de sangue. Dê ao seu filho capacidade de aceitar a responsabilidade de suas próprias escolhas, e saber que não há condenação para aqueles que estão em Cristo Jesus. Esta alma escolhe amar, perdoar e desprender-se. Nós repreendemos e declaramos o fim da maldição da mágoa e do que o ressentimento tem feito na vida dessa família. Pelo mais poderoso nome que há debaixo dos céus, Jesus Cristo, eu clamo hoje por um milagre como o que ocorreu na vida do apóstolo Paulo na estrada de Damasco. Liberdade e transformação no nome de Jesus Cristo, o Salvador! Amém.

8

O Ministério de Jesus

Por muitos anos eu desejei orar por pessoas, mas quando eu comecei, um vácuo pareceu formar-se dentro de mim, diminuindo a minha fé e me deixando com um sentimento de vazio. Talvez você se sinta da mesma forma. Os problemas da vida são muito difíceis e, quando você encontra pessoas sofridas, geralmente parece que tudo que você pode fazer é sofrer com elas também, uma vez que você não tem poder dentro de si para mudar as coisas. Eu entendo. Eu estive lá também, sentindo a dor dos outros sem saber como orar

Como esse foco em oração tornou-se tão importante em minha vida? Isso aconteceu porque eu me cansei de tentar fazer a diferença, de realmente ministrar à vida das pessoas, mas sem nenhum resultado. Eu sabia que alguma coisa tinha de acontecer em minha mente e meu ser. Ainda que eu tenha nascido em um lar de um ministro e frequentado a igreja regularmente, o encontro com o Espírito Santo veio muito mais tarde em meu ministério, depois que me tornei totalmente farto de tentar fazer a coisa por minha conta. Eu descobriria, como George Muller escreveu, que: "A fé não opera no campo do possível. Não há nenhuma glória a Deus naquilo que é possível ao homem. A fé começa onde o poder do homem termina."[1] A fé "decola" quando nós paramos de confiar em nós mesmos.

Meu pai foi um pastor e tinha seus modos de orar que iam além da minha compreensão. Nos tempos em que eu era um pequeno garoto, tive uma vida pública e de alta visibilidade, porque meu pai era muito bem conhecido. Ainda que meu pai tenha sido um homem poderoso no Espírito, eu permaneci sendo um espiritual de fachada por muitos anos. Minha mente e meu orgulho me impediam de aprender e ouvir de Deus. Eu tenho alguns diplomas e uma formação seminarista, mas eventualmente tornou-se evidente para mim que todo meu treinamento me era inútil quando o assunto era oração. Eu devo dizer que minha educação foi uma benção para mim, porque me deixou insatisfeito. E ainda, me levou a uma fome e uma procura pelas coisas mais profundas de Deus. Finalmente me havia chegado o tempo de crescimento e abertura de mente para aquilo que o Santo Espírito poderia me mostrar nessa jornada. Tudo que aconteceu depois daquilo só veio a mim porque eu me senti fraco. Eu desejava desesperadamente saber como transformar minha vida de oração de modo que pudesse fazer algo significante em termos de ajudar os outros. Acontece que esse sentimento de fraqueza, inaptidão e humildade é um bom lugar para se estar. Eu tive uma poderosa experiência pessoal com o Senhor da Glória, e tudo a partir daquele momento seria diferente.

Eu sabia que meu encontro com Deus estava produzindo mudanças em mim que resultariam em rejeição da parte dos meus pares, mas a essa altura, eu estava muito apaixonado pelo Senhor para que pudesse voltar atrás. Eu sabia que teria de agradar a Deus ao invés de agradar ao homem; mas não sabia o quão difícil viria a ser até então. Não obstante, quando se é inundado pelo irresistível poder e presença de Deus, o que se deve fazer? O único caminho é continuar seguindo em frente.

O Ministério de Jesus   107

Consistente e Repetitivo

Um certo dia eu estava lendo os Evangelhos e reparei algo maravilhoso. Eu enxerguei com olhos completamente novos como o próprio Senhor Jesus ministrava e orava pelas pessoas. Quando eu comparei os milagres e atos ministeriais de Cristo um a um, uma metodologia, que era consistente e repetitiva, começou a emergir. Essa revelação foi revolucionária, e estranhamente suficiente, ainda que espantosa para mim. Eu penso que o temor estava relacionado a experimentar, com uma abordagem fora dos "padrões da igreja", algo em que eu nunca havia me aprofundado antes. Contudo, eu sabia que era Deus que havia trazido esse novo discernimento a mim em resposta ao meu pedido por uma forma de orar melhor.

Quando eu comecei a adotar o que estava observando no ministério de Jesus, minha abordagem de oração gradualmente mudou. Uma nova clareza veio à minha mente acerca de como enxergar cada situação em minha frente. O medo da rejeição dos meus amigos foi diminuindo ao passar dos anos, e ao passo em que pude testemunhar resultados inegáveis. Acredite em mim quando digo que seus amigos podem ser seus piores inimigos quando se trata de crescimento espiritual. Eu também sabia que muitos desses sentimentos eram criações da minha mente, ou simplesmente minha própria percepção do que os outros pensariam de mim. Entretanto, eu firmei em meu coração que se me propusesse a ouvir e obedecer ao Senhor, eu O agradaria. Então, me decidi que temeria a Deus e não ao homem. Decidi que iria ouvir a Deus acima de todos os outros e seguiria ao Santo Espírito. Foi a melhor decisão que eu já tomei em toda a minha vida.

Depois de estudar meticulosamente cada uma das narrativas de milagres, diálogos e ministério de Jesus, eu reconheci que Cristo era sempre sensível e criativo na forma com que se relacionava com cada indivíduo. Cada ato ministerial registrado é único. Ao mesmo tempo, descobri um padrão definitivo em sua abordagem. Jesus empregou uma metodologia consistente e repetitiva durante toda a extensão de seu ministério. Para mim, essa observação foi fenomenal. Eu estava incerto sobre aonde essa descoberta me estaria levando, mas a evidência do que eu estava encontrando era empolgante. Estaria Deus me dizendo que eu poderia orar pelas pessoas com a mesma eficácia e precisão com que Jesus o fez? Seria possível parar com o jogo de adivinhação sem saber o que dizer ao orar, ou até pior, repetindo o que já ouvi os outros dizerem em suas orações?

A indagação tornou-se uma obsessão para mim. Como poderia eu, um jovem brasileiro, até mesmo chegar perto de orar e ministrar às pessoas da mesma forma com que Jesus o fez? Depois de muito estudo e oração, eu cheguei a uma conclusão importantíssima, que foi a seguinte: apenas alguns dias após o Pentecostes, os discípulos de Jesus começaram a orar por muitos por toda a cidade de Jerusalém. Eles haviam observado o Nosso Senhor em serviço por mais de três anos, e agora o mesmo Santo Espírito, que operou através d'Ele estava trabalhando por meio deles também. Eles estavam empregando os mesmos métodos e observando os mesmos resultados do Salvador! Se o Espírito Santo os abençoou de tal maneira com discernimento e sabedoria em oração, por que Ele não faria o mesmo por mim? Não teria eu sido tocado pelo mesmo Santo Espírito que estava presente na vida de Jesus e seus apóstolos? Eu não estava atrás de construir algum tipo de ministério grandioso e famoso. Eu apenas queria receber o que os discípulos de Jesus receberam. Além do mais, Jesus de fato prometeu em João 14.12: "Na verdade, na verdade vos digo que aquele que crê em mim também fará as obras que eu faço e as fará maiores do que estas, porque eu vou para meu Pai."

Ademais, ainda no início de seu ministério, Jesus havia explicado aos seus discípulos: "Na verdade, na verdade vos digo que o Filho por si mesmo não pode fazer coisa alguma, se o não vir fazer ao Pai, porque tudo quanto ele faz, o Filho o faz igualmente" e "Eu não posso de mim mesmo fazer coisa alguma; como ouço, assim julgo, e o meu juízo é justo, porque não busco a minha vontade, mas a vontade do Pai, que me enviou" (João 5.19,30). O próprio Jesus declarou ser totalmente dependente e guiado pelo Espírito Santo em tudo que Ele fez durante os seus três anos e meio de ministério na terra.

Eu comecei a estudar as passagens dos Evangelhos, uma após a outra, procurando por um processo que eu pudesse utilizar na prática. Primeiramente, observei que o Espírito Santo levava Jesus diretamente ao ambiente onde a ministração deveria ocorrer. Jesus não esperava àqueles em necessidade virem até Ele. Ele ia até eles, sendo sempre guiado pelo Santo Espírito! Esse discernimento tornou-se a chave para o meu entendimento. A ministração é criada no momento em que você vai. Enxergar isso abriu minha mente para uma tremenda esperança de que o Espírito Santo também me guiaria às pessoas em necessidade, uma a uma.

Uma Enxurrada de Oportunidades

Essa ideia do Espírito Santo trabalhando através de Jesus Cristo, de uma forma consistente e repetitiva, nos mostra que em qualquer ato ministerial, Deus vai à nossa frente, preparando o caminho. O encontro de Jesus com a mulher samaritana, no evangelho de João, é um excelente caso de estudo dos sete comportamentos consistentes e repetitivos encontrados no ministério do nosso Senhor.

Vamos dar uma olhada nesses sete movimentos. Nós vamos dispor de um tempo, e eu espero que ao ponto em que tenhamos chegado ao fim você tenha identificado cada elemento, tão perfeitamente empregado pelo Filho de Deus ao lidar com as carências humanas.

Foi, pois, a uma cidade de Samaria, chamada Sicar, junto da herdade que Jacó tinha dado a seu filho José. E estava ali a fonte de Jacó. Jesus, pois, cansado do caminho, assentou-se assim junto da fonte. Era isso quase à hora sexta. (João 4.5,6)

Deus havia de estar ali! John Wesley descreveu a "graça preveniente"[2] como a Graça de Deus ou a presença de Deus que vai à frente ou precede qualquer movimento do homem em relação a Deus. O Santo Espírito sempre foi à frente de Jesus, pessoalmente envolvido naquilo que estava para acontecer. Quando Jesus foi a Samaria, a terra de José e Jacó, e sentou-se próximo ao poço, o Espírito Santo estava deliberada e metodologicamente guiando Jesus para aquele encontro ali.

Discernimento

Jesus vai à cidade samaritana chamada Sicar, uma região totalmente rejeitada pelos judeus. Repare que esse ambiente desempenha um papel significante aqui. Jesus decide sentar-se e descansar próximo ao poço de Jacó. Quando Ele chega, Ele já está trabalhando, observando e analisando cada aspecto do meio em que as pessoas viviam ali. O ambiente era cheio de rejeição. A esse ponto, o discernimento de espíritos está operando em Jesus e revelando a Ele o propósito pelo qual Ele está lá. Este é um comportamento consistente que se repete em cada milagre ou ato ministerial nos Evangelhos. Antes mesmo de Jesus falar uma única palavra, algo grandioso já havia se dado nesse ato ministerial.

Essa revelação foi incrível para mim porque em meus primeiros anos quando ia pregar na igreja e ministrar às pessoas, eu não fazia ideia de que Deus já estava adiante de mim. Minha mente sempre focou em mim mesmo, tentando planejar o que eu achava que deveria ser feito, e não no que o Santo Espírito já estava fazendo. Quando eu recebi a revelação de que Deus já possuía o plano e já estava à minha frente em qualquer situação de oração, que bênção aquilo representou para mim! Se eu estivesse disposto a ouvir, Ele me guiaria sobre o que eu

O Ministério de Jesus 111

deveria falar ou fazer. O Senhor se revelaria a mim do discernimento de espíritos. Isso foi tremendamente libertador, era como ter encontrado um tesouro de grande valor. Deus não somente estava à minha frente, como também me mostraria exatamente o que eu deveria fazer ou falar. De tirar o fôlego! Repare que esse discernimento foi o primeiro ato do Espírito Santo movendo-se à frente de Jesus. Se Deus vai adiante de nós em qualquer atividade que O honre, então nessa história a respeito da mulher no poço esse princípio tinha de aparecer.

Confirmação

O versículo seguinte nessa passagem assevera: "Veio uma mulher de Samaria tirar água. Disse-lhe Jesus: Dá-me de beber" (João 4.7). Então o próximo movimento seria um diálogo ou ação confirmando o propósito do Senhor para esse tempo de ministração. Se o discernimento de espíritos revela algo, então a confirmação prova que o que você está ouvindo ou vendo está correto. Quando a confirmação ocorre, você já sabe que algo maravilhoso irá acontecer. Quando Jesus está sentado ao poço, cansado da jornada, uma mulher se aproxima para tirar água. Sua aparição confirma que Jesus havia realmente sido levado pelo Espírito a esse poço em particular. O comportamento dela confirma que o Santo Espírito O trouxe até ali de modo a ministrar a alguém com uma grande carência. Esse é um elemento consistente e repetitivo no ministério de Jesus, encontrado inúmeras vezes nos Evangelhos. Eu nunca me esquecerei de quando eu cheguei a essa descoberta, procurando pelos Evangelhos, comparando passagem a passagem, e observando a mesma sequência acontecendo em todo lugar. Que dia foi aquele para mim!

A confirmação é demasiadamente importante porque eleva a consciência de que você deva estar discernindo o que está acontecendo ao seu redor. Você deve estar atento à confirmação. Aonde o Espírito Santo está guiando você? O que ou a quem Ele está colocando diante de você? Você se torna envolvido no ministério de Jesus quando você é um observador do momento e do ambiente ao seu redor. Muitas vezes, eu me importo mais com o que os arredores estão me comunicando ou o que o público me diz do que com qualquer outra coisa. Minha família ou colegas podem pensar que eu estou "fora de órbita", sem prestar atenção ao assunto em questão. O ponto aqui é que eu estou "sintonizado" com o ambiente e o que o Senhor pode estar me dizendo naquele momento.

Por muitos anos quando eu ia a algum lugar para ministrar, minha mente se fixava no que eu queria fazer _meu plano, meu cronograma e minha abordagem_ e não no que Deus desejava fazer comigo naquele momento. Eu me recordo de quando iria automaticamente fazer minha oração sem nenhuma observação, sem ouvir, sem sentir a presença de Deus. Muito pouco acontecia naqueles anos de ministério. Quando meu coração sintonizou-se com o que Ele estava para fazer, a consciência da presença de Deus triplicou-se em minha vida. Uma vez que eu direcionei a minha mente para um "modo ouvir", escutando o direcionamento do Espírito Santo, eu pude prestar atenção ao que Ele estava colocando em minha frente. Você não pode ouvir a Deus quando o seu coração está pensando no que você deve fazer, no que você deve dizer, e em como você sempre procede em seu ministério. Você deve estar ouvindo enquanto você vai. Orar com eficiência inicia-se ao ouvir com eficiência.

Deixe-me dar-lhe um exemplo disso. Eu estava saindo da minha garagem para a rua quando vi uma mulher em seu carro falando no telefone e chorando. Dirigindo um pouco adiante, estacionei de modo que a minha janela estivesse lado a lado com a dela. Me ocorreu que talvez eu pudesse dizer algo para encorajá-la. Ela imediatamente abriu a janela, então eu lhe disse: "Posso orar por você?" Ela concordou

O Ministério de Jesus

prontamente, e então eu comecei a orar. Eu podia sentir sua dor e tristeza. Minha oração se direcionou para sua família (relacional). Eu podia ver que ela era casada e que estava ferida e despedaçada. Os resultados daquela interação foram poderosos, ao passo em que conversamos e lhe convidei a vir à nossa igreja. No domingo seguinte, sua família inteira compareceu ao culto. A cura já havia começado. Assim, minha descoberta foi essa: atenção. Eu me tornei atento à presença de Deus movendo-se adiante de mim em todo o tempo. Eu busquei estar sensível ao que Deus estava fazendo até mesmo quando nem havia dito uma única palavra. Às vezes, uma pessoa a dez metros de distância já estava recebendo a minha oração, e eu nem havia falado com ela ainda. Esse conceito de atenção tornou-se valoroso e poderoso!

Mais uma vez, eu me recordo desse distinto homem de oração, George Muller, que disse: "Eu vivo no espírito de oração. Eu oro ao andar, ao me deitar e ao levantar. E as respostas sempre vêm."[3] Que testemunho extraordinário de um homem que caminhou de milagre em milagre!

Há dois fatores cruciais aqui. O primeiro é que eu observei o ambiente e, dentro dele, uma mulher chorando. O segundo fator é que quando a abordei, ela abaixou a janela. Então, duas coisas aconteceram, e que estão sempre presentes no ministério de Jesus: discernimento da necessidade no ambiente e, depois, a confirmação da carência a ser tratada.

Disse-lhe Jesus: Dá-me de beber. Porque os seus discípulos tinham ido à cidade comprar comida. Disse-lhe, pois, a mulher samaritana: Como, sendo tu judeu, me pedes de beber a mim, que sou mulher samaritana (porque os judeus não se comunicam com os samaritanos)? (João 4.7-9)

Jesus pediu água à mulher porque o Espírito Santo já O havia induzido para tal. A confirmação sobre como a ministração deve proceder pode vir de diversas formas. Os versos acima na verdade mostram Jesus providenciando uma oportunidade para que a ministração acontecesse. Jesus poderia ter tirado água por conta própria, mas desde que o Espírito Santo havia lhe guiado a interagir com aquela mulher, ele pediu a ela que lhe desse de beber.

Na minha história da garagem, eu perguntei à mulher se ela gostaria que eu orasse por ela. Quando a confirmação vem de que você está no lugar certo, todas as coisas podem acontecer. Naquele momento, o fato de eu estacionar o meu carro e ela abaixar o vidro ativou a ministração. O próximo passo, obviamente, foi oferecer-lhe oração. A confirmação adicional veio quando ela concordou em receber oração.

Ao passar dos anos, eu tive muitas confirmações de que o Senhor desejava que eu começasse a fazer algo ou falar com alguém, e mesmo assim eu perdi essas oportunidades devido à confusão ou medo. Hoje, meu "ouvir" é muito melhor, e eu busco não perder a oportunidade de me envolver em uma ministração guiada pelo Espírito Santo. No decorrer do cotidiano, eu oro ou entrego uma Palavra de Deus para pelo menos trinta ou quarenta pessoas por semana. Deus prepara esses encontros e os confirma. Meu trabalho é estar atento ao que Ele está fazendo e não ao que eu penso. Essa é a Graça de Deus sobre mim, e também sobre você. Ore para que seus olhos se abram para como Deus opera consistente e repetidamente.

> Jesus respondeu e disse-lhe: Se tu conheceras o dom de Deus e quem é o que te diz: Dá-me de beber, tu lhe pedirias, e ele te daria água viva. Disse-lhe a mulher: Senhor, tu não tens com que a tirar, e o poço é fundo; onde, pois, tens a água viva? És tu maior do que Jacó, o nosso pai, que nos deu o poço, bebendo ele próprio dele, e os seus filhos, e o seu gado? Jesus respondeu e disse-lhe: Qualquer que beber desta água tornará a ter sede, mas aquele que beber da água que eu lhe der nunca terá sede, porque a água que eu lhe der se fará nele uma fonte de água a

O Ministério de Jesus

jorrar para a vida eterna. Disse-lhe a mulher: Senhor, dá-me dessa água, para que não mais tenha sede e não venha aqui tirá-la". (João 4.10-15)

Quando você tem uma oportunidade de orar por alguém, o que você diz cria uma reação na mente da pessoa. O que me impressiona a respeito desses versos é a gentileza e a ternura partilhadas entre Jesus e a mulher; como a conversa flui na direção que o Santo Espírito deseja que ela vá. É como se o roteiro dessa interação já houvesse sido escrito. No início de meu ministério, eu passava muito tempo tentando convencer as pessoas de minhas próprias razões e argumentos, nascidos de minha educação e experiência. Eu suponho que já o tenha provado o bastante, resultando apenas em pouca resposta e interesse. Esses dias, ao ministrar sobre pessoas, eu tenho aprendido a escutar ao que está sendo dito a mim pelo Espírito Santo. Estou convencido de que quando o discernimento e a confirmação ocorrem, suas palavras serão excepcionalmente poderosas. A conversa flui.

O Ponto de Necessidade

Nosso objetivo quando nos comprometemos em ministrar a alguém é chegar o mais rápido possível ao ponto mais profundo da necessidade. Quando o Santo Espírito inicia a ministração sobre uma pessoa ferida, há uma urgência no coração de Deus. Essa pessoa já vem sofrendo por tempo suficiente! Esse é o momento dela! Nós começamos esse capítulo com o discernimento de espíritos e então estudamos sobre a confirmação _que lhe diz se você está no caminho certo, ouvindo de Deus. Agora nós nos movemos em direção à identificação do ponto de necessidade, ou como gosto de chamar, ministração à raiz.

Ministrar à raiz simplesmente significa endereçar a área mais profunda da necessidade. No caso da mulher samaritana, o ponto básico em sua vida era sua autorrejeição. Um momento vital na interação entre

Jesus e ela se dá quando o discernimento de espíritos direciona Jesus à imagem que ela tem de si mesma. Como Jesus chega a essa conclusão? O discernimento revelou uma mulher samaritana rejeitada, usada pelos homens e abandonada por todos. Ela vai ao poço no horário mais quente, ao meio-dia, ao invés de ir nas primeiras horas da manhã, como as outras mulheres fazem de costume. Por que? Isso se deve a ela não ser bem-vinda lá. Sua vida tem sido caracterizada por uma rejeição aguda. O grande desejo de sua alma era por alguém que lhe desse atenção e compreendesse sua dor e solidão.

Se fosse você lá naquele poço, naquele exato momento da história, os movimentos, as vestimentas e comportamento daquela mulher lhe revelariam a mesma raiz: autorrejeição. Quando a raiz é identificada, a ministração precisa pode iniciar-se imediatamente. O movimento em oração pode ocorrer rapidamente, uma vez que o discernimento leva à confirmação, e a confirmação conduz à ministração à raiz (a mais profunda carência na vida de alguém). Este padrão é consistente e repetitivo na ministração de nosso Senhor Jesus Cristo.

Eu tenho absoluta convicção em meu coração a esse respeito. Se eu começar a oração de uma forma correta -primeiramente com discernimento, posteriormente, confirmação, e então dirigindo-me à raiz do problema- eu concluirei bem. Eu nunca me desapontei com os resultados de uma oração que tenha se iniciado bem. Desde que comecei a ouvir a Deus dessa forma, eu nunca mais duvidei do efeito de uma oração. Aquilo que Deus começa, Ele concluirá! A ministração começou a mudar minha vida, e os frutos começaram a aparecer em todo lugar.

> Disse-lhe Jesus: Vai, chama o teu marido e vem cá. A mulher respondeu e disse: Não tenho marido. Disse-lhe Jesus: Disseste bem: Não tenho marido, porque tiveste cinco maridos e o que agora tens não é teu marido; isso disseste com verdade". (João 4.16-18)

Ministração á alma

Na grande parte dos encontros em seu ministério, você terá um diálogo com a pessoa. No ministério de Jesus Cristo, o diálogo esteve sempre centrado sobre o cerne do problema. Um diálogo com Jesus nunca é supérfluo, desnecessário ou raso. Ele sempre mira a raiz e então se dirige à própria alma daquele que está ferido. A esse ponto, nós avançamos até à ministração à alma. Este é o próximo passo à ministração à raiz.

A resposta da mulher samaritana a Jesus foi: "Não tenho marido." Que maravilhosa confissão! Eu estou certo de que Ele já conhecia o fato. Mas foi um convite para que Jesus lidasse com o mais profundo choro de sua alma. Tudo que Jesus tinha de fazer era mencionar o seu marido e Ele chegou ao ponto exato da grande angústia em sua vida. Isso não é poderoso? Uma revelação que vem do ouvir de Deus é muito dinâmica! É poderosa! A ministração à alma é um procedimento consistente e repetitivo no ministério de Jesus Cristo.

Quando o diálogo se inicia, um milagre acontece. É claro que essa não é uma conversa normal. Ela veio a Jesus por meio da revelação do Espírito Santo, e virá até você da mesma forma se você praticar a metodologia aplicada aqui. Em certos momentos, o Santo Espírito pode fazer o que, para muitos de nós, levaria horas ou até mesmo dias de conversa. Isso parece impossível? Na verdade não. Quando você se sintoniza com os caminhos do Espírito Santo e Suas maneiras de romper as camadas de carência, sua eficácia crescerá cem por cento. Eu poderia dar muitos testemunhos de pessoas que experimentaram grandes romperes em seus ministérios de oração simplesmente por observarem a abordagem encontrada no ministério de Jesus. Quem pode acrescentar algo aos modos de Jesus, nosso Senhor e Salvador? Há muito que ser falado a respeito de se ministrar aos seus moldes! Imagine quantas horas de aconselhamento você poupará se permitir que Deus lhe diga o que quer fazer por alguém a quem você está ministrando!

Em uma certa noite no Brasil, após um culto que durou mais de quatro horas, uma mulher interrompeu o grupo no caminho para o ônibus e insistiu que eu orasse por ela. Eu pensei: "Eu tenho mesmo que orar por ela agora, depois de ter estado disponível por tantas horas dentro do templo?" (Sim, eu sei que eu já contei uma história no capítulo três que comecei da mesma forma, mas acompanhe comigo. Essa é uma história completamente diferente). Depois de mais ou menos um minuto, eu ouvi algo do Espírito Santo. O que eu ouvi foi: "Ela estava muito envergonhada." Eu sabia que era Deus me falando que eu deveria parar e orar imediatamente. Eu senti a presença de Deus vir até mim, e, de repente, eu tive um genuíno desejo de orar por ela. Ela ajoelhou-se, agarrou minhas mãos e as pôs firmemente sobre sua cabeça. Foi a confirmação para mim de que ela acreditava em seu coração que Deus iria fazer algo por ela aquela noite. Ela olhou para mim e disse: "Eu não quero morrer. Eu quero viver." Eu lhe respondi: "Deus quer que você viva também. Fique bem." Quando olhei para as suas mãos postas sobre as minhas, eu vi uma pele áspera e unhas quebradas. Ela obviamente expôs-se a anos de trabalho e muito sofrimento. Ao orar, suas mãos pressionaram as minhas com todas as forças que ela possuía. E me encontrei dizendo: "Espírito de enfermidade, você não tem nenhum direito sobre essa mulher, e você não é bem-vindo aqui. No nome de Jesus Cristo, o Filho de Deus, eu te repreendo agora." Em minha mente, eu sabia que ela era profundamente rejeitada na vida, sem um marido e trabalhava duro para alimentar os seus filhos. Eu sabia que ela vinha sofrendo de uma enfermidade fatal por algum tempo, e que ela estava por um fio. Era agora ou nunca. Eu senti sua dor, mas eu também senti sua fé, pressionando minhas mãos.

Três dias depois, ela veio até mim em uma outra igreja com um papel em suas mãos. Seus exames de sangue haviam dado resultado negativo. O vírus HIV se foi! Ela havia sido milagrosamente declarada livre do HIV. Com lágrimas nos olhos, ela me agradeceu, e eu retornei

O Ministério de Jesus 119

o agradecimento a Deus por tão maravilhosa experiência! Mais tarde, eu me vi pensando em como ela não havia vindo ao altar para a oração porque ela estava envergonhada. Mas mesmo no último momento, o Santo Espírito moveu-se através do discernimento para me mostrar sua necessidade. A confirmação veio no momento em que ela ajoelhou-se diante de Deus, e sua alma clamou: "Eu não quero morrer." Tudo que eu tive que fazer foi declarar que ela estava curada.

Quando eu aprendi pela primeira vez a orar pelos outros, a preocupação que pesava sobre mim era devido a ver resultados, eu mesmo tinha que fazer alguma coisa acontecer. Eu me preocupava de que não tivesse fé suficiente para trazer um resultado vitorioso. Eu sentia a pressão das pessoas contando comigo, e temia que simplesmente não "tivesse a solução". Porém, eu entendi que eu não poderia estar mais errado! Entender como a fé funciona torna-se muito importante se quisermos mover em ministração como Jesus o fez.

Eu quero compartilhar uma história que é muito pessoal. Quando minha mãe foi diagnosticada com Mal de Parkinson, era como se meu coração tivesse parado. Como poderia uma mulher tão ungida, que havia dado toda uma vida à causa do Evangelho, estar sujeita a tão terrível sofrimento? Eu orei por ela diversas vezes, mas em cada uma delas era como se minha bateria espiritual tivesse esvaziado e precisasse de uma recarga. Assim que a oração chegava ao fim, eu me sentia imediatamente cansado e entristecido. Alguns anos se passaram. Certo dia, eu estava na missão no Brasil e, juntamente com o grupo, me dirigia às comunidades de Santa Barbara. Eu estava com pressa para me juntar à equipe, mas fiz uma rápida parada na casa de minha mãe. Estendi uma mão sobre seu ombro e pronunciei algo do tipo: "Sua doença terrível, o que está fazendo aqui? Você não é bem-vinda!" Eu disse essas palavras de passagem e segui meu caminho. Daquele dia em diante, todos os sintomas do Parkinson haviam sumido completamente do corpo de minha mãe. Deus lhe havia curado instantaneamente!

Agora, por favor, não sugira que eu tenha feito algo maravilhoso. Ou que minha fé tenha qualquer coisa a ver com aquele milagre perfeito na vida de minha mãe. Ela recebeu uma cura instantânea ainda que minha oração tenha sido tão breve e sem nenhum raciocínio real. Como poderia ser isso? Eu tenho aprendido que o que traz a cura às pessoas não é o que você sente, mas o que você faz. Quando a fé mesmo do tamanho de um grão de mostarda é posta em ação, ela pode mover montanhas. Minha fé era muito pequena. O que curou minha mãe foi minha obediência ao Santo Espírito em relação à sua necessidade. O que cura as pessoas é sua obediência em agir e dizer aquilo que Deus está lhe direcionando, de modo que Ele possa fazer o que deseja naquele momento. Você já ouviu alguém no hospital orar dessa forma: "Deus, se for a sua vontade, cure esta mulher"? Essa é uma oração muito dúbia. Saiba que a vontade de Deus é curar. Então apenas seja obediente para pedir pela cura e chutar essa doença!

Comando e Autoridade

Quando Jesus disse à mulher de Samaria: "Vai, chama o teu marido e vem cá" (João 4.16), Ele estava sendo obediente à vontade de Deus. Eu costumo chamar esse mover de comando e autoridade. Ele está presente em todos os milagres de Jesus Cristo, consistente e repetidamente em sua metodologia. Um comando é um mandamento que exerce autoridade sobre uma condição de aflição, doença ou servidão. Em Mateus 8.3, Jesus diz ao leproso: "Quero; sê limpo." Este é um comando. Esse método está presente quando Jesus cura o servo do centurião em Cafarnaum. "Então, disse Jesus ao centurião: Vai, e como creste te seja feito. E, naquela mesma hora, o seu criado sarou" (Mateus 8.13). Quando Jesus disse a palavra: "Vai", isso foi um comando. A seguir estão outros exemplos do ministério do nosso Senhor em que o princípio de "comando e autoridade" é utilizado:

O Ministério de Jesus

E ele lhes disse: Ide. E, saindo eles, se introduziram na manada dos porcos; e eis que toda aquela manada de porcos se precipitou no mar por um despenhadeiro, e morreram nas águas. (Mateus 8.32)

Ora, para que saibais que o Filho do Homem tem na terra autoridade para perdoar pecados — disse então ao paralítico: Levanta-te, toma a tua cama e vai para tua casa. (Mateus 9.6)

E Jesus, voltando-se e vendo-a, disse: Tem ânimo, filha, a tua fé te salvou. E imediatamente a mulher ficou sã. (Mateus 9.22)

E, olhando para eles em redor com indignação, condoendo-se da dureza do seu coração, disse ao homem: Estende a mão. E ele a estendeu, e foi-lhe restituída a mão, sã como a outra. (Marcos 3.5)

Então, ele disse-lhe: Por essa palavra, vai; o demônio já saiu de tua filha. (Marcos 7.29)

E Jesus lhe disse: Vai, a tua fé te salvou. E logo viu, e seguiu a Jesus pelo caminho. (Marcos 10.52)

Continuando nosso estudo sobre os movimentos consistentes e repetitivos de Jesus em Seu ministério, vamos concluir a história da mulher samaritana:

Disse-lhe a mulher: Senhor, vejo que és profeta. Nossos pais adoraram neste monte, e vós dizeis que é em Jerusalém o lugar onde se deve adorar. Disse-lhe Jesus: Mulher, crê-me que a hora vem em que nem neste monte nem em Jerusalém adorareis o Pai. Vós adorais o que não sabeis; nós adoramos o que sabemos porque a salvação vem dos judeus. Mas a hora vem, e agora é, em que os verdadeiros adoradores adorarão o Pai em espírito e em verdade, porque o Pai procura a tais que assim o adorem. Deus é Espírito, e importa que os que o adoram o adorem em espírito e em verdade. A mulher disse-lhe: Eu sei que o Messias (que se chama o Cristo) vem; quando ele vier, nos anunciará tudo. Jesus disse-lhe: Eu o sou, eu que falo contigo" (João 4.19-26)

Eu costumo ler a passagem acima como se ela fosse uma conversa à parte, e não como parte integrante da cura desta mulher. Porém, um estudo mais aplicado de todos os milagres e atos ministeriais de Jesus me provou que esses movimentos de Jesus trabalham juntos todas as vezes. Com isso em mente, eu decidi prestar ainda mais atenção ao fim dessa conversa do que em seu princípio. A totalidade do milagre é encontrada no final desse diálogo. Quando a samaritana percebe que Jesus é um profeta, e anuncia que sabe que o Messias (que se chama o Cristo) vem, uma declaração fenomenal sai da boca de Jesus: "Eu o sou, eu que falo contigo."

Contato e Transmissão

Nos Evangelhos, todas as vezes em que Jesus Cristo ministra a alguém, é chegado um momento em que um toque sobre a pessoa ou uma fala aparece. É como se o milagre estivesse incompleto até que algum tipo de contato ou expressão transmita a cura e plenitude à pessoa em necessidade. Essa ação é chamada de contato e transmissão. É aqui que a cura acontece! Quando você observa outros milagres nos Evangelhos, você encontra o Senhor alcançando o indivíduo e fazendo contato. Em muitos casos, Ele toca as pessoas, estendendo sua mão sobre elas, ou lhes levantando pelas mãos. Nós até mesmo O encontramos fazendo lama a partir de sua saliva e um pouco de terra, e a aplicando sobre os olhos do homem cego! Às vezes, o contato e transmissão é verbal, significando que ele declara a bênção. Nesse estudo de caso da mulher samaritana, Ele traz o ato ministerial à sua conclusão, chegando-se a ela com uma verdade impactante que mudaria sua percepção para sempre. Ele transmite bênção à sua vida, revelando Sua verdadeira identidade a ela. Aquela que havia sido rejeitada, descartada, usada e abusada por homens, está recebendo a confiança do Senhor do Universo com a maior verdade que um indivíduo pode conhecer. Ela nunca mais será a mesma.

Observe cuidadosamente os métodos já empregados neste único ato ministerial: discernimento, confirmação, ministração à raiz, ministração à alma e comando e autoridade, todos eles aconteceram numa questão de minutos. Um flui em direção ao outro. Dificilmente você poderá dizer quando um termina e o outro começa. Agora, na etapa final, contato e transmissão é a proclamação da bênção a uma mulher em tão grande necessidade.

A história da mulher samaritana termina com os discípulos entrando em cena, maravilhados de que Ele tivesse acabado de ter uma conversa tão significativa logo com uma mulher samaritana, dentre todo o povo! Ela vai até a cidade para testificar a respeito desse Homem que radicalmente mudou toda sua vida e futuro. O milagre está consumado. O Espírito Santo operou através de Jesus para transformar completamente a vida de alguém. Nos resta apenas mais um hábito consistente e repetitivo de Jesus, que é voltar-se para o Espírito Santo para ver aonde e como Ele deve mover-se em seguida.

Verificar ao Redor

Uma vez que um ato ministerial é concluído, Deus provê uma direção sobre o que deve acontecer na sequência. Sem perder o passo, Jesus se moveria conforme fosse guiado pelo Santo Espírito para continuar Seu ministério dentre as pessoas com graça e poder. Em algumas situações, Ele declarou que Seu propósito ali havia terminado, e que deixaria a região. Outras vezes, Ele voltava-se diretamente para uma outra pessoa que estava esperando por um toque de Sua parte.

Ainda, a última fase na metodologia de Jesus é verificar ao redor e mover-se em obediência ao Seu Pai. Se Deus o guia ao orar, você também pode perguntá-Lo se há mais a ser feito por outros. Essa iniciativa realmente abençoou minha vida. Eu nunca mais iria finalizar uma oração sem ver se haveria mais alguém necessitando de oração. Numa multidão de cem pessoas, eu sempre tento observar quem é o próximo esperando por oração. A ideia aqui é que você não queira terminar se o Senhor tiver algo a mais em mente. Queira seguir e não liderar.

Comentário Adicional

Vamos rever os sete princípios de ministração encontrados consistentemente no ministério de Jesus.

Discernimento

"Discernimento de espíritos" ou "distinguir espíritos" é um mover do Santo Espírito apresentado na lista dos nove dons do Espírito Santo em I Coríntios 12: "Mas a manifestação do Espírito é dada a cada um para o que for útil (...) o dom de discernir os espíritos" (I Coríntios 12.7,10).

Nós discutimos a ação do discernimento de espíritos no capítulo um. Eu quero compartilhar com você dois pontos adicionais sobre o discernimento. É uma verdade fundamental que à medida em que você começa a orar com um desejo de acertar o alvo, querendo ouvir melhor para o benefício de outros, o discernimento começará a operar. Quando você treina a si mesmo para começar a partir do discernimento de espíritos, isso se tornará automático para você toda vez que orar. Toda ministração eficaz inicia-se com a revelação da parte do Espírito Santo. Assim, você deve permanecer aberto à ideia de que este dom opera através de você no momento em que você aborda qualquer

O Ministério de Jesus

oportunidade de ministração. Eu tomei duas decisões: inicialmente, desejar que o Espírito se movesse em discernimento de espíritos, e então, esperar por ele. Quando isso aconteceu, minha vida de oração não apenas mudou. Ela explodiu em fé! Segundo: toda pessoa que tenha tido uma experiência pessoal com Cristo pode ter essa expressão do Santo Espírito em um ato de oração. O ponto essencial é identificar Aquele que está no controle aqui. R. A. Torrey coloca dessa forma: "Se nós pensarmos a respeito do Espírito Santo, como tantos o fazem, como um mero poder ou influência, nosso pensamento constante será: 'Como eu posso ter mais do Espírito Santo?' Mas se pensarmos n'Ele à maneira bíblica como uma Pessoa Divina, nosso pensamento, do contrário, será: 'Como o Espírito Santo pode ter mais de mim?'"⁴ Se você permitir ao Santo Espírito assumir o controle e guiá-lo no decorrer da oração, você pode estar certo de que o discernimento irá operar. O discernimento de espíritos vem pela fé, e aumenta à medida em que a fé cresce.

Confirmação

Confirmação é buscar a evidência que testifique que você está no caminho certo. Você não tem de adivinhar o que está se passando. Apenas siga os sinais. Nunca se esqueça de que você está sendo guiado pelo Espírito Santo, então você deve confiar em Deus com todo o seu coração nessa situação. A confirmação pode vir das Escrituras, trazidas à mente pelo Santo Espírito. Ela muito frequentemente vem diretamente da pessoa que está recebendo a oração. Não virá de uma fonte externa.

Ao orar por um homem em certa ocasião, eu não tinha certeza de que estava recebendo alguma confirmação d'Ele, ou de que eu estava ouvindo a voz de Deus precisamente. Eu comecei a olhar ao redor como se pudesse ter algum discernimento de um outro lugar. Mas alguns instantes depois, percebi que o homem tinha suas mãos cerradas firmemente e o semblante extremamente fechado. Toda sua linguagem corporal demonstrava desespero em suas emoções e seu coração. Ele estava mais do que pronto para receber algo do Senhor. Aquela era minha confirmação. Ela pode vir através do olhar, das mãos, de um movimento corporal, um som ou um tom de voz. Sempre, Deus lhe fará saber se você está nos trilhos e o ajudará a continuar. Não desista! Dê tempo ao tempo!

Ministração à Raiz

Agora, você está a ponto de chegar "na cozinha", direto ao coração do que Deus deseja fazer. Sempre permita que o discernimento o conduza ao alvo da oração. Essa etapa revelará a principal necessidade da vida de alguém. É o ponto crítico. Pause aqui com cuidado; não tenha pressa. Você poderia compará-lo a uma caça. Quando você está caçando, você não começa a atirar com sua espingarda imprudentemente para todas as direções. Você para, estuda o seu derredor, checa o vento e encontra onde o seu alvo está localizado. Você confere se não há nenhum obstáculo no caminho. É o mesmo em sua área de oração. Você está avançando cuidadosamente em direção à necessidade primária da alma de alguém que deseje um toque de Deus. Tenha em mente que a própria pessoa muitas das vezes não percebe corretamente sua mais séria área de necessidade, então isso é poderoso. A graça de Deus está em ação, e as palavras em oração a esse ponto podem tremendamente afetar a vida e o futuro de alguém. Eu creio que haja mais sabedoria neste estágio vindo de Deus do que em qualquer outro momento de sua oração. As coisas estão entrando em foco. Agora você está visualizando o núcleo da questão e você não pode perdê-lo. Uma vez que você identifique a raiz -rejeição, rebelião, falta de perdão ou mágoa- você sabe aonde ir a partir daqui.

O Ministério de Jesus

Ministração à Alma

A mente, desejo e emoções constroem a alma ou o "eu interior". Depois de identificar a carência básica e falar a ela, a mente, o desejo e as emoções da pessoa falarão a você. Pense a respeito do que você ouviu do Espírito Santo concernente à necessidade primária nessa pessoa e continue levando a conversa para essa área. Devido à precisão das palavras que você já utilizou em oração, a pessoa irá geralmente responder com convicção. Ela pode olhar para o que se passou, ao longo dos anos, e tentar encaixar as peças. Estes são momentos preciosos em que ouvir realmente se fará necessário. Por vezes, as pessoas que oram por outras gostam de usar um monte de palavras, pensando que quanto mais palavras pronunciarem em oração, melhor. Contudo, quando uma pessoa responde com convicção, o que você quer dizer não representa quase nada! Deixe Deus fazer o trabalho e dê um passo atrás para escutar! O ouvir aqui é crucial. Se você interferir na conversa, isso irá distrair a pessoa de responder ao que estiver sendo revelado, você irá descarrilhar a oração. Pense dessa forma: aquilo que você estiver escutando estará clamando para ser ouvido -culpa que deve ser tratada e agonia que tem sido contida- por muitos anos. Deixe que isso tudo venha à tona e ouça diligentemente.

Comando e Autoridade

Quando eu era um pequeno garoto, minha mente de criança agitava-se constantemente em minha pressa para fazer tudo e correr para todo canto. Sem dúvidas, eu era hiperativo em tudo que fazia. Um dia eu cheguei em casa vindo de mais uma briga com os meninos na rua, meu nariz sangrando e minhas emoções agitadas. Meu pai me pegou pela mão e me sentou em seu colo. Ele começou a orar algo do tipo: "Senhor, este é o meu filho querido. Ele está tão agitado que tudo que quer é correr e acertar alguém. Agora, neste momento, eu falo a todos os seus pensamentos de impaciência, agitação e raiva. Acalmem-se agora!" Eu me recordo dessa oração como se fosse ontem. Assim que o meu pai orou, era como se minha mente imediatamente começasse a sossegar. Eu fui livre de todo medo e agitação. Não foi muito depois disso que eu fui chamado para o ministério cristão em tempo integral enquanto eu estava participando de um acampamento de futebol quando eu tinha doze anos de idade.

"Comando e autoridade" não é algo que você faça. É algo que Deus faz. Tudo que você precisa é ouvir uma palavra que irá trazer o problema ao foco. Fale àquela carência sem hesitação e confie em Deus para um bom êxito. Você tem uma grande companhia de anjos, profetas, homens e mulheres de Deus para trás de você (veja Hebreus 12.1 que declara: "Portanto, nós também, pois, que estamos rodeados de uma tão grande nuvem de testemunhas, deixemos todo embaraço e o pecado que tão de perto nos rodeia e corramos, com paciência, a carreira que nos está proposta"). Você não está só. Deus vai à sua frente. Não tenha medo. Quando chegar a este estágio, é Deus quem cura, liberta, abençoa e faz com que alguém seja transformado. Não diz respeito a você; é com Deus.

Contato e Transmissão

Essa parte de nossa oração é a mais fácil de todas. O trabalho duro já foi feito. O alívio que você busca vem de cima. Sempre saiba que você não é aquele que traz a restauração e a cura. Você é uma boca falando em fé, um canal do poder de Deus e um transmissor de bênçãos do céu a ser exaltado por reconhecer e honrar a Sua presença. O que traz cura é a Sua presença. "Contato e transmissão" pode vir por estender suas mãos sobre alguém, tomar as suas mãos ou abraçá-los, dizer algo que os abençoe ou declarar uma palavra profética.

Verificar ao Redor

Eu me lembro dos dias em que levava uma hora para ouvir a alguém me contar a respeito de seus problemas. Então eu orava baseado apenas no que eu havia acabado de escutar. Hoje, de quinze a vinte minutos é tudo que eu preciso para conduzir uma inteira sessão de oração do início ao fim, e prosseguir para a próxima pessoa. O que faz as pessoas quererem receber a sua oração é a sua capacidade de ouvir, não a elas, mas da parte do Espírito Santo. Quando elas estão convictas de que você é capaz de identificar o problema elementar sem muita conversa, sua fé crescerá e elas se tornarão mais receptivas à oração. Na maior parte dos meus finais de semana de reuniões de avivamento, eu separo algumas tardes para orar por indivíduos desejosos por ministração. Dezenas de homens e mulheres agendarão sessões de quinze minutos. Isso é tudo. Geralmente numa questão de minutos, eu chego à raiz da necessidade, e a convicção vem àquele que recebe a oração. Depois de tantos anos de orar pelos outros, é possível que eu erre o alvo de tempos em tempos. Mas constantemente eu tendo chegar ao ponto da necessidade mais profunda. Os frutos desse tipo de oração são além de qualquer comparação! Em seus dias de ministério, Jesus ministraria a alguém, checaria ao redor, e então se moveria na direção do próximo em necessidade. Você também pode fazer isso!

Conclusão

Olhe para os Evangelhos e repare que esses sete movimentos são consistentes e repetitivos em todos os milagres de nosso Senhor. Como eu cheguei às conclusões que eu compartilho com você neste capítulo? Foi por ler e reler os milagres de Jesus, buscando compreender a abordagem usada pelo nosso Senhor ao lidar com as necessidades das pessoas. Eu continuei a me maravilhar de que em cada narrativa os mesmos princípios foram usados.

Eu separei qualquer outra "fórmula" de ministração ,importantemente comecei a seguir apenas a metodologia de Jesus em meu próprio ministério de oração. Veja você, o objetivo aqui é minimizar nossa própria presença no ato da oração e maximizar a presença de Deus pelo ouvir e agir de acordo com a Sua voz. Este é o trabalho do Santo Espírito, e não de um homem ou mulher especialmente "ungido". Como João Batista declarou: "É necessário que ele cresça e que eu diminua" (João 3.30).

No próximo capítulo, nós trataremos de diversos outros estudos de caso a respeito da metodologia de Jesus.

9

A que se Assemelha o "Consistente e Repetitivo"

Prosseguindo nosso estudo com um outro exemplo de um milagre operado por Jesus, eu espero que fique ainda mais claro para você como esses movimentos consistentes e repetitivos trabalham juntos para produzir um milagre. Eu quero enfatizar essa porção do nosso estudo, pois estar mais atento aos caminhos de nosso Salvador, sobre como Ele andou nessa terra, nos ajuda a aprender d'Ele. Neste momento, vamos analisar o milagre registrado em Marcos 10.46-52:

> Depois, foram para Jericó. E, saindo ele de Jericó com seus discípulos e uma grande multidão, Bartimeu, o cego, filho de Timeu, estava assentado junto ao caminho, mendigando. E, ouvindo que era Jesus de Nazaré, começou a clamar e a dizer: Jesus, Filho de Davi, tem misericórdia de mim! E muitos o repreendiam, para que se calasse; mas ele clamava cada vez mais: Filho de Davi, tem misericórdia de mim! E Jesus, parando, disse que o chamassem; e chamaram o cego, dizendo-lhe: Tem bom ânimo; levanta-te, que ele te chama. E ele,

lançando de si a sua capa, levantou-se e foi ter com Jesus. E Jesus, falando, disse-lhe: Que queres que te faça? E o cego lhe disse: Mestre, que eu tenha vista. E Jesus lhe disse: Vai, a tua fé te salvou. E logo viu, e seguiu a Jesus pelo caminho.

Há muitos milagres de Jesus narrados nos quatro Evangelhos. A Bíblia de Estudos na Nova Versão Internacional (NIV, veja a biografia) divide os milagres registrados de Jesus em três categorias: 1) milagres de cura, 2) milagres que mostram poder sobre a natureza, e 3) milagres de ressurreição dos mortos (uma tabela bem útil ilustrando os milagres relatados de Jesus pode ser encontrada na Bíblia de Estudos NIV, dependendo de sua edição, antes ou depois dos primeiros capítulos do Evangelho de João). Essa divisão nos ajuda a sintetizar e diferenciar melhor os milagres. É claro que eles representam apenas uma fração muito pequena de todos os milagres e atos ministeriais operados pelo Filho do Homem durante seus três anos e meio de ministério ativo. De acordo com a tabela na Bíblia de Estudos NIV, vinte e três dos milagres narrados envolvem cura da mente ou do corpo de seres humanos. Nove dos milagres tratam-se de poder sobre a natureza, assim como acalmar uma tempestade ou multiplicar pães e peixes. Três deles envolvem a ressurreição dos mortos.

Este exemplo em Marcos 10 claramente se enquadra dentro da primeira categoria, ao passo que Bartimeu era cego e necessitava de uma cura física (outros relatos deste milagre também são encontrados em Mateus 20.29-34 e em Lucas 18.35-43). Vamos analisar esta história maravilhosa como descrita em Marcos, passo a passo:

Discernimento

Depois, foram para Jericó. E, saindo ele de Jericó com seus discípulos e uma grande multidão, Bartimeu, o cego, filho de Timeu, estava assentado junto ao caminho, mendigando. E,

A que se Assemelha o "Consistente e Repetitivo" 133

ouvindo que era Jesus de Nazaré, começou a clamar e a dizer: Jesus, Filho de Davi, tem misericórdia de mim!". (Marcos 10.46,47)

Se um dia você viajar a Israel, eu espero que você tenha a chance de visitar a Jericó. Nas dunas de areia, montes e montanhas que cercam a cidade, você encontrará grandes desfiladeiros pelos desertos judeus que são chamados de "uádis". No meio de um lugar seco, áspero e desolado, os uádis são canais cortados pelo fluxo das águas que chegam durante a estação das chuvas em Israel. O ambiente fala por si só. Em tempos remotos, as pessoas usavam esses uádis como trilhas ou estradas por entre os altos montes e terrenos acidentados.

Viajando da nova Jericó para a Antiga Jericó por meio de um uádi, que havia se tornado uma estrada movimentada, Jesus encontrou um homem cego clamando em alta voz: "Jesus, Filho de Davi, tem misericórdia de mim!"

Nós podemos quase sentir isso agora. A ministração está para acontecer. Sempre que o discernimento está operando na vida de Jesus, é porque Deus quer fazer algo a alguém. O dom do discernimento de espíritos é ativado pelo propósito de ajudar e abençoar a alguém em necessidade. Repare que em meio aos roncos e zurros de camelos e jumentos, assim como as muitas vozes que se ouvia da multidão e dos discípulos naquele momento em particular, foi uma voz singular de um homem cego que fez Jesus parar. Quando o discernimento se ativa, a voz nos diz algo muito importante. A voz é a "assinatura" do espírito de alguém. Quando Bartimeu clamou a Jesus, sua voz por si só comunicou toneladas a Jesus. O texto nos diz que Bartimeu "clamou". A voz lhe expôs como um homem cego dilacerado, crente, miserável e submisso. Ela não o definiu como alguém que era orgulhoso, descrente ou questionador. A voz revelou exatamente quem ele era. Apenas o tom de voz de Bartimeu atraiu a atenção de nosso Senhor. A esse ponto do milagre, você tem o primeiro elemento consistente e repetitivo sempre encontrado no ministério de Jesus, que é o discernimento de espíritos.

Não muito distante, quando eu estava pregando numa conferência de avivamento, um homem gritou para mim do meio da multidão. Eu sabia que ele era um visitante de uma outra igreja, frequentando ao culto naquela noite específica. Parece estranho que ele estivesse me chamando daquela forma, mas eu comecei caminhar em sua direção por meio da área do altar lotada. Seus olhos fixaram-se em mim, seguindo cada movimento meu. Quando finalmente o alcancei, ele me falou com uma voz sentida e enfraquecida: "Minha Jena, minha Jena, irmão Rick, minha Jena." Apenas a entonação de sua voz e um olhar sobre seu rosto foram suficientes para partir meu coração. Eu ouvi sua voz cheia de medo e dor. Apesar de haver talvez duzentas pessoas ao nosso redor, era como se eu escutasse tão somente a sua voz. Ela me disse quem aquele homem era. A voz não comunicava orgulho, raiva ou ego, mas do contrário, medo da perda e desespero. Era muito pessoal e muito emocional.

Quando eu comecei a orar, suas mãos agarraram-se às minhas. Eu sentia suas lágrimas caindo sobre minhas mãos. E comecei a orar: "Deus, salve a Jena da morte. Senhor, isso não vai acontecer. Pai, tenha misericórdia dessa família." Eu orei alta e urgentemente. Após a oração, ele me contou que Jena estava seriamente doente e em coma depois de um acidente de carro. Eu nunca mais ouvi a seu respeito, mas eu tenho certeza que Deus fez algo pela Jena naquela noite.

Em seu ministério de oração, você experimentará a presença de Deus quando aderir a estes conceitos porque eles fazem parte do ministério de nosso Senhor Jesus Cristo. Prestar bastante atenção a esses componentes do ambiente ao seu redor é suficiente para abrir as portas a uma oportunidade de ministração. Discernimento de espíritos não é apenas uma mera observação do que está se passando, mas é uma revelação da parte de Deus apontando diretamente para

A que se Assemelha o "Consistente e Repetitivo" 135

a necessidade. Um pedinte cego clamando repetidamente pela misericórdia de Deus deve ter muitas necessidades profundas além de ser cego. Quando você observa quem está ao seu redor, o que estão dizendo, e como o está dizendo, você ouvirá de Deus o que Ele anseia fazer nessa situação. Por desejar ouvir e discernir, você desenvolverá um ministério de oração impregnado de eficácia.

Confirmação

E muitos o repreendiam, para que se calasse; mas ele clamava cada vez mais: "Filho de Davi, tem misericórdia de mim! E Jesus, parando, disse que o chamassem; e chamaram o cego, dizendo-lhe: Tem bom ânimo; levanta-te, que ele te chama. E ele, lançando de si a sua capa, levantou-se e foi ter com Jesus." (Marcos 10.48-50)

Quando Bartimeu ouviu O multidão a seguir, ele perguntou o que estava acontecendo. Eles lhe contaram que Jesus de Nazaré estava passando por ali. Depois de clamar: "Filho de Davi, tem misericórdia de mim", ele foi repreendido pela multidão, que lhe dizia que se calasse. Mas ele não se intimidou. Essa era a sua chance! Ele simplesmente gritou mais alto: "Filho de Davi, tem misericórdia de mim!". Jesus atentou-se para a insistência de sua voz. O que aquele homem estava dizendo e a forma veemente com que ele o dizia revelavam sua necessidade urgente.

Qualquer pessoa que insisir com Deus dessa maneira chamará Sua atenção. Jesus ouviu Seus seguidores repreendendo o cego, mas Ele escutou a voz daquele homem mais alto do que as vozes daqueles que o compeliam. Isso é confirmação. Bartimeu não apenas clamou uma única vez, mas insistiu em tornar a clamar outra, e outra vez, e eu creio que a urgência cresceu em decibéis. Ele não seria impedido da oportunidade de ter a sua cura. A confirmação se faz presente em cada um dos milagres de Jesus Cristo. Neste caso, a insistência desse homem humilde confirmou que aquela ministração estava no coração do Espírito Santo naquele dia.

Eu nunca fui bem sucedido em meu ministério de oração a menos que tivesse chegado o momento da confirmação do propósito de estar ali, e que me direcionasse para a área central do que Deus desejava tratar. Discernimento de espíritos é o Espírito de Deus transmitindo informação que você não teria como saber por uma outra fonte. O discernimento designa-se a ajudá-lo a mover-se diretamente às áreas mais íntimas da necessidade humana. Alguns de nós estão com tanta pressa que não ouvem para confirmar a direção da oração. Após anos pedindo a direção a Deus e buscando confirmação, isso já se tornou automático para mim. A confirmação é uma obrigação em oração.

Ministração à Raiz

E Jesus, falando, disse-lhe: "Que queres que te faça? E o cego lhe disse: Mestre, que eu tenha vista". (Marcos 10.51)

Aqui começa o próximo passo neste milagre, ou como em qualquer milagre de Jesus, que é considerado a mais profunda carência de uma pessoa, isto é, a raiz do problema. A narrativa de Bartimeu conta que ele não estava dentro da cidade de Jericó, mas mendigando do lado de fora da entrada da cidade, "junto ao caminho". Há indicativos de que ele tenha sido um homem estudado, ainda que aqui ele tenha sido marginalizado -nem mesmo capaz de assegurar um bom lugar para pedir por dentro da entrada da cidade. A forma com que a multidão severamente lhe repreendia nos revela uma rejeição agravada por parte de seus pares e da sociedade. O Senhor Jesus, ao invés de ignorá-lo ou repreendê-lo, toma conhecimento dele e chama a Bartimeu para Si. Este convite para ir até Ele alcança diretamente o cerne do problema desse homem: a raiz da autorrejeição.

A que se Assemelha o "Consistente e Repetitivo" 137

Jesus faz a Bartimeu o que parece ser uma pergunta muito óbvia para alguém que está cego: "Que queres que te faça?" Por que Jesus faria uma pergunta como esta? É porque a resposta de Bartimeu iria expor seu coração, aquele que ele verdadeiramente era. A raiz aqui não é aquela de uma pessoa rebelde ou alguém repleto de falta de perdão. A raiz, confirmada pela sua voz e seu espírito humilde, era a raiz da autorrejeição. Isso é importante porque essa rara oportunidade de expressar o seu desejo a Jesus o reafirma como um homem. Provavelmente, ninguém jamais havia lhe perguntado o que ele queria em toda a sua vida! Essa pergunta vinda da parte do Senhor Jesus transmite o amor de Deus a ele. Bartimeu era um homem rejeitado, cego pelos anos de exposição à areia e luz do sol. Quando Jesus valida a Bartimeu perguntando: "Que queres que te faça?", está lhe comunicando que ele é importante, que ele é querido, que não é rejeitado pelo Mestre! Neste momento, a cura deve ter inundado seu eu interior.

Eu não estou dizendo que toda pessoa pobre ou todo pedinte tem uma raiz de rejeição. Contudo, neste caso específico, o comportamento, a voz e o estado de pobreza, em comum acordo, expõem a carência interior desse homem chamado Bartimeu. Em meus anos de trabalho junto aos menos favorecidos no Brasil, eu tenho encontrado aqueles que são orgulhosos, amargos e agressivos. No caso de Bartimeu, ele não era nada disso. A partir de sua voz, Jesus ouviu um homem cheio de rejeição mas também repleto de convicção e insistência em receber um toque do Filho de Davi.

O que o discernimento de espíritos revela é apenas o início daquilo que formula a eficácia em oração. O próximo passo é procurar por confirmação, lhe encorajando a prosseguir, e então, chegando à mais essencial carência da pessoa por quem você está orando. É um momento de tremenda alegria. A raiz é a área básica na vida de alguém, que contém a chave do milagre.

Ministração à Alma

E o cego lhe disse: "Mestre, que eu tenha vista". (Marcos 10.51)

Nós chegamos à próxima ação consistente e repetitiva, que é a ministração à alma. Uma vez que você tenha identificado a raiz, você passa a dirigir-se à alma do indivíduo iniciando um tipo de diálogo. Quando você alcançar este ponto, você deve estar preparado a pausar para dar algum aconselhamento ou ouvir a algum comentário, que lhe ajudará a "acertar o alvo". Lembre-se da história de João 4, a ministração à alma ocorreu quando Jesus conversou com a mulher no poço a respeito de seu marido. A ministração à alma nessa história de Marcos 10 é Jesus escutando no fundo do coração de Bartimeu quando ele diz: "Mestre, que eu tenha vista." Este foi seu pedido. A multidão foi trazida ao silêncio. Jesus ouve à alma desse homem em sua súplica e faz-se completamente conectado a ele, em suas emoções e suas carências. Esse ato alcança a Bartimeu em seu profundo.

Depois de lidar com a rejeição profunda nesse homem cego, Jesus agora ouve a sua fervorosa esperança de que pudesse ser curado. O coração de uma pessoa lhe falará alto quando você abordá-la com uma ministração que lhe considere compreendida, importante e valorosa. É um momento crítico. É um momento para parar e conversar um pouco com o indivíduo. Essa é uma conversação diretamente conectada ao que tem sido mostrado como sendo o centro da carência mais sensível de alguém. Ainda, esse diálogo deve ter direção, propósito e significado em si. Não é apenas conversa; é ministrar ao ferido com o óleo de alegria e o bálsamo de boas novas. Eu uso esse momento em oração para recobrar as energias. Aqui é onde eu começo a pedir ao Senhor para vir e mover na vida da pessoa que está pedindo por oração.

A que se Assemelha o "Consistente e Repetitivo" 139

Comando e Autoridade

E Jesus lhe disse: "Vai, a tua fé te salvou. E logo viu, e seguiu a Jesus pelo caminho". (Marcos 10.52)

A próxima fase neste milagre, assim como em todos os milagres de Jesus, é a aplicação do poder do Deus Altíssimo ao necessitado. Repare que o Espírito Santo vem guiando essa conversação desde o início. É como um raciocínio dedutivo, que reúne muitos pensamentos em uma única conclusão final. Inicia-se com Jesus parando para ouvir o coração de alguém. Agora, Ele está no ponto focal. Como em todo milagre de nosso Senhor, um outro passo precisa ser expresso, e que abrirá o caminho para que o Espírito Santo transforme totalmente a vida deste homem cego. O movimento aqui é comando e autoridade.

Quando Jesus exerce um comando em qualquer situação, Sua autoridade é estabelecida. Nesta passagem, ela é apresentada direta e efetivamente em uma frase: "Vai". O comando não tem de consistir em uma longa dissertação. Em Lucas 8.48, Jesus exerce um comando à mulher curada de um fluxo de sangue dizendo: "Vai em paz." Ao homem cego de nascença, depois de pôr lodo em seus olhos, Jesus diz: "Vai, lava-te no tanque de Siloé" (João 9.7).

A este ponto, o que nasceu no céu vem à terra em forma de milagre. Muito antes de Jesus entrar em cena, o coração de Deus naquele dia já estava sobre Bartimeu. Jesus estava simplesmente seguindo a direção de seu Pai por meio do Espírito Santo. Esse ato final mostra Jesus realizando aquilo que já havia se iniciado no coração de Deus. Nunca se esqueça de que Deus está à frente em seu ministério.

Como você incorpora esse movimento de comando e autoridade em sua oração? Este momento, talvez mais que em qualquer outro, exigirá de você! A carência já se fez clara a este ponto de sua oração, agora é com você completar esse ato de ministração com poder. Isso requer ousadia e coragem de sua parte. Mas lembre-se de que o poder vem de cima. Você não produz o poder de si mesmo. Deus é a Fonte de todo poder. Sua única responsabilidade é chamá-lo à existência sobre a vida da pessoa diante de você.

Alguém me disse recentemente: "Deus cuida de tudo!" É verdade; Deus o faz, mas Ele ainda escolhe usá-lo para dizer uma palavra, que irá desencadear a liberação de Seu poder sobre a necessidade. Na ministração, poder é autoridade, mas não a sua autoridade. Você é meramente um canal. Tudo que nós fazemos em ministério é apenas pelo poder encontrado em Jesus Cristo. Nós somos herdeiros e participantes de Seu poder somente por causa de sua morte expiatória na cruz e sua ressurreição dos mortos, vencendo sobre o pecado, a morte e Satanás. (Estes princípios sobre poder e autoridade serão discutidos mais amplamente no Capítulo 15 deste livro).

A cura começa em Deus. A revelação e o poder vêm de Deus, mas a palavra que os implementa vem de você! Se você chegar a este ponto de comando e autoridade, a probabilidade do milagre é muito grande. Porém, para que isso aconteça, você deve esvaziar-se de todo orgulho, controle e medo. "A raiz de toda virtude e graça, de toda fé e culto aceitável é que saibamos que não temos nada além do que recebemos, e que nos prostremos em profunda humildade para esperarmos em Deus por tal."[1]

Tendo recebido a direção de Deus, é hora de declarar a palavra que transmite a cura à vida de alguém! Será um comando. Fale ousadamente o que você sente ser necessário à oração. Certa vez eu falei em alta voz a um homem que recebia a oração: "Perdoe!". Da mesma forma, poderia ser uma palavra como: "Libere!" ou "Receba a cura!", ou ainda "Assim seja!" Se você fala a um coração confiando que Deus está com você, isso é importantíssimo para trazer fé a essa oração.

Há uma palavra *ídiche* que significa "coragem, destemor e audácia." Essa palavra é *Chutzpah!* Se você está verdadeiramente comprometido

A que se Assemelha o "Consistente e Repetitivo" 141

em ver a pessoa curada, liberta e abençoada por meio de uma oração eficaz, algumas vezes terá de mostrar um pouco de "Chutzpah!"

Contato e Transmissão

E Jesus lhe disse: "Vai, a tua fé te salvou. E logo viu, e seguiu a Jesus pelo caminho". (Marcos 10.52)

O contato e transmissão segue o comando e autoridade. Se a autoridade alivia o indivíduo daquilo que vem lhe aprisionando e subjugando, o contato e transmissão traz a bênção necessária. É como se o comando e autoridade libertasse a pessoa das garras do diabo, e o contato e transmissão lhe preenchesse da bênção de Deus! Quando você libera uma bênção por meio do ministério de oração, você está estendendo os benefícios do céu sobre alguém. Me levou um longo tempo para contemplar o fato de que, mesmo que nosso Senhor seja poderoso e possa abençoar por conta própria, Ele geralmente usa as pessoas para completar o Seu trabalho. Ele usou a Abraão como uma pessoa importante no cumprimento de uma promessa. O mesmo é verdadeiro a respeito de Isaque, Jacó, Davi e tantos outros. Nós somos pessoas escolhidas de Deus para trazer as Suas promessas a um cumprimento para benefício de outros. Você tem de crer que você pode ser usado por Deus para conceder e transmitir um bênção.

A bênção tem de ser liberada. Não é algo que você guarde para si. Quando nós liberamos o poder de Deus por meio do contato e transmissão, nós alcançamos a pessoa com a bênção do Deus Altíssimo. Se a palavra "vai" é um comando a um indivíduo, então dizer: "a tua fé te salvou" é alcançá-lo, transmitindo-lhe a bênção. É afirmativo e levanta o indivíduo. Por dizer: "a tua fé te salvou", Jesus parece minimizar a si mesmo, de modo a maximizar o homem ou mulher em Sua frente. Isso é divino.

No contato e transmissão, você chegou ao último estágio da oração. O contato e transmissão quase sempre envolve estender a mão, ou as mãos, sobre a pessoa, ou pelo menos declarar uma palavra que definitivamente chame a bênção à existência. O comportamento consistente e repetitivo de contato e transmissão é o auge daquilo que se iniciou no Céu e agora libera a bênção sobre a vida de alguém que tem esperado por um toque da parte do Senhor. Este ato final tem que acontecer, e irá acontecer toda vez que começar em Deus.

Quando Jesus diz ao homem: "Vai, a tua fé te salvou" (Marcos 10.52), essa fé que Jesus fala a respeito é a "fé de toda uma vida". Ele não se refere aqui à fé de Hebreus 11.1, mas a fé "do alto e além" que vem de Deus, citada em I Coríntios 12.9. É o mover do Espírito de Deus dentro do espírito de um homem ou uma mulher. Este é um dom de fé que vem do Santo Espírito, uma fé dada de cima com um propósito e direção específicos. Quando Jesus reconhece e verbaliza que Deus havia dado tamanha fé a Bartimeu, o contato e transmissão ocorre. Bartimeu recebeu uma tremenda bênção em sua vida, e ele nunca mais seria o mesmo.

Verificar ao Redor

E logo viu, e seguiu a Jesus pelo caminho (Marcos 10.52).

O resultado dessa interação fora de Jericó é um homem restaurado em seu espírito, alma e corpo. Marcos 10.52 indica que quando Jesus se move em obediência ao Seu Pai, Bartimeu se torna alguém que O segue. Não mais classificado como rejeitado, cego, mendigo, ele encontra uma identidade e propósito inteiramente novos em sua vida. A metodologia observada dentro do ministério de Jesus produz grandes resultados! Agora, Jesus, com seu novo discípulo Bartimeu, dirige-se ao seu próximo encontro que o Santo Espírito lhe havia preparado.

Cristo Jesus nos deu um exemplo de como executar nosso ministério, de como orar com eficácia. Essa metodologia de ministração repetida várias vezes pelo nosso Senhor nos Evangelhos é fascinante, e eu espero que ela o tenha encorajado. Eu sei que você quer seguir a Jesus em seu ministério e ser usado por Ele para verdadeiramente servir aos outros, ou então você não estaria lendo este livro. Deus é fiel à Sua própria Palavra. Tão somente creia que o Senhor pode e irá usá-lo para os mesmos atos milagrosos de Jesus, e você se maravilhará!

Se você decidir levar isso a sério, é possível que nem todo mundo o compreenda a princípio, ao não ser que busque seguir a metodologia consistente e repetitiva demonstrada pelo nosso Bom Pastor, pois as bênçãos vão muito além de qualquer ponto negativo. Saiba disto: ninguém pode agradar a Deus e a homens ao mesmo tempo.

10

Ministração à Autorrejeição – Estudo de Caso

A esta altura, uma coisa é muito clara: Jesus sempre identificou e ministrou à real necessidade. Ele não lidou com sintomas, com o clamor das multidões ou proibições e tradições de seus dias. Líderes religiosos não O intimidaram. Seu propósito era revelar o coração de Deus no tocante às reais necessidades das pessoas e ministrar no poder do Espírito. Observar a Jesus Cristo conduzindo o seu ministério com eficácia é algo poderoso e transformador. Em sua epístola aos coríntios, Paulo escreveu: "Sede meus imitadores, como também eu, de Cristo" (I Coríntios 11.1).

Nós já vimos que o próprio Jesus havia dito: "(...) o Filho por si mesmo não pode fazer coisa alguma, (...) mas a vontade do Pai, que me enviou" (João 5.19,30). Então, Jesus claramente declara que Ele "imita" ou é completamente guiado e "empoderado" pelo Pai através do Espírito Santo. Assim também, o apóstolo Paulo, em essência, assevera: "Eu não tenho meu próprio ministério, meu próprio modelo. Eu simplesmente imito a Cristo Jesus e faço exatamente o que Ele fez."

Deixe-me fazer uma pergunta: Ao buscar ministrar e ser uma bênção aos outros, quem é seu exemplo primordial? Qual "modelo" você segue? Este livro é simplesmente uma tentativa de examinar os modos com que nosso Senhor relacionou-Se com as pessoas em necessidade. E também, um esforço sincero para municiá-lo de modo a aplicar os mesmos princípios em seu próprio ministério de oração, para que possa ajudar aos outros. Veja você que Jesus nunca errou o alvo. Ele ia sempre direto ao ponto com com quem encontrava. Eu creio que você também possa experimentar a mesma eficácia em oração. O mesmo Espírito Santo que operou através de Jesus, trabalhará através de você, e Ele não mudou seu caráter, seus caminhos e seu anseio em usar um vaso de honra.

Tendo isso em mente, nos beneficiaríamos em prosseguir um pouco além em nossos estudos passo-a-passo sobre a metodologia de Jesus. Você ainda está comigo? Neste capítulo, nós analisaremos como Jesus especificamente lidou com aqueles que possuíam uma raiz de rejeição.

Estudo de Caso Um: Marcos 5.21-24; 35-43

Tendo Jesus voltado no barco, para o outro lado, afluiu para ele grande multidão; e ele estava junto do mar. Eis que se chegou a ele um dos principais da sinagoga, chamado Jairo, e, vendo-o, prostrou-se a seus pés e insistentemente lhe suplicou: Minha filhinha está à morte; vem, impõe as mãos sobre ela, para que seja salva, e viverá. Jesus foi com ele. Grande multidão o seguia, comprimindo-o.

Falava ele ainda, quando chegaram alguns da casa do chefe da sinagoga, a quem disseram: Tua filha já morreu; por que ainda incomodas o Mestre? Mas Jesus, sem acudir a tais palavras, disse ao chefe da sinagoga: Não temas, crê somente.

Contudo, não permitiu que alguém o acompanhasse, senão Pedro e os irmãos Tiago e João. Chegando à casa do chefe da sinagoga, viu Jesus o alvoroço, os que choravam e os que pranteavam muito. Ao entrar, lhes disse: Por que estais em alvoroço e chorais? A criança não está morta, mas dorme. E riam-se dele. Tendo ele, porém, mandado sair a todos, tomou o pai e a mãe da criança e os que vieram com ele e entrou onde ela estava. Tomando-a pela mão, disse: Talitá cumi!, que quer dizer: Menina, eu te mando, levanta-te! Imediatamente, a menina se levantou e pôs-se a andar; pois tinha doze anos. Então, ficaram todos sobremaneira admirados. Mas Jesus ordenou-lhes expressamente que ninguém o soubesse; e mandou que dessem de comer à menina." (ARA)

Discernimento

Em qualquer situação ministerial, a operação do dom de discernimento de espíritos é necessária porque está repleta de informação a respeito do que deva acontecer posteriormente. A multidão de expectadores na cidade de Cafarnaum não é objeto da ministração que está para acontecer. Ainda assim, observá-la é de grande valor pois nos revela o nível de fé das pessoas, e o ambiente em geral. Em muitos dos milagres de Jesus pelos evangelhos, a multidão está sempre resistente à fé. Observar o ambiente e quem está presente é essencial, pois esses fatores geralmente trazem um contraste àquilo que Deus está fazendo. As pessoas estavam ansiosas pelo retorno de Jesus, uma vez que possuíam algumas expectativas a seu respeito. Elas tinham o seu próprio cronograma. Mas Jesus "atravessou" essa fronteira porque Ele estava sendo guiado pelo Espírito Santo a ministrar especificamente sobre aquela família, sobre o lar de Jairo. É imperativo que antes que você comece a ministrar em qualquer situação, você esteja apto a identificar onde a ministração deva começar; em outras palavras, onde Deus está movendo no ambiente. Deus não trabalha de acordo com o cronograma das pessoas. O Santo Espírito Se move como Ele quer e aonde houver uma real necessidade.

O discernimento de espíritos é o gerador da ministração efetiva. Ele garante que o seu início seja correto e que qualquer movimento a seguir seja guiado e direcionado pelo Santo Espírito. Por que deveria uma ministração ser baseada em conhecimentos humanos, ou informação vinda de outros? Por que deveríamos depender da insistência ou agenda de terceiros, quando o Senhor é Aquele que gera um ato ministerial? Jesus imediatamente discerne o espírito de Jairo, observando-o e ouvindo-o. Ele vai com Jairo pela fé. Ele poderia ter conduzido uma investigação pessoal da situação, como muitos de nós estão dispostos a fazer, mas do contrário, Ele permanece obediente ao Espírito Santo e simplesmente acompanha a Jairo até sua casa. Ele não o faz porque Jairo tenha se ajoelhado diante d'Ele e suplicado com sinceridade, mas devido a discernir fé e esperança naquele homem. Em decorrência de estar sintonizado com o Santo Espírito, Jesus já está adiante de Jairo!

Um ponto importante para se ter em mente é de que o discernimento de espíritos revela o início de uma ministração e não o seu fim. O que você ouve no princípio é apenas uma pequena parte do que Deus deseja fazer. Se você obedecer e seguir à primeira sugestão do Espírito Santo, mais virá a você ao passo em que prossiga em sua oração. Você não precisa saber como tudo terminará ao começar a mover-se em direção à necessidade. Lembre-se disso: Deus é Aquele que opera a ministração. Você está apenas ajudando!

Confirmação

A confirmação justifica e testifica o discernimento de espíritos. Quando Jesus ouve de Jairo que sua filha está doente e à beira da morte, Ele sabe exatamente o que fazer. Jesus já discerniu fé e esperança naquele homem. Agora, quando Jairo fala a respeito de sua filha, a confirmação acontece. A confirmação é um elemento essencial antes que você avance um só passo adiante ao ministrar à pessoa. Quando o discernimento de espíritos se confirma dessa forma, ele o encoraja a seguir na direção que fora dada pelo Espírito Santo. Isso lhe confere confiança de que você está de fato ouvindo de Deus e sendo guiado por Ele. A confirmação acontece de diversas maneiras. Uma reação emocional, assim como lágrimas, podem ocorrer. A pessoa recebendo a oração pode dizer algo que reforçará o que você discerniu. O Santo Espírito pode trazer uma passagem à sua mente. Esteja atento à confirmação.

Ministração à Raiz

Em cada um desses estudos de caso, nós estamos vendo que a ministração à raiz é de importância primordial, pois, mais que qualquer outro passo, determina a direção da ministração. Qual é a raiz nesse oficial da sinagoga chamado Jairo? Pause neste exato instante e leia a história outra vez. Você pode identificar a raiz pela narrativa bíblica? Ela é espiritual ou relacional? É rejeição, rebelião, falta de perdão ou mágoa?

Certo, então você já viu a resposta no título do capítulo! Mas você pode ver a carência espiritual em Jairo? Pode ver que o seu problema é relacional? Ele não é orgulhoso, incapaz de relacionar-se ou amargo a respeito da vida. Ele é humilde e está partido por causa da doença séria de sua filha querida e amada.

Aqui está o que Jairo diz a Jesus: "Minha filhinha está à morte; vem, impõe as mãos sobre ela, para que seja salva, e viverá" (v. 23, ARA). Jairo não é apenas manso, mas também contrito e cheio de fé. Ele está pedindo a Jesus que imponha as mãos sobre sua filha. Isso indica que ele ouviu a respeito de Jesus estendendo as mãos sobre as pessoas e curando-as. Ele espera e ora para que possa ter o mérito da mesma benevolência da parte do Senhor que ele tem visto os outros receberem. Mais tarde, quando eles chegam à casa de Jairo, alguém sai da própria casa dele e o trata de uma maneira rude: "Tua filha já morreu; por que ainda incomodas o Mestre?" (v.35, ARA). Aqui está um chefe da sinagoga sendo corrigido pelos seus parentes. Quando aqueles de dentro da casa se riem de Jesus e da fé de Jairo, é fácil perceber que este também é rejeitado pelos seus próprios familiares. Sim, Jairo tem uma carência espiritual: uma raiz de autorrejeição.

Se você está interessado na eficácia da oração, deve discernir a raiz, ou carência básica, uma vez que isso irá levá-lo ao local dentro da alma onde você deverá ministrar a seguir. Este discernimento acontece ao primeiro olhar sobre a pessoa recebendo oração. Quando você identifica uma rejeição profunda em alguém, isso é óbvio. É imperativo que você observe como Nosso Senhor trata distintamente com um indivíduo que tenha uma raiz de rebelião ou uma raiz de mágoa, da mesma forma como ele lida com alguém com uma raiz de rejeição. Determinar a raiz compõe essencialmente o cenário sobre como nós iremos abordar esse indivíduo e aquilo que será dito e feito no momento da ministração.

Agora que sabemos que a autorrejeição é a raiz, nós podemos prosseguir com confiança, compreendendo que a carência mais íntima desse homem diz respeito ao que ele pensa de si mesmo, como a comunidade o vê e como Deus o enxerga. Um grande milagre está para acontecer em sua vida, e que o tornará uma nova pessoa. Aquele era um bom homem com um grande problema: o que ele pensava a respeito de si mesmo. Eu venho lhe dizendo que esse maravilhoso mover do Espírito Santo, discernimento de espíritos, carrega informações imensuráveis consigo. É lindo ver como ele opera nesse milagre de Jesus.

Ministração à Alma

Quando nós observamos o fluxo dos eventos nesse milagre de Jesus, muita coisa acontece em meros segundos. Um componente flui em direção do próximo. "Falava ele ainda, quando chegaram alguns da casa do chefe da sinagoga, a quem disseram: Tua filha já morreu; por que ainda incomodas o Mestre? Mas Jesus, sem acudir a tais palavras, disse ao chefe da sinagoga: Não temas, crê somente" (v. 35, 36, ARA).

Ministração à Autorrejeição – Estudo de Caso   151

Repare que Jesus escutou o que estava sendo dito. Porém, Ele não dá nenhuma atenção para isso, mas do contrário, Ele se volta a falar ao coração de Jairo. Essas palavras de Jesus penetram o profundo de seu ser. Jesus fala ao temor em Jairo, que havia se propagado pelos servos em sua casa. Essas palavras de Jesus têm relevância e profundidade; elas são designadas a ministrar às emoções de Jairo, onde o medo se desencadeou. "Não temas, crê somente." A ministração à alma é um momento em que o discernimento de espíritos, a confirmação e a ministração à raiz, todos convergem e se reforçam. O seu empenho com aquele em necessidade está acertando o alvo, e agora tornou-se algo bem pessoal. Você não pode parar aqui, ou simplesmente despedir a pessoa. Você tem de ir até o fim, seguindo o Santo Espírito naquilo que Ele deseja fazer.

Comando e Autoridade

A autoridade estabelece o tom da conversa. Aqui, Jesus não está se comunicando com o intuito de fazer amigos ou pregar o Evangelho. Ele está dizendo àqueles pela casa: "Por que estais em alvoroço e chorais? A criança não está morta, mas dorme" (v. 39, ARA). Essa frase não é apenas uma afirmação sobre a vida, mas também um comando. Comando e autoridade é um comportamento consistente e repetitivo no ministério de Jesus Cristo. Jesus não apenas diz às pessoas na casa que parem de chorar e lamentar-se, mas afirma que a menina já está viva. Ela não está morta. Jesus repreende o espírito de morte ali e traz de volta a vida. O comando e autoridade tem uma relação específica e direta com a necessidade. Neste milagre, Jesus nos mostra como deve ser feito.

Contato e Transmissão

Um milagre ou qualquer outro ato ministerial chega a um momento de transmissão, ou contato. Você fala algo em autoridade a alguém, mas o

Espírito Santo o impelirá a dar um passo adiante; isto é, uma ação que libere o poder de Deus para concluir o ato. Contato e transmissão pode ser uma declaração, uma imposição de mãos ou simplesmente um toque. Neste caso, Jesus toca a menina e a ajuda a levantar-se. Tomando-a pela mão, disse: "Menina, a ti te digo: levanta-te." (v. 41). Depois de Jesus declarar vida à menina, Ele transmite o poder que traz cura à sua vida. Apesar de um poder seguir o outro, há uma grande diferença entre proferir uma palavra de autoridade e o ato de liberar poder. O poder deve ser declarado e confessado à vida de alguém. Isso é quando a fé age em favor tanto de quem está orando como de quem está recebendo a oração. Se você não pode dizer: "Você está curado", não o pode pois lhe falta fé. Mas se você mover-se em fé nesta parte de sua oração, Deus o honrará. Eu penso que esta seja a parte mais difícil de qualquer oração. Qualquer um pode orar mil palavras eloquentes e sinceras, mas muito poucos se moverão em fé para expulsar a escuridão. Eu quero que você se mova em fé! Não seja uma pessoa fraca, amedrontada em declarar a cura e a bênção sobre alguém.

Verificar ao Redor

Este movimento faz-se presente no ministério de Jesus de forma contínua. Se você ler toda a passagem de Marcos 5.21-43, verá que um outro milagre totalmente diferente, a cura da mulher com um fluxo de sangue, aconteceu durante a progressão dos eventos envolvendo Jairo e sua filha. Em muitas situações de oração por alguém, você será guiado a continuar orando, mas por outra pessoa. Quando houver uma continuidade no processo de oração, parece estender-se por toda a congregação. A oração bem-sucedida parece atrair aqueles que tenham fé para recebê-la.

11

Ministração à Rejeição a Deus (Rebelião) – Estudo de Caso

Estudo de Caso Dois: Marcos 9.14-29

E, quando se aproximou dos discípulos, viu ao redor deles grande multidão e alguns escribas que disputavam com eles. E logo toda a multidão, vendo-o, ficou espantada, e, correndo para ele, o saudaram. E perguntou aos escribas: Que é que discutis com eles? E um da multidão, respondendo, disse: Mestre, trouxe-te o meu filho, que tem um espírito mudo; e este, onde quer que o apanha, despedaça-o, e ele espuma, e range os dentes, e vai-se secando; e eu disse aos teus discípulos que o expulsassem, e não puderam. E ele, respondendo-lhes, disse: Ó geração incrédula! Até quando estarei convosco? Até quando vos sofrerei ainda? Trazei-mo.

E trouxeram-lho; e, quando ele o viu, logo o espírito o agitou com violência; e, caindo o endemoninhado por terra, revolvia-se, espumando. E perguntou ao pai dele: Quanto tempo há que lhe sucede isto? E ele disse-lhe: Desde a infância. E muitas vezes o tem lançado no fogo e na água, para o destruir; mas, se tu podes fazer alguma coisa, tem compaixão de nós e ajuda-nos. E Jesus disse-lhe: Se tu podes crer; tudo é possível ao que crê. E logo o pai do menino, clamando, com lágrimas, disse: Eu creio, Senhor! Ajuda a minha incredulidade.

E Jesus, vendo que a multidão concorria, repreendeu o espírito imundo, dizendo-lhe: Espírito mudo e surdo, eu te ordeno: sai dele e não entres mais nele. E ele, clamando e agitando-o com violência, saiu; e ficou o menino como morto, de tal maneira que muitos diziam que estava morto. Mas Jesus, tomando-o pela mão, o ergueu, e ele se levantou. E, quando entrou em casa, os seus discípulos lhe perguntaram à parte: Por que o não pudemos nós expulsar? E disse-lhes: Esta casta não pode sair com coisa alguma, a não ser com oração e jejum.

Discernimento

Assim que Jesus entra em cena, vê muitas pessoas reunidas e ouve à multidão, aos escribas e aos discípulos, todos discutindo uns com os outros. O discernimento de espíritos é uma revelação sobre qual tipo de espírito está presente: bom ou mau. Não se trata apenas de uma observação de um incidente em questão, mas do contrário, uma revelação da parte de Deus apontando para a necessidade que Ele deseja abordar. Isso é de vital importância, pois lhe dará direção no tocante ao seu próximo passo. Portanto, é necessário que haja uma revelação de Deus.

Quando Jesus chega, o ambiente está repleto de discordância, agitação e descrença. Qualquer um pode identificar raiva, angústia e discussão. Os comportamentos são disruptivos e confusos a quem quer que esteja ministrando. Entretanto, saber que essas emoções estão em jogo não é o suficiente para dizer a real causa do distúrbio e o que deve ser encarado como a fonte da angústia. A revelação dada através do discernimento de espíritos está sempre conectada a alguém na multidão. Alguém aqui possui uma necessidade urgente. A ministração efetiva inicia-se com o discernimento. Se você mantiver esse conceito vivo em seu ministério de oração, Deus poderá usá-lo. Eu lhe digo isso uma vez mais temeroso de estar sendo muito repetitivo. A forma com que você começa uma oração é o segredo para orar com eficácia. Quando você começa da forma correta, você termina bem. Quando você começa mal, você acaba no lugar errado.

Confirmação

Como mencionado anteriormente, a confirmação deve validar o discernimento. Após nosso Senhor questionar àqueles que estão discutindo, Ele ouve uma voz: "Mestre, trouxe-te o meu filho, que tem um espírito mudo; e este, onde quer que o apanha, despedaça-o, e ele espuma, e range os dentes, e vai-se secando; e eu disse aos teus discípulos que o expulsassem, e não puderam" (v. 17,18). A confirmação é poderosa, pois pode, na verdade, corrigir a direção de sua oração. Talvez você já estivesse pronto para entrar em oração pelo jovem, mas, ao ouvir ao pai dele falar, as coisas ficaram mais claras, e agora você sabe que precisa mudar a direção. O grande problema aqui não é com o rapaz, mas com o pai! Note que o pai, que fala a respeito do menino, aparenta conhecer a respeito de assuntos espirituais (até mais que os discípulos), mas ele não sabe realmente como lidar com eles. Ele se apressa em dizer aos outros o que devem fazer, mas é incapaz de fazer por conta própria. Ao invés de estar quebrantado, desesperado e contrito, ele é questionador e crítico aos outros.

Não demora muito para que Jesus identifique que a descrença é o principal problema afetando àquele pai. Também está presente no filho, nos escribas e até mesmo nos discípulos de Jesus. Quando o pai do rapaz fala à multidão, isso confirma o discernimento de Jesus a respeito da inteira situação. Deus revela onde a grande necessidade está e como proceder.

Ministração à Raiz

O pai compreende que uma doença espiritual se faz presente, mas lhe falta o poder para lidar com a situação. Ele traz o problema aos discípulos, mas eles também são incapazes de ajudar. O próprio Jesus aponta para a raiz, ou carência básica, desta forma: "Ó geração incrédula! Até quando estarei convosco? Até quando vos sofrerei ainda?" (v.19). Ele está falando sem rodeios aos escribas, aos discípulos e ao menino. Porque a rebelião é caracterizada pela descrença -exaltação de argumentos, pensamentos e razão acima do conhecimento íntimo de Deus- a rebelião é a raiz neste caso. O pai parece compreender que há uma influência demoníaca sobre seu filho. Mas seu conhecimento não está baseado no discernimento de espíritos. Está baseado em sua experiência pessoal de buscar rebeldemente por outros deuses tentando achar respostas. A rebelião é uma palavra dura para descrever a carência daquele pai, mas é exatamente com o que estamos lidando aqui. Uma mente que cultue a si mesma, racionalizando as questões da fé, e que comunique dúvida, e um comportamento teológico que exalte a si mesmo acima do Espírito Santo não é nada além de rebelião contra Deus. Esse pai é um típico cristão que conhece muito a respeito da religião e práticas espirituais, mas é totalmente desprovido de humildade e fé.

Ministração à Alma

Nesta passagem encontrada em Marcos 9.14-29, nós vemos Jesus no alto de sua sensibilidade e sabedoria ao ministrar à alma daquele pai.

Ministração à Rejeição a Deus (Rebelião) – Estudo de Caso 157

No meu entender, é secundário neste momento o simples encontro de Jesus com a mulher samaritana em João 4.

E perguntou ao pai dele: Quanto tempo há que lhe sucede isto? E ele disse-lhe: Desde a infância. E muitas vezes o tem lançado no fogo e na água, para o destruir; mas, se tu podes fazer alguma coisa, tem compaixão de nós e ajuda-nos. E Jesus disse-lhe: Se tu podes crer; tudo é possível ao que crê. E logo o pai do menino, clamando, com lágrimas, disse: Eu creio, Senhor! Ajuda a minha incredulidade. (v. 21-24)

Quando Jesus pergunta há quanto tempo a enfermidade vem persistindo, a resposta daquele pai o expõe como alguém que tem vasta experiência com fenômenos espirituais, mas lhe falta fé e o poder para fazer qualquer coisa a respeito. Ele é firme em sua personalidade, teologia e opiniões, mas está falido no tocante à sua fé. Esse é o coração do problema. Daqui para frente, a ministração à sua alma ocorre. Qual área de sua alma recebe a maior ministração? A rebelião é uma questão da mente. Aquele pai está finalmente convencido, na presença de Jesus, de que sua autossuficiência nunca o levou a lugar algum e que ele precisa desesperadamente de fé. Sob esta convicção de sua falta de fé, ele clama para que receba uma fé como a de uma criança. Jesus confronta seu coração descrente em um preciso e poderoso ato ministerial. A ministração à alma precisa acontecer.

Comando e Autoridade

Não há dúvidas de que há um espírito maligno no garoto. Esse fato nunca esteve em questão. Contudo, a grande revelação é a de que o pai estava entravando as coisas. Uma vez que ele tenha se convencido de sua falta de fé, agora o filho pode receber a ministração sobre aquilo que necessita. A autoridade identifica a carência pelo nome, e a oração eficaz a este ponto trará resultados. Jesus pronuncia palavras de comando: "E Jesus, vendo que a multidão concorria, repreendeu o espírito imundo, dizendo-lhe: Espírito mudo e surdo, eu te ordeno: sai dele e não entres mais nele. E ele, clamando e agitando-o com violência, saiu; e ficou o menino como morto, de tal maneira que muitos diziam que estava morto" (v. 25,26).

Quando você está confrontando o maligno, você deve proferir as palavras de comando e autoridade com determinação. Eu nunca vi alguém ser abençoado em tais condições quando a pessoa que estivesse orando se retraísse em timidez ou tentasse ser "agradável". Você está lidando com o mal. É algo vindo do abismo do inferno encarcerando a pessoa em um terrível cativeiro. Se você tem de determinar, então determine! Diga isso com autoridade e coragem. Se você deseja mover-se em uma oração eficaz e poderosa, esta não é a hora de agradar aos outros.

Contato e Transmissão

A transmissão é direta e ao ponto. Nós podemos facilmente passar despercebidos do movimento de Jesus em ajudar alguém a levantar-se sobre seus pés, mas é muito relevante. Jesus não iria embora sem completar todo o propósito da ministração sobre o menino. "Mas Jesus, tomando-o pela mão, o ergueu, e ele se levantou" (v.27).

O ato de tomar o garoto pela mão e ajudá-lo a levantar-se é um clássico movimento de Jesus. Ele comunica amor e validação a esse jovem rapaz, que tanto vinha sofrendo. Isso confirma que ele foi liberto para viver normalmente como qualquer menino normal. Mesmo sem uma única palavra, o toque por si só alcança uma profunda carência dentro dele para que seja tratado com dignidade e afeto. Naquele momento, o poder de Deus lhe toca e literalmente o levanta para que tenha a esperança de um futuro completamente diferente dali em diante. A ministração de Jesus em contato e transmissão pode ser uma palavra, um toque e, por vezes, até mesmo ambos. Se você chegou a este ponto de oração, você já alcançou algo maravilhoso.

Verificar ao Redor

"E, quando entrou em casa, os seus discípulos lhe perguntaram à parte: Por que o não pudemos nós expulsar? E disse-lhes: Esta casta não pode sair com coisa alguma, a não ser com oração e jejum" (v. 28,29). Seguindo a direção do Espírito Santo, Jesus prossegue para a próxima necessidade -a de seus discípulos. Sua incapacidade de expulsar o demônio causa-lhe uma crise em sua fé. Jesus os ajuda separando um tempo para que pudessem conversar em privado. Ele explica a importância de uma rotina de jejum e oração se eles desejam estar aptos para ministrar eficazmente em meio a circunstâncias caóticas como aquela. A ministração que é guiada por Deus continuará até que toda a necessidade seja inteiramente tratada. Nada se dá por completo até que Deus assim o diga. Isso pode ser disruptivo à corriqueira maneira "delicada" dos pregadores ou leigos ao ministrar uma oração. Nós temos nossos métodos que gostamos de seguir, mas se você quiser ter sucesso em oração, aprenda este princípio: nada chega ao final antes que o Espírito Santo tenha concluído o que quer que seja que Ele esteja fazendo. Uma vez que os discípulos por conta própria não foram capazes de lidar com a necessidade, nosso Senhor teve de voltar-Se a eles imediatamente e explicá-los o que lhes faltava. Ele usou esse evento como um momento didático e preparatório na vida dos discípulos.

Ao orar pelas pessoas, tente não sair de cena tão depressa. Escute à voz interna do Santo Espírito e Lhe pergunte se há algo mais que Ele queira que você aborde. Isso o abençoará abundantemente.

12

Ministração à Falta de Perdão – Estudo de Caso

Estudo de Caso Três: Marcos 2.1-13

E, alguns dias depois, entrou outra vez em Cafarnaum, e soube-se que estava em casa. E logo se ajuntaram tantos, que nem ainda nos lugares junto à porta eles cabiam; e anunciava-lhes a palavra. E vieram ter com ele, conduzindo um paralítico, trazido por quatro. E, não podendo aproximar-se dele, por causa da multidão, descobriram o telhado onde estava e, fazendo um buraco, baixaram o leito em que jazia o paralítico. E Jesus, vendo-lhes a fé, disse ao paralítico: Filho, perdoados estão os teus pecados. E estavam ali assentados alguns dos escribas, que arrazoavam em seu coração, dizendo: Por que diz este assim blasfêmias? Quem pode perdoar pecados, senão Deus? E Jesus, conhecendo logo em seu espírito que assim arrazoavam entre si, lhes disse: Por que arrazoais sobre estas coisas em vosso coração? Qual é mais fácil? Dizer ao paralítico: Estão perdoados os teus pecados, ou dizer-lhe: Levanta-te, e toma o teu leito, e anda? Ora, para que saibais que o Filho do Homem tem na terra poder para perdoar pecados (disse ao paralítico), a ti te digo: Levanta-te, e toma o teu leito, e vai para tua casa. E levantou-se e, tomando logo o leito, saiu em presença de todos, de sorte que todos se admiraram e glorificaram a Deus, dizendo: Nunca tal vimos. E tornou a sair para o mar, e toda a multidão ia ter com ele, e ele os ensinava. E, passando, viu Levi, filho de Alfeu, sentado na alfândega e disse-lhe: Segue-me. E, levantando-se, o seguiu.

Discernimento

Nosso Senhor Jesus Cristo está ciente do ambiente de descrença em Cafarnaum. Sua cidade natal era Nazaré, mas ele vai até ali para cumprimento do que fora dito através do profeta Isaías:

> Jesus, porém, ouvindo que João estava preso, voltou para a Galileia. E, deixando Nazaré, foi habitar em Cafarnaum, cidade marítima, nos confins de Zebulom e Naftali, para que se cumprisse o que foi dito pelo profeta Isaías, que diz: A terra de Zebulom e a terra de Naftali, junto ao caminho do mar, além do Jordão, a Galileia das nações, o povo que estava assentado em trevas viu uma grande luz; e aos que estavam assentados na região e sombra da morte a luz raiou. Desde então, começou Jesus a pregar e a dizer: Arrependei-vos, porque é chegado o Reino dos céus" (Mateus 4.12-17).

Como havia corrido a notícia de que Jesus estava "morando" em Cafarnaum, muitos vieram ouvi-Lo, de modo que a casa estava literalmente cercada de gente. Quando Jesus vê que aqueles quatro homens haviam feito um buraco no telhado para que pudessem ter acesso à

Ministração à Falta de Perdão – Estudo de Caso 163

Sua presença, Ele discerne uma fé extraordinária neles. A passagem em Marcos 2 diz: "vendo-lhes a fé..." (v.5). O discernimento de espíritos procura pela substância da carência. Obviamente esse homem tinha amigos verdadeiros que se preocupavam com ele em sua triste condição. Ninguém iria tão longe, de modo a fazer um buraco no telhado, sem que tivesse uma fé impressionante e um comprometimento incomparável. Assim, a rebelião não é o problema aqui, pois onde há uma fé genuína, não há rebelião. Se o seu discernimento estiver sobre a multidão, você chegará à conclusão errada. Na multidão, há abundância de rebelião, mas no coração do paralítico há fé e esperança por causa de seus amigos.

Ainda, você tem que prestar bastante atenção na forma com que Jesus imediatamente discerne uma fé intransigente nos quatro homens que trouxeram o paralítico até Ele. Haviam muitos naquele dia desejosos de cura, mas apenas um ali cercado de uma fé tão firme e vigorosa. Isso significa que o problema com aquele homem era muito mais de uma natureza relacional, e não espiritual. A carência relacional é diretamente conectada aos outros. Aquele homem era verdadeiramente amado, mas em seu coração ele ainda retinha uma falta de perdão em relação a outros e muito seguramente contra si mesmo. Ele precisava saber que o seu pecado foi perdoado antes que pudesse ser livre.

Confirmação

O fato dos quatro tomarem tão drástica medida como descer um homem por um buraco no telhado, mesmo quando Jesus está pregando, confirma que eles agiram com fé. Quando Jesus, impelido pelo Espírito Santo, diz ao homem: "Filho, perdoados estão os teus pecados" (v. 5), isso confirma o coração do problema. Essa doença está diretamente relacionada com o pecado envolvendo uma questão relacional para com outros. Talvez aquele homem estivesse profundamente ferido, de modo que não pudesse deixar a culpa ir. O pecado da falta de perdão o encarcerava num lugar de tortura ao ponto de seu corpo estar paralisado.

Ministração à Raiz

Não é incomum a um indivíduo com uma raiz de falta de perdão sofrer com uma enfermidade física. A chave para a cura física desse homem não era um toque físico -era o perdão. Uma vez que ele soubesse que seus pecados estavam perdoados, ele poderia receber a cura para sua paralisia. Assim que a raiz é identificada, Jesus, sem hesitar, aborda a falta de perdão naquele paralítico. O cerne do problema não é físico; é uma carência relacional. Orar com eficácia alcança o ponto de carência numa questão de segundos.

Agora seria uma boa hora para eu compartilhar algo de grande valor com você, se deseja orar com eficácia pelas pessoas e ver resultados. Nem toda doença e enfermidade tem a mesma causa fundamental. Em outras palavras, nem toda doença é apenas uma doença. Para orar com eficácia por alguém que necessite de cura, você deve primeiramente discernir a razão da enfermidade. Por todo o Antigo Testamento e também o Novo Testamento, especialmente nos relatos ministeriais de Jesus pelos quatro Evangelhos, nós podemos ver que as Escrituras identificam cinco causas de doenças. Elas são: 1) pecado, 2) pecados de outros, 3) hereditariedade, 4) demoníaca, o 5) para a Glória de Deus.

O que isso nos ensina é que se alguém está doente por causa do pecado que não foi tratado, toda oração do mundo por apenas uma cura física produzirá muito pouco resultado. Portanto, você deve buscar a revelação vinda da parte de Deus concernente à fonte, à gênese da enfermidade, se você quiser iniciar sua oração do lugar correto.

Este é o único local nos milagres de Jesus onde a raiz é verbalmente declarada pelo Mestre: "Filho," Jesus lhe diz, "perdoados estão os teus pecados." Jesus sabe, sem dúvida, que o pecado da falta de perdão é o

Ministração à Falta de Perdão – Estudo de Caso 165

culpado pelo seu aprisionamento em tal estado agonizante. A questão que clama por resposta é: "Poderia alguém ficar doente por, na verdade, nutrir um ressentimento em relação a outrem?" Vejamos o que nosso Senhor nos ensina a esse respeito em uma de suas parábolas:

> E o senhor daquele servo, compadecendo-se, mandou-o embora e perdoou-lhe a dívida. Saindo, porém, aquele servo, encontrou um dos seus conservos que lhe devia cem denários; e, agarrando-o, o sufocava, dizendo: Paga-me o que me deves. Então, o seu conservo, caindo-lhe aos pés, lhe implorava: Sê paciente comigo, e te pagarei. Ele, entretanto, não quis; antes, indo-se, o lançou na prisão, até que saldasse a dívida. Vendo os seus companheiros o que se havia passado, entristeceram-se muito e foram relatar ao seu senhor tudo que acontecera. Então, o seu senhor, chamando-o, lhe disse: Servo malvado, perdoei-te aquela dívida toda porque me suplicaste; não devias tu, igualmente, compadecer-te do teu conservo, como também eu me compadeci de ti? E, indignando-se, o seu senhor o entregou aos verdugos, até que lhe pagasse toda a dívida. Assim também meu Pai celeste vos fará, se do íntimo não perdoardes cada um a seu irmão" (Mateus 18.23-35, ARA).

Sim, a falta de perdão pode aprisionar a pessoa num local de tortura mental, emocional e física. A raiz a ser endereçada aqui é a falta de perdão. Foque na raiz e fale a ela com autoridade e ousadia. Lembre-se de que a ternura é o melhor caminho. Fale gentilmente, com clareza, nunca duvidando e sem tentar adivinhar o que vai dizer. Fale com fé e deixe que ela cumpra seu papel. Orar a Palavra sempre abençoará àqueles que recebem a oração.

Ministração à Alma

A identificação da falta de perdão como uma raiz ou uma carência básica no indivíduo o guiará à área da alma que deve ser alcançada. Quando a oração eficaz penetra a alma, a convicção geralmente toca as emoções poderosamente. Nesta conjuntura, você já chegou ao local-chave, e isso se tornará bem íntimo e pessoal. Neste caso, Jesus disse ao homem: "Filho, perdoados estão os teus pecados" (v.5). A palavra "Filho" ministra àquele homem mais que qualquer outra coisa dita ou feita na passagem. Este é um ato de amor e ternura, que alcança o profundo das emoções quebradas e feridas do paralítico. A resposta daquele homem para o perdão é abrir-se para receber a cura para aquela enfermidade física. Porque a mentalidade judaica naqueles dias era de que TODA doença era causada pelo pecado, e a imputação da culpa e da vergonha se apoderava de qualquer um que fosse acometido de alguma enfermidade. A mentalidade geral era de que alguém que estivesse doente, deveria ter feito algo para que merecesse tal sofrimento. Portanto esse estender de Graça proferida na presença de todos ali pelo Mestre é maravilhoso, aliviando-o do fardo pesado da condenação, e removendo-lhe um peso enorme de sua alma. Jesus continua a ministrar com plenitude à alma daquele homem, enviando-o para casa para que se regozijasse junto a sua família e lhes mostrasse o que lhe aconteceu.

Comando e Autoridade

O ato ministerial não será concretizado se esses dois passos não forem implementados. Repare que Jesus dá comando a ambos, perdão e cura: "Filho, perdoados estão os teus pecados" (v. 5) e "Levanta-te, e toma o teu leito, e vai para tua casa" (v. 11). O principal comando aqui é: "Levanta-te."

Para alguém que esteja totalmente paralisado, essa palavra carrega um poder dinâmico. Nunca se esqueça de que ao implementar autoridade em um ato ministerial, o poder não vem de você. Contudo, você deve liberá-lo em meio à situação diante de você. Para que isso aconteça, você deve declará-lo. Em decorrência de nossa falta de fé, ou incapacidade de aceitar certos princípios espirituais, nós geralmente sucumbimos à descrença. Por vezes, nossa atitude é fraca porque estamos demasiadamente preocupados com nossa reputação, nossa posição de respeito ou nossa teologia em questão.

Como você pode superar esse comportamento baseado no medo? Uma sugestão é que você faça a coisa mais desconfortável que você jamais fez! Se você perguntar àqueles que têm estado ao meu redor por um bom tempo, eles podem lhe contar algumas histórias dos tempos em que meu comportamento ou minhas maneiras "cheias de dedos" eram de alguma forma questionáveis! Eu tive de "praticar" isso exaustivamente para que pudesse vencer meu sentimento de que não tinha nada a oferecer. Quando eu finalmente cheguei a um patamar onde, honestamente, já não dava a mínima para o que os outros pensariam a meu respeito, Deus começou a fazer coisas grandiosas. O Senhor foi gracioso e me concedeu muitos frutos por causa de minha fé e absoluta audácia. Mas isso levou um tempo, porque minha falta de fé vinha bloqueando o poder de Deus. Não deixe que isso aconteça com você. Pense naqueles quatro homens que foram tão determinados a obterem a bênção para seu amigo que eles abriram um buraco no telhado sobre a cabeça de Jesus enquanto Ele pregava. Qual foi a reação do Senhor para tanta "Chutzpah"? Ele amou!

Contato e Transmissão

Primeiro, Jesus valida a operação do milagre quando Ele publicamente repreende aos escribas por seus pensamentos rebeldes e descrentes:

> E Jesus, conhecendo logo em seu espírito que assim arrazoavam entre si, lhes disse: Por que arrazoais sobre estas coisas

em vosso coração? Qual é mais fácil? Dizer ao paralítico: Estão perdoados os teus pecados, ou dizer-lhe: Levanta-te, e toma o teu leito, e anda? Ora, para que saibais que o Filho do Homem tem na terra poder para perdoar pecados" (v 8-10a).

A seguir, neste ato ministerial em Marcos 2, o contato e transmissão se dá através de uma simples frase dita ao paralítico: "a ti te digo: Levanta-te, e toma o teu leito, e vai para tua casa. E levantou-se e, tomando logo o leito, saiu em presença de todos, de sorte que todos se admiraram e glorificaram a Deus, dizendo: Nunca tal vimos" (v. 10b-12).

Transmitir significa que você está agora passando à parte receptora o que já fora feito pelo Espírito Santo. Você não está criando ou fazendo nada emocionalmente. Você está apenas conectando os pontos aqui. Quando Jesus libera o poder para curar, isso se inicia com o homem levantando e ficando de pé. Qualquer um que se levante sendo paralítico já é um milagre! Mas algo a mais haveria de ser dito de modo a cimentar o milagre em sua mente, e para que não viesse a duvidar ou sucumbir. Nosso Senhor lhe diz isto: "Levanta-te, e toma o teu leito, e vai para tua casa."

Em outras palavras, uma ação de fé deve ser tomada para que a cura seja completa. Durante o contato e transmissão, Jesus requer que o paralítico proceda ativamente fazendo duas coisas: tomar o seu leito e ir para casa. Há algo de vital importância em alguém que tenha estado desesperançado por tantos anos sendo capaz de demonstrar que agora ele pode mover-se e agir como um ser humano normal e pleno. As Escrituras dizem: "saiu em presença de todos" (v. 12). A capacidade do homem em tomar o seu leito e andar "na presença de todos" testifica que aquela escravidão da culpa, vergonha e falta de perdão havia sido tirada dele e agora ele era um homem livre.

Verificar ao Redor

Seguindo o episódio da cura, Jesus deixa a casa e desce para o litoral, onde Ele ensina a Palavra de Deus à multidão que o segue: "E tornou a sair para o mar, e toda a multidão ia ter com ele, e ele os ensinava" (v. 13). A costa do Mar da Galileia repousa apenas a alguns metros dos limites da cidade de Cafarnaum. A multidão, que havia cercado a casa, ainda está faminta para ouvir o que Jesus tem a dizer. O Senhor desloca-se para uma localidade próxima e recomeça de onde havia parado quando foi interrompido pelo homem no telhado.

Depois de finalizar a ministração e Deus operar uma linda cura, esteja disponível e pronto para aquilo que o Senhor deseja fazer em seguida. Esteja atento para continuar a ministrar. Deus pode ter algo a mais para fazer por você. Apenas desacelerar e ouvir de Deus lhe abençoará sobremaneira.

13

Ministração à Mágoa – Estudo de Caso

Estudo de Caso Quatro: Marcos 5.1-20

E chegaram à outra margem do mar, à província dos gadarenos. E, saindo ele do barco, lhe saiu logo ao seu encontro, dos sepulcros, um homem com espírito imundo, o qual tinha a sua morada nos sepulcros, e nem ainda com cadeias o podia alguém prender. Porque, tendo sido muitas vezes preso com grilhões e cadeias, as cadeias foram por ele feitas em pedaços, e os grilhões, em migalhas, e ninguém o podia amansar. E andava sempre, de dia e de noite, clamando pelos montes e pelos sepulcros e ferindo-se com pedras.

E, quando viu Jesus ao longe, correu e adorou-o. E, clamando com grande voz, disse: Que tenho eu contigo, Jesus, Filho do Deus Altíssimo? Conjuro-te por Deus que não me atormentes. (Porque lhe dizia: Sai deste homem, espírito imundo.) E perguntou-lhe: Qual é o teu nome?

E lhe respondeu, dizendo: Legião é o meu nome, porque somos muitos. E rogava-lhe muito que os não enviasse para fora daquela província. E andava ali pastando no monte uma grande manada de porcos. E todos aqueles demônios lhe rogaram, dizendo: Manda-nos para aqueles porcos, para que entremos neles. E Jesus logo lho permitiu. E, saindo aqueles espíritos imundos, entraram nos porcos; e a manada se precipitou por um despenhadeiro no mar (eram quase dois mil) e afogou-se no mar.

E os que apascentavam os porcos fugiram e o anunciaram na cidade e nos campos; e saíram muitos a ver o que era aquilo que tinha acontecido. E foram ter com Jesus, e viram o endemoninhado, o que tivera a legião, assentado, vestido e em perfeito juízo, e temeram. E os que aquilo tinham visto contaram-lhes o que acontecera ao endemoninhado e acerca dos porcos. E começaram a rogar-lhe que saísse do seu território.

E, entrando ele no barco, rogava-lhe o que fora endemoninhado que o deixasse estar com ele. Jesus, porém, não lho permitiu, mas disse-lhe: Vai para tua casa, para os teus, e anuncia-lhes quão grandes coisas o Senhor te fez e como teve misericórdia de ti. E ele foi e começou a anunciar em Decápolis quão grandes coisas Jesus lhe fizera; e todos se maravilhavam.

Discernimento

Este estudo de caso é cheio de movimento. O homem possesso por milhares de espíritos malignos vem angustiado de sua existência atormentada em meio aos sepulcros para encontrar-se com Jesus. Aqui está um princípio na ministração de Jesus digno de nota: Jesus nunca foi em busca de um demônio; mas os demônios sempre vieram até Ele. Deixe-me enfatizar isso mais uma vez: nunca vá atrás de demônios para expulsar! Em seu ministério, se Deus deseja que você ore por indivíduos endemoninhados, permita que Deus os envie a você. Muitas pessoas têm se metido em grandes problemas por "caçarem demônios", distanciados da divina e específica direção do Santo Espírito. Nessa passagem, o discernimento de espíritos divide-se em duas revelações distintas em relação ao mesmo indivíduo: a primeira identifica o espírito dominante pelo nome, e a segunda aponta para a condição do homem. Quanto ao primeiro movimento em discernimento de espíritos, não seria difícil para muitos de nós identificar a óbvia presença de espíritos malignos ali. O homem quebrava correntes com uma força sobrenatural, e ninguém podia contê-lo porque haviam muitos espíritos. Estes tinham total controle sobre as faculdades daquele homem. Adicionalmente, a própria confissão do espírito dominante claramente revela quem ele é, ao falar estas palavras a Jesus: "Que tenho eu contigo, Jesus, Filho do Deus Altíssimo?" (v. 7). O segundo movimento em discernimento trata-se do nível de agonia dentro da alma do homem. Seu conflito interno é repleto de ódio, raiva e angústia. Como já mencionei antes neste livro, o discernimento de espíritos opera dentro do ambiente, em um curto diâmetro. A revelação aqui é o que o maligno causou a esse homem - a perda de todos os seus relacionamentos, toda a sua racionalidade e toda a sua paz. Uma condição como essa não pode ser entendida como outra coisa ou menor do que é. Nomeie como maligno e trate o mal como tal.

Confirmação

Quando o homem corre diretamente ao encontro de Jesus e cai de joelhos diante d'Ele, isso confirma sua condição. Repare que Jesus já havia dito "Sai deste homem, espírito imundo" (v. 8) antes mesmo do homem identificar quem Ele era. A resposta dos espíritos a Jesus Cristo confirma que a ministração precisa e eficaz já estava acontecendo. Ao ministrar para pessoas com sérios problemas, especialmente em países mais pobres, você verá que a fome deles vai além da sua expectativa. Há geralmente mais fé em países de terceiro mundo que em igrejas locais de países mais desenvolvidos. Mas há problemas dessa natureza espiritual em todo lugar. Se você não receber a confirmação de que está no caminho certo, você poderá terminar condenando alguém ao invés de abençoá-lo.

Certa vez eu estava pregando em uma igreja bem abastada. Durante minha pregação, duas coisas aconteceram. À minha direita, nos fundos da igreja, um homem das ruas caiu no chão e começou a perturbar o culto, fazendo um barulho alto. Ele estava chorando e dizendo palavras ininteligíveis, que ninguém podia compreender. Quase que no mesmo instante, do lado esquerdo, um homem distinto, vestido em um terno bonito e caro, também caiu no chão, e lá ficou olhando para o teto.

Eu me lembro bem. Minha primeira reação foi: "Por que eu?" Eu estava pronto para pregar um excelente sermão e estava realmente interessado em me sair bem naquela igreja. "Oh, bem," eu pensei. "Deus deve ter outras ideias para essa manhã." Eu comecei a me dirigir para o fundo da igreja, mas ainda não sabia o que fazer. Eu comecei a orar sinceramente para que Deus me falasse algo -qualquer coisa! Eu tinha de ouvir uma revelação da parte de Deus. O que eu ouvi d'Ele foi: "Ande bem devagar." Então, caminhei devagar, ficando a par da situação em minha frente. A congregação inteira fez silêncio, com algumas poucas pessoas cochichando baixinho. Direcionei meus passos ao homem disruptivo estirado pelo chão à direita. Ele aparentava estar imundo, como se vivesse nas ruas. Seu cabelo era longo e oleoso e suas roupas tinham um cheiro distinto, no mínimo. Ao me aproximar eu pude perceber que ele estava chorando, cansado da vida, ansiando que alguém o ajudasse. Nunca esquecerei aquele olhar. Gradualmente eu comecei a decifrar com muito esforço as palavras enroladas que saíam de sua boca: "Socorro! Jesus, socorro!"

Ministração à Mágoa – Estudo de Caso

Eu comecei a orar por ele, e percebi que aquele homem era puro de coração, amava a Jesus profundamente, mas era mentalmente debilitado. Eu o tomei pelas mãos e lhe pedi para repetir uma oração simples comigo. Ao responder, ele começou a chorar bem alto, dizendo: "Jesus, Jesus, Jesus," repetidamente. Ali estava um homem com uma grande carência de amor e aceitação. Os pastores da igreja vieram para ministrar a ele, e eu me voltei para o homem de terno impecável que ainda estava caído sobre o chão, à esquerda. Acontece que ele era aquele que possuía um problema espiritual mais sério. As trevas e o maligno haviam tomado completamente a sua vida. Eu também orei por ele.

O que você assume de início pode ser decisivo, e isso é o que faz a confirmação tão vital. O homem com um demônio aparentava estar bem. O outro era apenas um pobre ser humano em tremenda frustração e dor, que havia sido percebido pela igreja como alguém cheio de trevas. Eles estavam totalmente errados. Você deve ouvir a voz de Deus através do discernimento de espíritos, e então, pedir por confirmação, ao mover-se. Há uma grande diferença entre doença mental e possessão demoníaca.

Ministração à Raiz

Continuando nosso estudo, a raiz na história do Evangelho segundo Marcos 5.1-20 é a mágoa. Por muitos anos, o problema daquele homem havia sido com os outros. As pessoas da cidade haviam feito de tudo que podiam para lidar com ele, e numa última tentativa, o haviam trazido para fora da cidade, em meio aos sepulcros, e colocado grilhões sobre ele. Raiva, acidez e veneno enchiam a vida daquele homem. Quando alguém tem uma carência relacional de mágoa, as consequências podem tornar-se devastadoras. Em situações em que a mágoa é a raiz, os relacionamentos são quebrados e danificados, aparentemente acima de qualquer possibilidade de reparo. Conflitos, mesmo ao ponto de violência extrema, são a norma. Esse homem não podia responder ou comunicar-se com os outros. Ele havia sido cativo em correntes por um longo tempo e ninguém podia abrandá-lo. Mesmo depois de sua libertação, ao verem-no pela primeira vez, eles ficaram com medo dele e rogaram a Jesus que se retirasse do território deles. A mágoa, abastecida com raiva e falta de perdão, domina a cena. A mágoa é veneno para a alma.

Por vezes, a mágoa deforma o corpo. Homens e mulheres que odeiam não podem ter uma aparência normal. Em meus anos de viajar pelas igrejas dos Estados Unidos e do exterior, eu tenho visto que a mágoa é a condição espiritual mais agravada que um homem ou uma mulher pode ter. Ela afeta sua vida em todos os âmbitos. O ódio é um câncer espiritual que mata o corpo e distorce a personalidade.

Ministração à Alma

"E, quando viu Jesus ao longe, correu e adorou-o. E, clamando com grande voz, disse: Que tenho eu contigo, Jesus, Filho do Deus Altíssimo? Conjuro-te por Deus que não me atormentes" (v 6,7). Essas são as palavras de uma pessoa desesperada que tem sido cativa por um longo tempo e abandonou todas as esperanças de libertar-se de tais circunstâncias. Ministrar à alma é o estágio em que você ouve o tormento e agonia de alguém que está em desespero, esperando por um alívio em sua situação. O homem corre para Jesus, prostrando-se diante d'Ele e clamando em alta voz. As palavras que ele diz aparentam rebeldia e rejeição em relação ao Senhor, mas Jesus ouve o profundo choro de seu coração e se dirige a ele com compaixão, que se faz urgentemente necessária. A ministração à alma é um tempo em que alguma forma de conversa acontece de maneira a informá-lo a respeito do coração do indivíduo, para consolidar o discernimento, e providenciar um direcionamento claro a uma oração eficaz.

Ministração à Mágoa – Estudo de Caso 177

Comando e Autoridade

Ao chegar Jesus no barco, Ele declara palavras de comando e autoridade. A crise é de tamanha magnitude que a única resposta é lançar-se contra ela em ousadia e poder. As palavras "Sai deste homem, espírito imundo" (v. 8) podem não ser o primeiro movimento para muitos de nós no ministério hoje, mas é eficaz e direto ao ponto. Jesus, por meio do discernimento, reconhece que aquele homem estava cativo por demônios e lida com isso sem nenhuma procrastinação desnecessária. Um demônio ocupa espaço e tempo dentro de um ser humano. Por espaço eu quero dizer que ele toma a mente e o raciocínio normal e rouba toda a paz da pessoa. O tempo tem a ver com o período em que o indivíduo tem sofrido e permanecido sob servidão e opressão. O comando aqui é simples: "Sai deste homem." Não poderia ter sido mais claro e direto ao ponto.

Contato e Transmissão

O contato e transmissão é o ato de liberar o poder curativo de Deus sobre a pessoa. Através dos Evangelhos, esse é um movimento constante e repetitivo de nosso Senhor Jesus. Neste evento, Ele faz seu contato através do diálogo. Desde que a autoridade já havia sido estabelecida sobre os espíritos malignos, eles estão sujeitos e submissos a Jesus. O mesmo se faz real para qualquer um que ministre usando o poderoso nome de Jesus Cristo.

O contato é feito ao passo em que Jesus começa o diálogo com uma pergunta:

> E perguntou-lhe: Qual é o teu nome? E lhe respondeu, dizendo: Legião é o meu nome, porque somos muitos. E rogava-lhe muito que os não enviasse para fora daquela província. E andava ali pastando no monte uma grande manada de porcos.

E todos aqueles demônios lhe rogaram, dizendo: Manda-nos para aqueles porcos, para que entremos neles. E Jesus logo lho permitiu. E, saindo aqueles espíritos imundos, entraram nos porcos; e a manada se precipitou por um despenhadeiro no mar (eram quase dois mil) e afogou-se no mar" (v. 9-13).

Lembre-se de que o objeto da ministração é o homem, não os demônios. Jesus não está impressionado com os demônios e Ele não tem nenhum interesse em discutir com eles. Os espíritos malignos já sabem que perderam seu controle sobre aquele homem. Quando Jesus indaga: "Qual é o teu nome?" Ele está falando ao homem, perguntando-lhe qual era seu nome. Mas o espírito maligno no comando diz: "Legião é o meu nome, porque somos muitos" (v. 9). Os espíritos vinham exercendo controle sobre ele e falando por ele, e continuaram tentando fazê-lo. Jesus dá aos demônios permissão para entrar nos porcos, apontando para o fato de que Ele tem toda a autoridade. Ele não negocia nem dialoga com os espíritos malignos. Repare que essa é a única atenção que Jesus dá aos demônios.

Alguns comentários bíblicos dizem que eram seis mil demônios, como uma legião romana era constituída por seis mil homens. Outros comentários falam a respeito de dois mil. Seja qual for o número, a expulsão de pelo menos dois mil espíritos malignos e a morte dos porcos libertam aquele homem completamente! Ele está totalmente recuperado de sua sanidade e dignidade e imediatamente expressa um desejo sincero e consciente de seguir a Jesus. Porém, o Mestre profere mais uma palavra de encorajamento a ele: "Vai para tua casa, para os teus, e anuncia-lhes quão grandes coisas o Senhor te fez e como teve misericórdia de ti" (v. 19). O homem foi, na verdade comissionado por Jesus a testemunhar aos outros o poder do Evangelho. Quando nosso Senhor permite que os demônios saiam do homem e entrem nos porcos, o poder de Deus faz contato instantâneo como a mais desesperada carência daquele homem. Jesus continua a transmitir bênção por trazer um propósito à vida dele. Outrora totalmente exilado, desprezado e temido por todos, agora ele testemunhará em toda Decápolis a respeito do poder transformador de Jesus Cristo, o Filho de Deus.

Verificar ao Redor

"E ele foi e começou a anunciar em Decápolis quão grandes coisas Jesus lhe fizera; e todos se maravilhavam" (v. 20). Este milagre de libertação atingiu uma região inteira que consistia em dez cidades. Um homem totalmente transformado e restaurado começa a testificar com poder e graça. O trabalho do Senhor nesse "dia à outra margem, foi feito". É hora de seguir em frente.

14

Ministração à Alma

Um Espírito Renovado

"O trabalho do Espírito é transmitir vida, transmitir esperança, conceder liberdade, testificar de Cristo, guiar-nos à verdade, ensinar-nos todas as coisas, confortar o crente e convencer o mundo do pecado."[1]

Todo ser humano que tenha nascido de novo (regenerado pelo Espírito de Deus) tem um espírito operante dentro de si. Este é o espírito do homem.

Porque qual dos homens sabe as coisas do homem, senão o espírito do homem, que nele está? Assim também ninguém sabe as coisas de Deus, senão o Espírito de Deus. Mas nós não recebemos o espírito do mundo, mas o Espírito que provém de Deus, para que pudéssemos conhecer o que nos é dado gratuitamente por Deus" (I Coríntios 2.11,12)

O primeiro trabalho do Santo Espírito é fazer com que o espírito do homem ganhe vida para que possa comunicar-se com Deus. "Deus é Espírito, e importa que os que o adoram o adorem em espírito e em verdade" (João 4.24). O novo nascimento, ou o espírito do homem vindo à vida dentro dele pelo poder do Espírito Santo quando recebe a Jesus Cristo como Senhor e Salvador é a mais milagrosa cirurgia reconstrutiva já operada por Deus. É o princípio de uma eterna jornada espiritual. "Mas aquele que se une ao Senhor é um espírito com ele" (I Coríntios 6.17, ARA).

O Corpo Mantido Completo

Quando nós recebemos a Jesus Cristo como nosso Senhor e Salvador, nós recebemos o Santo Espírito dentro de nós. Romanos 8.15,16 diz: "Porque não recebestes o espírito de escravidão, para, outra vez, estardes em temor, mas recebestes o espírito de adoção de filhos, pelo qual clamamos: Aba, Pai. O mesmo Espírito testifica com o nosso espírito que somos filhos de Deus." No momento da salvação e para sempre, nossos espíritos renovados são feitos santos, perfeitos e completos. O Espírito Santo torna-Se o selo ou penhor de que Deus redimirá e restaurará todo o homem, incluindo sua alma e eventualmente seu corpo, na ressurreição física. Efésios 1.13,14 nos diz que: "tendo nele também crido, fostes selados com o Espírito Santo da promessa; o qual é o penhor da nossa herança, para redenção da possessão de Deus, para louvor da sua glória." O pecado trouxe uma maldição sobre a humanidade, mas o Santo Espírito que habita dentro de um crente é a promessa -o penhor- de que Deus restaurará a todos os que se haviam perdido e os trará à plenitude!

As Escrituras nos falam que o corpo do crente é o templo do Deus Vivo. Ademais, nós temos a garantia de que o Espírito de Deus residente continuamente fluirá para curar a alma e o corpo daquele em quem Ele habite até que tudo esteja consumado. O apóstolo Paulo escreve em I Tessalonicenses 5.23: "E o mesmo Deus de paz vos santifique em tudo;

e todo o vosso espírito, e alma, e corpo sejam plenamente conservados irrepreensíveis para a vinda de nosso Senhor Jesus Cristo."

Nós temos passado alguns capítulos aprendendo sobre como o discernimento opera e é confirmado. A seguir, nós observaremos cuidadosamente as raízes espirituais de rejeição e rebelião, e as raízes relacionais de falta de perdão e mágoa; examinamos os sete movimentos consistentes e repetitivos de Jesus em um ato ministerial. Estamos agora preparados para explorá-los com mais detalhes.

Então o que É a Ministração à Alma?

A alma é uma área do homem que requer cura e santificação durante o curso dessa vida terrena. A ministração à alma é conversacional, criativa e pessoal. A carência mais íntima de uma pessoa é sentida dentro de sua alma. Contudo, nem sempre é fácil identificá-la, porque a alma humana é complexa, pessoal e privada. Pode ser difícil para a pessoa recebendo a oração explicá-la, pois apesar de estar sofrendo as consequências das dificuldades da vida, ela pode ser incapaz de identificar exatamente o que tem causado tanta dor; ou, até mesmo, querer esconder o que está no profundo dentro de si por causa do medo ou vergonha.

Eu chamo a sua atenção uma vez mais para o propósito deste livro. Para que possa orar com eficácia, você não pode confiar na psicologia popular. Você não pode depender da habilidade de pessoas feridas em dizer-lhe onde deva começar. Você quer chegar ao lugar da alma que requer a cura, da mesma forma com que Jesus o fez. Isso significa ser capaz de ouvir a voz de Deus. Aí está a razão da oração eficaz, guiada por Deus, ser tão séria e maravilhosa. Pense nisso como se Deus, o Espírito Santo, estivesse viajando dentro do mais profundo de alguém para abrir uma porta que tem permanecido fechada por um longo tempo. Um vez que Ele entre, É capaz de convencer, libertar, iluminar e restaurar.

A menos que aprendamos como ministrar à alma do homem, nossa oração será sempre superficial. A alma constrói a identidade e a personalidade singulares de um indivíduo, e durará para sempre, rumo à eternidade. A alma é o que nos define como quem somos. É como sua impressão digital -única, pessoal e diferente de qualquer outra sobre a face da terra. É incrível pensar que o ser humano em sua frente é único. Ninguém é como essa pessoa. Deus jogou o molde fora quando a criou. Somente o Espírito Santo pode sondar e penetrar no nível mais profundo da alma. Verdadeiramente, sem a direção do Santo Espírito é impossível para alguém discernir o interior de uma alma. A medicina pode aquietar a mente, subjugando o conflito interior, mas quando a alma está sofrendo, apenas Deus pode repará-la. O Espírito Santo pode fazer muito mais do que todos os esforços juntos, uma vez que o próprio Deus criou esse indivíduo à sua imagem e semelhança. Três minutos sendo tocado por Deus pode curar vinte anos de conflito de identidade.

Em uma oração pessoal, o principal fator a ser considerado é qual direção o Santo Espírito deseja tomar ao mover-Se dentro do mais profundo ser de alguém. Por exemplo, se o discernimento de espíritos revela que a carência do indivíduo pertence ao relacionamento consigo mesmo ou com Deus (espiritual), isso nos guiará para uma área específica da alma. De igual forma, se o discernimento revela que o problema tem a ver com os outros (relacional), isso nos levará a direcionar um local diferente dentro da alma. Então, o que, na verdade, compreende a alma, e como nós sabemos qual área dela deve ser focada em oração? Vejamos.

O que Compreende a Alma?

A palavra traduzida para o português como "alma" vem do hebraico "nephesh", cujo significado é pessoa, criatura ou ser que respira. O conceito hebraico de alma é o cerne, coração, a essência invisível de uma pessoa, ou o eu interior. Quando Deus criou o homem, Ele "...lhe soprou nas narinas o fôlego de vida, e o homem passou a ser (nephesh) alma vivente" (Gênesis 2.7, ARA). Há uma compreensão geral de que a alma compreende três áreas: mente, vontades e emoções, sendo estas áreas dentro de nós correspondentes ao saber, decidir e sentir. Vamos analisá-las brevemente.

A Alma como Intelecto (Mente)

A mente - seu intelecto. A mente é um "computador" maravilhoso que utiliza de informação, aprendizados, criações e racionalizações na velocidade da luz. A mente recorda e recolhe o passado, e ele processa o presente. É a totalidade do consciente e inconsciente mental funcionando. O intelecto é o "processador" e é diferente dos sentimentos e desejos de se fazer algo ou não.

Qualquer oração direcionada a renovar ou iluminar a mente de alguém deve ser compelida pela revelação que vem da parte de Deus. Imagine você, com seu cérebro, tentando comunicar-se com alguém cuja mente, ou intelecto, seja muito superior à sua. O que você diria a uma mente que já saiba o bastante? Como a convenceria de uma verdade superior? Como lhe expor a área de grande fraqueza, quando ela já possui todas as respostas? As pessoas que se apoiam fortemente em seu próprio entendimento na abordagem da vida, que são altamente educadas, relutam com a fé? Definitivamente. Quando um intelectual encontra a fé, muito frequentemente uma batalha surge. Uma coisa é ser educado a respeito da fé, outra é experimentar uma fé viva e ativa quando a mente é tão dominante.

Eu conheci um talentoso jovem com muitas habilidades, incluindo liderança de louvor e ensino. Por causa de seu intelecto impressionante, ele começou a demonstrar que poderia "criar um ministério" levando os outros a adorar e ensinando-lhes o que deveriam saber. O problema é que servir a Deus começa com um chamado da parte de Deus. Você não pode assumir uma posição de liderança no corpo de Cristo sem um chamado. Você pode usar o seu intelecto e habilidade para iniciar uma empresa e vender produtos, mas não pode criar um chamado e então pensar que Deus irá honrá-lo.

Esse jovem é um exemplo de uma pessoa guiada pelo intelecto caminhando para a destruição. Se Deus não está nesse negócio, o fracasso inevitável acabará em desencorajamento. Até o presente momento, ele é um jovem frustrado, fraco em sua fé e a esconder-se de Deus. Entretanto, uma oração eficaz que confronte a exaltação de sua mente acima da simples verdade de Deus poderia redirecionar sua vida de volta a Jesus Cristo e Seus planos. Você está sendo chamado a encorajar e declarar vida e plenitude a uma pessoa que esteja atada à sua mente. Como começar? Tenha em mente aquilo que temos estudado a respeito da oração endereçada à carência. Se você discernir descrença, ore a respeito da descrença. Se discernir orgulho, ore contra o orgulho. Se discernir confusão, ore no tocante à confusão. O que cerceia a mente da pessoa está diretamente relacionado à incapacidade de ter fé. É um problema espiritual, uma raiz de rejeição a Deus (rebelião). A área da alma que esteja mais afetada e que deve submeter-se ao trabalho do Espírito Santo é a mente. Comece com a raiz que você discerne, e você chegará à área correta da alma.

"Destruindo os conselhos e toda altivez que se levanta contra o conhecimento de Deus, e levando cativo todo entendimento à obediência de Cristo" (II Coríntios 10.5). Se a raiz é uma carência espiritual de rejeição a Deus (rebelião), a área da alma que deve ser endereçada para que haja cura é a MENTE. A grande carência de um indivíduo que "viva" aprisionado à sua mente é de FÉ.

Ao passo em que eu crescia, meu pai e meus professores não podiam me dar fé, mas eles me apontaram o caminho para alcançá-la.

Eu era inteligente; mas parecia que eu devesse experimentar o fracasso e o desespero para que pudesse reconhecer que uma fé ativa era o componente que me faltava. Eu teria de enfrentar um processo de esquecer tudo que eu achava que sabia e permitir o Espírito Santo a me impulsionar a uma vida de fé. Conhecer sobre a fé e viver pela fé são duas coisas distintas. A exaltação da inteligência é geralmente o ponto exato de bloqueio para uma fé viva.

A Alma quanto Vontade

A segunda área é a parte da alma que decide, determina e leva adiante. É o livre-arbítrio que nos é dado por Deus para tomarmos as nossas próprias decisões na vida. Isso significa que você pode aceitar a Pessoa e o trabalho do Espírito Santo, ou rejeitá-los completamente. Você é livre para ouvir a voz de Deus ou rejeitar toda a intimidade com Ele. Esse direito de exercitar sua vontade determina o quão longe você irá dentro dos planos de Deus para você. Lamentavelmente, você encontrará muitas pessoas trancafiadas num eterno embate dentro de si mesmos, que nunca serão capazes de avançar na vida.

A vontade é a faculdade das ações conscientes e deliberadas; o poder de controle que a mente exerce sobre suas próprias ações. Decidir e escolher são onipresentes em nosso comportamento. Nós somos confrontados com escolhas em tudo que fazemos, em todo o tempo. Por que teria a alma um ingrediente de tal proporção? É porque Deus quer que você responda a Ele sem nenhuma coerção. Ministrar à alma envolve desbloqueio, abertura e a criação de uma nova perspectiva de vida. Imagine sua oração liberando uma alma para decidir render-se, entregar-se e fazer-se humilde diante de Deus. Que bênção!

Rogo-vos, pois, irmãos, pelas misericórdias de Deus, que apresenteis o vosso corpo por sacrifício vivo, santo e agradável a Deus, que é o vosso culto racional. E não vos conformeis com este século, mas transformai-vos pela renovação da vossa mente, para que experimenteis qual seja a boa, agradável e perfeita vontade de Deus" (Romanos 12.1,2, ARA)

Discernir a vontade de Deus requer um coração que ouça e deseje conhecer a Sua perfeita vontade. Por vezes, as pessoas sofrem de angústia e aflição porque estão lutando com sua própria vontade contra a vontade de Deus. Jó 7.14,15 diz: "Então, me espantas com sonhos e com visões me assombras; pelo que a minha alma escolheria, antes, a estrangulação; e, antes, a morte do que estes meus ossos." O terrível dilema de Jó foi a perda de sua família, suas posses e sua saúde física. Ele declara que sua alma está escolhendo a morte à vida por causa da dor que está enfrentando. Em Jó 6.7 ele insiste que está tão angustiado que não consegue comer: "A minha alma recusa tocar em vossas palavras, pois são como a minha comida fastienta."

Como você oraria por uma pessoa como Jó, sofrendo enquanto reluta contra a vontade de Deus para sua vida? Você chamaria um conselheiro para ouvir as dificuldades de Jó? Nós estamos na era das recomendações. Os cristãos recorrem a outros para resolver os problemas porque eles não podem discernir a mão esquerda da direita. Você está sendo equipado por Deus para alcançar as almas torturadas, tendo a confiança de ter tanto a revelação do Espírito Santo quanto a Palavra de Deus ao seu lado. Direcione sua oração para a área de carência e algo acontecerá.

O salmista também se refere à alma como vontade no Salmo 77.2: "No dia da minha angústia busquei ao Senhor; a minha mão se estendeu de noite e não cessava; a minha alma recusava ser consolada."

Como você ministraria a uma alma como a dessa pessoa? Fale à vontade humana repreendendo toda ira e confusão. Fale à vontade humana liberando entendimento e sabedoria para ouvir a Deus no tocante à Sua perfeita vontade. Fale à alma humana abordando a ira, falta de perdão, dureza de coração, autodeterminação que extingue o

Ministração à Alma 189

Espírito Santo de Deus. Fale à alma humana ordenando que toda resistência prostre-se diante do Rei dos reis. Fale à alma humana para liberar perdão e gentileza a membros familiares. Se a raiz é relacional, de falta de perdão ou mágoa, a área da alma que deve ser transformada é a VONTADE. A grande necessidade de um indivíduo é uma decisão de abrir mão de todo controle e dureza de coração, de render-se e entregar tudo aquilo que ele está segurando, tão fortemente, nas mãos de Deus.

Emoções

A terceira área da alma em nós é parte das emoções. Estas, é claro, são uma grande variedade de "sentimentos" experimentados por todos os seres humanos. As emoções são um estado efetivo de consciência, que inclui felicidade, amor, entusiasmo, aflição, medo, raiva, tristeza, luto e outros sentimentos incontáveis.

Nessas quatro passagens, a alma se alegra, se entristece, chora e treme: "E a minha alma se alegrará no Senhor; alegrar-se-á na sua salvação" (Salmo 35.9). "A minha alma está cheia de tristeza até à morte" (Mateus 26.38). "Minha alma chorará em lugares ocultos, por causa da vossa soberba" (Jeremias 13.17). "A sua alma treme dentro deles" (Isaías 15.4).

A oração eficaz que é direcionada à cura emocional não é um tipo de "jogo psicológico". Não é uma psicologia espiritualizada ou regressão. É a oração guiada pelo Santo Espírito e baseada na Palavra de Deus e na fé. Uma vasta gama de áreas dentro das emoções podem tornar-se enfermas. A "doença" emocional pode surgir a partir de um sofrimento, culpa e pranto prolongados, seja por causa de um aborto, abandono ou negligência dos pais, abuso sexual por parte de membros familiares, ou assédio moral e abuso entre irmãos, apenas para citar alguns cenários.

O mais belo aspecto da oração eficaz guiada pelo Santo Espírito é que ele conduz todo o percurso. Você não deve estar preocupado em ter um certo nível de experiência acerca da psique humana. Você não precisa ler periódicos em psicologia. Você tem de confiar que não irá falhar em nada ou dizer algo de errado. Deus é Aquele que opera a cura, e Ele é fiel. Ele sempre toma o controle quando você chama pelo Seu nome. Essa tem sido minha experiência de fé.

A alma possui emoções que estão escondidas, feridas que nunca foram expressadas e fardos pesados não identificados, até mesmo pela própria pessoa que os carrega. Portanto, ao orar, faça uso da raiz básica como sua bússola. Por exemplo, no caso de alguém profundamente rejeitado pelos pais, você provavelmente terá de abordar a carência espiritual pela autorrejeição. Quando a raiz de rejeição é confirmada, a oração então deve direcionar-se à alma. Lide com as emoções, a área onde o problema se encontra. Ao chegar a este ponto, haverá mais revelação da parte de Deus. Lembre-se ainda que o coração do problema está relacionado não apenas ao que o pecado tem causado na vida do indivíduo, mas também a toda a família. É neste ponto da oração que um milagre pode acontecer. Não se apresse aqui ou tente preencher o espaço e o tempo de alguma forma. Espere no Senhor e Ele será por você.

Não importa quão diversos e diferentes possamos ser, todo homem, mulher e criança possui um problema em comum: o pecado. Enquanto nós podemos ter distintos tipos de personalidade, caráter ou aparência, a alma é indiferente quando o assunto é o pecado, e Deus o mensura de igual forma para todos, sem distinção de pessoas. Não há nenhuma diferença ou sombra de uma variedade de almas. Os seres humanos são criaturas de Deus. Ou juntam-se a Ele em um só espírito ou estão separados d'Ele. Essa é a razão das Escrituras em Marcos 12.28-31 tornarem tudo mais claro para nós. Amar a Deus de todo nosso coração, alma, mente e força, e amar ao nosso semelhante como a nós mesmos cumpre a lei de Deus, evidenciando-se que a alma necessita de plenitude. A qualquer nível em que venhamos a falhar ou sofrer nessas duas áreas, nós passamos a carecer de cura e restauração.

No tocante à composição alma, não se deve enxergá-la apenas como que disposta em três partes, mas como uma "área de camping" cheia de vida e atividade. Seja ao abordar o intelecto, a vontade ou as emoções, busque discernir a raiz do problema antes de começar a orar. O Espírito Santo viaja no tempo, de volta e avante, para trazer plenitude à alma de alguém. Pode parecer um simples conceito orar por uma pessoa e ver a cura acontecer dentro da alma. Porém, não é algo simples para o Espírito Santo. Quando o apóstolo Paulo escreve acerca do Santo Espírito como Aquele que "sonda todas as coisas" (I Coríntios 2.10, NVI), ele se refere à profundidade do Espírito Santo em Sua habilidade de penetrar às áreas mais inalcançáveis dentro de um ser humano. Uma simples oração guiada pode liberar o mover do Santo Espírito dentre as emoções que podem ter sido danificadas vinte anos atrás. Isso pode trazer liberdade a uma mente cativa em pensamentos racionalizados, e tratar com uma vontade contrária aos propósitos de Deus. Se você ainda está comigo até aqui neste livro, você deve estar percebendo que orar com eficácia é algo muito mais profundo do que jamais imaginou. A oração que é eficaz ouve a voz de Deus muito mais alto do que qualquer ideia preconcebida ou opinião pessoal.

A Ministração de Jesus à Alma

Nosso propósito neste capítulo é ajudá-lo a "viajar" através da alma em oração. Se você seguir o Espírito de Deus em ministração, você O verá mover-Se na alma de uma pessoa com o mesmo tipo de precisão e eficácia que um cirurgião teria numa sala de operação. Você deve saber aonde ir e o que fazer quando chegar lá, e então tem de completar sua tarefa antes de ir embora. Seria muito bom para nós que analisássemos um exemplo no ministério de Jesus encontrado em João 5.1-9.

Essa narrativa nos ajudará a ver Jesus operando dentro da alma de um homem em um perfeito ato ministerial.

Depois disso, havia uma festa entre os judeus, e Jesus subiu a Jerusalém. Ora, em Jerusalém há, próximo à Porta das Ovelhas, um tanque, chamado em hebreu Betesda, o qual tem cinco alpendres. Nestes jazia grande multidão de enfermos: cegos, coxos e paralíticos, esperando o movimento das águas. Porquanto um anjo descia em certo tempo ao tanque e agitava a água; e o primeiro que ali descia, depois do movimento da água, sarava de qualquer enfermidade que tivesse. E estava ali um homem que, havia trinta e oito anos, se achava enfermo. E Jesus, vendo este deitado e sabendo que estava neste estado havia muito tempo, disse-lhe: Queres ficar são? (João 5.1-6).

Uma variedade de sérias condições faziam-se presentes naquele tanque de Betesda. Havia ali doentes, cegos, coxos e "ressequidos", ou paralíticos. É interessante notar os tipos e níveis de enfermidades representados por esses grupos. Os cegos são completamente capazes de mover seus corpos, mas são limitados pela falta de visão. Os doentes e coxos também são aptos a mover-se até certo ponto, mas têm seus movimentos restringidos. Finalmente, aqueles que estão paralisados são completamente comprometidos e debilitados, não tendo nenhum movimento afinal. Esse é o ambiente no qual Jesus se encontra. Em meio a tanto sofrimento, o objeto da ministração de Jesus naquele dia em particular é um homem limitado em seus movimentos, uma vez que vinha sendo um paralítico por trinta e oito anos. Porque ele sabia que era um paralítico, não poderia pensar a respeito de si mesmo de uma outra maneira. Sua identidade havia sido rotulada como um paralítico, e a vida que levava, de igual forma. Sua alma contribuía para sua paralisia. Sua mente o sabia, sua vontade o aceitava e suas emoções o sentiam no profundo.

Ministração à Alma 193

Como a raiz, ou seu íntimo, relaciona-se com a paralisia daquele homem? Nós temos aqui um estudo de caso de constante rejeição, porque o estilo de vida de um paralítico fatalmente ditava pobreza e vergonha. Por trinta e oito anos, ele vinha sendo constrangido a seguir imóvel, mendigando e dependendo de outros para sua sobrevivência. Jesus lhe faz uma pergunta contundente - "queres ficar são?" - de forma a ouvi-lo confessar o desejo de seu coração. Jesus transporta o homem de um passado caracterizado por uma raiz de rejeição para a presente realidade com a Sua indagação. Perguntando-lhe "Queres ficar são?", Ele está, em essência, dizendo ao homem: "Hoje é o seu dia, você pode escolher o que deseja." Aqui Jesus lhe permite fazer uma opção baseada na liberdade, que é um desejo básico de toda alma.

O ponto que estamos tentando identificar aqui é exatamente aquele em que o Santo Espírito começa a ministrar ao interior da alma daquele homem. A que ponto Jesus aplica alguma pressão? Quando há uma rejeição profunda na vida de alguém, você deve detectá-la e direcionar-se rapidamente à área da alma que clama por socorro. É claro que Jesus dirige-Se às emoções do paralítico. Através dessa pergunta, Ele dá àquele homem uma escolha. Desde quando ele havia tido uma opção acerca de alguma coisa? Jesus lhe permite sentir-se como um ser humano novamente, dando-lhe a possibilidade de expressar um desejo, o que elevaria sua autoestima. Abordar aquele homem rejeitado e desamparado com uma pergunta dessa natureza lhe autoriza a decidir o que realmente quer da sua vida. Isso lhe comunicou o fato de que possuía valor, dignidade e de que não era alguém esquecido por Deus.

A ministração à alma, portanto, deve remover a pessoa de sua miséria e prover um sopro de ar fresco. No ministério de Jesus, nós vemos essa metodologia em quase todos os milagres. Quando a vida está paralisada, você encontra influências que têm sido agravadas, uma após a outra, e devem ser abordadas. Jesus percebeu que a paralisia habitava não apenas no corpo daquele homem, mas em sua alma, de igual forma. Ele precisava receber uma oportunidade de exercitar sua fé e receber um mover dentro de sua alma para que pudesse experimentar cura e plenitude em seu corpo.

"Respondeu-lhe o enfermo: Senhor, não tenho ninguém que me ponha no tanque, quando a água é agitada; pois, enquanto eu vou, desce outro antes de mim. Então, lhe disse Jesus: Levanta-te, toma o teu leito e anda. Imediatamente, o homem se viu curado e, tomando o leito, pôs-se a andar" (João 5.7-9, ARA).

A resposta daquele homem à pergunta de Jesus foi: "Sim, eu quero ser curado." Mas havia um problema muito mais complexo que deveria ser solucionado. Quando a água se movia, sua percepção a respeito de sua vida era a de que ele não possuía ninguém que o ajudasse a entrar na água. Sua passividade e habitual dependência aos outros haviam agravado sua condição física. Ele havia passado muitos anos enxergando os outros como obstáculos que o impediam de receber sua cura. Ele havia assumido a posição de vítima indefesa, e também, a si mesmo como tal.

Jesus detecta tudo isso e dirige-Se aos domínios de sua alma com poder e autoridade. Jesus diz: "Levanta-te, toma o teu leito e anda" (v. 8). A raiz é rejeição. A óbvia necessidade física e prática aqui é a habilidade de andar. Mas a região da alma que clamava por um toque da parte de Deus eram as emoções daquele homem. Quando ele percebe que lhe está sendo oferecida uma escolha a respeito de sua vida, provavelmente a primeira ocasião em muitos anos, floresce sua esperança e desponta sua fé naquele momento. Ele fica de pé, curado em seu corpo, mas ainda mais profundamente em seu eu interior.

A alma é um enxame de movimentos que apenas a mão de Deus pode pôr em ordem. A alma não cria a raiz; ela apenas a alimenta e entrincheira dentro da vida da pessoa. Ao orar por alguém, atente-se

Ministração à Alma

para o fato de que é a alma que alimenta muitos sentimentos e se prende a memórias e hábitos. A alma milita contra o espírito e também o acolhe (veja Gálatas 5.17). A alma raciocina, chora, sofre, questiona e escolhe. Quando você ora, seu trabalho é ministrar à alma baseado no conhecimento conferido pelo Espírito Santo a você. Uma oração bem-sucedida conclui-se na alma.

A Porta

Vamos revisar o processo de ministração da alma brevemente. Ao começar a orar, primeiramente, identifique a carência diante de você entre espiritual e relacional. Eu descrevo este ponto como "a porta". Para nossos propósitos, vamos denominar a porta esquerda como espiritual e a direita como relacional.

Se você for guiado pelo Santo Espírito e a aplicação da Palavra para entrar pela porta esquerda, então, em seguida, você deverá optar entre duas áreas: autorrejeição ou rejeição a Deus (rebelião). Da mesma forma, se você passar pela porta direita, a raiz relacional lhe levará ou para a falta de perdão ou para a mágoa. Agora, eu gostaria que você visse quão grande progresso sua oração já alcançou. O discernimento da "porta" correta significa que você já tem noventa por cento de precisão em sua oração. Você está "na cozinha!"

Determinar a direção que você deve tomar será muito mais fácil depois que chegar a esse ponto. Se você estiver orando por alguém com uma raiz relacional de falta de perdão, a ministração à alma lidará com a vontade ou disposição dessa pessoa. Por outro lado, se você descobrir um problema espiritual de rebelião, suas ramificações na alma, assim como intelectualismo, orgulho e racionalização rapidamente serão expostas. Você está vendo como a identificação da raiz flui para o próximo passo -ministração à alma?

Aqui está um exemplo de uma oração por alguém que seja profundamente rejeitado:

> Senhor, te dou graças pelo Seu amor revelado na Cruz do Calvário. Pelo Seu poder derramado na Cruz, cure as mais íntimas partes das emoções da minha irmã. Remova dela a ideia de não ser importante, de não pertencer, de não ter nenhum valor, de não fazer parte dos planos.

Você identifica a raiz e se dirige rapidamente para a parte da alma que mais está sofrendo. Outra oração aqui poderia ser:

> Deus, no poder do Espírito, eu corto toda a rejeição e timidez. Eu falo contra todas as emoções que têm diminuído um senso de valor e confiança em quem o Senhor a criou para ser. Eu libero minha irmã de toda incerteza, inferioridade, insegurança, timidez e vergonha.

Esses são problemas da alma relacionados à rejeição, que têm mantido o indivíduo cego, coxo ou paralisado em sua vida e relacionamentos.

A oração que se direcione à disposição ou vontade de alguém relaciona-se a uma raiz de falta de perdão ou uma raiz de mágoa. A vontade de uma pessoa é sua determinação em defender algo ou lutar por uma ideia. A vontade do homem sempre afeta a área relacional da vida de uma pessoa. A vontade é ambos o rei e a rainha dos relacionamentos. Sempre que haja "os outros" e "você", a vontade estabelece a sua posição e luta por identidade. Uma oração por falta de perdão ou mágoa pode estar disposta nestas linhas:

Senhor, eu me levanto contra todo esquema de ódio e desprezo aos outros. Remova todos os pensamentos de retaliação e limpe a alma do meu irmão neste exato momento. No nome de Jesus Cristo, eu declaro a reconciliação e a paz sobre essa família. Eu dou graças ao Senhor por ter levado todo ódio e ira sobre Si na Cruz, para que pudéssemos viver em paz. Eu me levanto contra a dureza de coração, intransigência, discordância, inveja e contenda. Venha, Espírito Santo, e desfaça todas essas discussões e toda discórdia.

Aqui você está diretamente declarando autoridade contra uma vontade intransigente e ministrando à alma.

Essas orações são apenas diretrizes. O Espírito Santo deve mostrá-lo como orar por cada indivíduo em cada circunstância. Contudo, o principal aqui é que, ao passo em que o Espírito Santo lhe der a revelação acerca da raiz do problema na vida de alguém, haverá um forte indicador de onde a cura e a liberdade são necessárias dentro das regiões da alma.

Consequências

O próximo estágio da oração deve lidar com as consequências. As questões da alma, em seu profundo, traduzem-se em ramificações externas, que são tangíveis e urgentes. Aqui, você estará lidando com consequências específicas que essa pessoa estiver tendo como resultado de sua carência fundamental. Profundas rejeições muito comumente levam a confusões e dificuldades sexuais. Portanto, perdão, purificação e um recomeço nessa área serão necessários. Passividade, afastamento, solidão e dureza também advêm da rejeição, e podem estar impedindo a pessoa de buscar realizações em sua vida e ministério. Quando a vontade está envolvida, dureza, aspereza, mágoa, acidez e veneno na alma podem roubar a alegria e danificar relacionamentos. Se alguém estiver experimentando problemas familiares, aborde tais questões. Se a pessoa estiver nutrindo ódio por outros, há certamente um desarranjo em algum relacionamento. Uma ação deliberada deve ser tomada para iniciar um processo de restauração.

Quando a questão for na área da mente, você encontrará aqueles que não conseguem chorar, amar, cantar, nem louvar. Esses indivíduos geralmente racionalizam os mínimos detalhes pertencentes à fé em Jesus Cristo, e são atormentados pela dúvida em termos de crer e entregar-se. Assim, haverá aqueles que não aceitarão a forma com que os outros adoram e expressam sua fé, aderindo à tradição e recusando-se a comprometer-se ou ceder a alguém. Este estágio é onde a oração torna-se muito prática. O que tem sido escondido na vida da pessoa? Onde tem a condição de cegueira, coxeadura ou paralisia se estabelecido? Seria na área das finanças, relacionamentos familiares, equilíbrio sexual ou trabalho? Essa questão tem afetado relacionamentos na igreja ou ministério? Onde é necessário que haja uma transformação real e duradoura para que a alma seja curada?

No caso do homem no poço de Betesda, ele havia, há tempos, desistido de si mesmo como um ser humano possuidor de qualquer opção a respeito de sua própria vida. Sua carência prática era andar, mas o flagelo oculto de sua alma era saber que ele poderia decidir pela dignidade e plenitude ao invés de permanecer sendo uma vítima incapaz e dependente. Uma vez que o problema da alma foi identificado, Jesus então impeliu o homem à aplicação prática. Isto é, o homem foi desafiado a começar a movimentar-se, a aplicar energia de modo a levantar-se fisicamente e tomar o seu leito. Quando a oração alcança este estágio, há sempre alguma sorte de aplicação prática e específica que requer um movimento de alguma natureza: movimento físico, concordando em encontrar-se com algum membro familiar afastado, estendendo um ato de gentileza a alguém, mudar de emprego ou perdoar alguma dívida a alguém.

A ministração à alma no método consistente e repetitivo de Jesus dava-se no momento em que a pessoa tocada sabia que a vida seria diferente dali em diante. Envolver a alma da pessoa por quem você está orando significa que ela assume algum certo papel no processo de sua própria cura. Ela recebe o toque do Espírito Santo e permite que os olhos, o coração ou o ímpeto de sua vontade sejam abertos a novas possibilidades. Ela passa a fazer algo que nunca pensou que poderia. É um momento crítico, que pode ser lembrado para sempre por aquele que Deus colocou em seu caminho a fim de que possa receber a sua oração -com eficácia.

15

A Ética da Oração

A ética da oração abrange o bom protocolo -a forma com a qual se conduz a oração pelos outros. A oração precisa e a ética são mutuamente dependentes se você deseja ter um ministério efetivo. Quando o Santo Espírito lhe revela alguma informação específica acerca de alguém com necessidade, em especial em um local público, você deve ser sensível em como isso afetará a pessoa que recebe a oração. Isso é algo que deve ser estudado, desenvolvido e aplicado. É uma questão de cooperação com o trabalho do Espírito Santo. Em muitos casos, quando você pratica a boa ética da oração, o Santo Espírito o honra e continua a mostrá-lo mais. A observação da boa ética da oração significa que você está agindo em benefício da pessoa à sua frente acima do seu próprio, e para a glória de Deus. Neste capítulo sobre a ética, nós discutiremos alguns tópicos: semântica, ambiente, interação, questões de gênero, sutileza e o altar.

A Semântica em Oração

Sempre que possível, as palavras que você empregar ao orar por alguém têm de ser escolhidas com sabedoria. Apesar de poder estar orando eficazmente de acordo com o discernimento que está recebendo do Senhor, se fizer uso de palavras inadequadas, você pode ser grosseiramente mal interpretado. Falta de cuidado no uso das palavras pode prejudicar o resultado de seu tempo de ministração e dificultar o trabalho do Espírito Santo.

Nós já temos, a este ponto, aprendido muito a respeito das quatro carências básicas ou raízes de rejeição, rebelião, mágoa e falta de perdão. Já vimos que uma raiz é a área central onde a oração por plenitude deve começar. É onde o Santo Espírito concentrará e transmitirá o conhecimento com o qual uma oração que seja precisa e eficaz será formulada. Contudo, essas palavras fundamentais devem primeiramente ser para o seu entendimento ao ministrar, e não necessariamente têm de ser proferidas na oração em questão.

Ao discernir e receber informação da parte do Espírito Santo, a forma com a qual você a transmite afetará profundamente a pessoa em sua frente. Ademais, nesse momento santo e imprescindível, suas palavras devem ser pronunciadas debaixo da unção do Santo Espírito, depois de cuidadosamente ouvir a Deus. É aqui que os milagres começam a acontecer, e a convicção surge bem diante de seus olhos. Aqui é onde aqueles cheios de fé ouvirão da parte de Deus.

Quando você está orando por alguém no tocante a sua carência básica, é aconselhável que encontre palavras que descrevam a situação diante de você "no agora" ao invés de usar os quatro termos "rejeição, rebelião, falta de perdão e mágoa." Por exemplo, "timidez, vergonha, inaptidão, insegurança, inferioridade e inadequação" são palavras cabíveis para usar em oração em caso de autorrejeição. Estas são apenas algumas poucas palavras que eu citei como exemplo de como lidar com a autorrejeição em oração. Palavras como essas são específicas e pessoais, e fazem com que a pessoa saiba que Deus a conhece e compreende.

Eu posso me lembrar de uma vez em que orava por alguém usando a palavra "vergonha", mas o momento pediu por uma melhor, e não me vinha nenhuma à mente. Então, eu expliquei à pessoa o que eu estava discernindo à medida que orava. "Deus, remova toda e qualquer insegurança nesta mulher, qualquer medo de ser colocada de lado ou excluída pelos outros, qualquer ideia de não pertencimento. Ajude-a a não sentir-se invisível ou sem importância no meio dos outros." Repare você que a palavra "rejeição" não foi mencionada. Usando expressões que descrevam bem especificamente a realidade que a pessoa enfrenta no dia-a-dia, você será capaz de alcançar o centro da necessidade. Por agir gentil e cuidadosamente, você verá que a revelação aumentará ao passo que você falar, e que a sua oração estará sendo prontamente aceita.

O mesmo se aplicaria ao abordar uma raiz de rebelião. "Rebelião" é uma palavra forte, que em muitos casos trará ofensa à pessoa que estiver ouvindo. Um cristão em desenvolvimento, que esteja dando seu melhor para construir sua fé, não quer ouvir que é rebelde. Tenha em mente que a rebelião pode ser uma condição da sua alma que, até o momento, não foi tratada pelo Espírito Santo. Se derivados dessa palavra forem usados, esse seu tato pode resultar em maior aceitação à sua oração. Lembre-se de que o objetivo é formular uma oração guiada pelo Santo Espírito, que despertará convicção, cura e plenitude.

Aqui estão algumas palavras e expressões que relacionam-se à raiz de rebelião: "pensamentos que diminuem a presença de Deus, vontade própria, desobediência, intelectualização, racionalização, perfeccionismo, preocupação, medo e ansiedade." A rebelião é algo que se desenvolve quando a autorrejeição é negligenciada ou ignorada. Como temos aprendido, a autorrejeição pode produzir rebelião contra Deus. Um exemplo seria uma jovem estudante que se sente tão rejeitada pelos outros que começa a desenvolver uma certa atitude em relação a Deus. Ela começa a culpá-Lo por sua dor. Pensamentos contrários a Deus continuam a surgir em sua mente em decorrência de ser rejeitada pelos outros. Eventualmente, ela não pode ouvir ao Senhor por estar tão absorvida pela racionalização que constantemente permeia seus pensamentos. Sua mente está no controle e ela está tentando resolver problemas espirituais pensando numa saída, ao invés de receber convicção e verdade da parte do Espírito Santo.

Outra palavra que traz consigo a essência da rebelião é "perfeccionismo". Ele domina a vida da pessoa quando tudo precisa estar perfeito, com o pretexto de estar fazendo para Deus ou receber a aprovação dos outros. O perfeccionismo causa preocupação, medo e ansiedade, porque a pressão de alcançá-lo apenas aumenta. O bom, nunca é bom o bastante. Ir bem não é suficiente - a pessoa tem de ser melhor que os outros e criar um sentimento de superioridade para que possa sentir-se segura. Necessitando, de alguma forma, obter ou alcançar aceitação de Deus, ela cai na escravidão do perfeccionismo. Esse problema é composto de muito medo, ansiedade e pensamentos que estão interiorizados. Ademais, o uso da palavra "rebelião" não é necessariamente recomendado aqui.

O que estamos tentando apontar é a constante batalha que a raiz específica tem causado na vida da pessoa. Nossa esperança é, debaixo do poder do Espírito Santo, lidar com o produto ou os efeitos dessa raiz em oração. Simplesmente qualificar uma pessoa como "rebelde" pode vir de encontro a uma acusação. Você não quer rotular ou deixar ninguém para baixo. Quando você, guiado pelo Santo Espírito, é capaz de lidar com o conflito no coração dessa pessoa, as chances são grandes de que essa convicção gerará resultados. A pessoa pode sentir pela primeira vez que é conhecida e compreendida por Deus de uma forma íntima. Essa convicção faz com que a porta de seu coração, que antes estava fechada, se abra e se disponha a receber a ministração. Portanto, o uso intencional das palavras corretas em oração podem afetar grandemente os resultados. Eu quero lembrá-lo que Romanos 2.4 diz que: "Ou desprezas tu as riquezas da sua benignidade, e paciência, e longanimidade, ignorando que a benignidade de Deus te leva ao arrependimento?" Se há uma área em que você deva usar de tato e ser prudente na escolha das palavras, é quando você está lidando com uma questão relacional. Ela requer palavras graciosas e ponderadas ao orar por alguém, porque a dificuldade iniciou-se com outros e refere-se a outros, em relacionamentos passados e presentes. Por causa da própria natureza do problema, aquele com uma raiz relacional tem uma maior tendência a sentir-se ofendido pelo que você está tentando fazer. Mesmo que você saiba que tem bons motivos, sua oração terá uma melhor aceitação se você puder fazer uso de palavras sutis.

Ao orar por alguém profundamente afetado pela falta de perdão ou mágoa, pode-se utilizar as seguintes palavras para tal efeito: "tristeza prolongada, condenação, acusação, contenda, ressentimento, aspereza, depressão, culpa, desconfiança, paranoia, raiva ou retaliação." Se você examinar a linguagem aqui, perceberá que cada palavra aponta para uma área específica. Por exemplo, se você usar a palavra "tristeza prolongada" ao orar por alguém que tenha perdido uma pessoa amada e permanece no luto por muitos anos, você está lidando com um problema intrínseco de falta de perdão. Talvez a pessoa esteja nutrindo um rancor não resolvido e não deixa o falecido descansar em paz. Em nossas igrejas, frequentemente encontro um grande grupo de membros idosos que ainda lamentam por seus amados muito mais do que os habituais três anos necessários para a cura. Eu tenho visto alguns indivíduos murmurando por trinta ou quarenta anos, cheios de angústia e aflição em suas mentes. Em algumas igrejas, as pessoas se comunicam com os mortos melhor do que com os vivos! Sua oração por uma pessoa que não consiga superar o luto é um dos momentos mais preciosos e sensíveis que você experimentará em seu ministério. Nunca se esqueça de que o Espírito Santo é o Consolador, e que nessas situações Ele revelará Sua presença poderosamente. Como você faria as palavras trabalharem em seu favor nesse caso? Ao orar por uma viúva que tenha perdido seu esposo vinte anos atrás, use palavras como as seguintes:

Deus, cure as feridas antigas dessa família. Remova todo ressentimento que possa ter gerado uma tristeza que não vai embora. Espírito Santo, remova toda memória que ainda pareça tão real como se fosse ontem. Ajude a minha irmã a livrar-se de todo e qualquer arrependimento para ser livre para seguir em frente e voltar a viver. Cure hoje todas as feridas que tenham sido deixadas em seu coração.

A falta de perdão não foi mencionada na oração, intencionalmente. Mas esse é o problema implícito. O Espírito Santo estará lá para ajudá-lo a formular frases que irão ministrar às feridas mais profundas e que atingirão a servidão. Quando o Santo Espírito revela, Ele não está acusando ou condenando. Ele está lá para libertar a pessoa daquilo que a tem aprisionado por tanto tempo. Ao realizarmos o ministério de Jesus, nossas palavras podem ser sábias, mas também devem ser cheias do Seu amor e sensibilidade pela alma diante de nós.

Abaixo encontra-se uma lista de sinônimos que podem ser usados para formular uma poderosa oração. Ao ler essas palavras, tente criar um conceito para cada uma delas. Cada uma relaciona-se a uma raiz. Contudo, essas palavras também fazem parte de um todo e podem ser inter-relacionadas e usadas para mais de uma raiz. Familiaridade com

A Ética da Oração

essas palavras o ajudará a fazer contato com um problema específico ao ouvir aquilo que o Espírito Santo estará dizendo:

Carência Espiritual: Rejeição

Insegurança: inferioridade, autopiedade, solidão, timidez, vergonha, inadequação, inaptidão.

Depressão: desespero, desânimo, desencorajamento, pessimismo, abatimento, desesperança, suicídio, morte, prostração.

Passividade: indiferença, apatia, inércia.

Alienação: sonhar acordado, pretensão, fantasia, escape.

Carência Espiritual: Rebelião

Acusação: julgamento, criticismo, apontar erros, culpa, orgulho.

Controle: possessividade, domínio, manipulação, intimidação.

Impaciência: agitação, frustração, intolerância.

Doença Mental: medo, mentiras, insanidade, suposições, paranoia, alucinações.

Nervosismo: tensão, ansiedade, preocupação, temperamento, inquietação, insônia.

Carência Relacional: Falta de Perdão

Raiva: ressentimento, desentendimento, temperamento, conflito, inimizade.

Paranoia: ciúme, inveja, suspeita, desconfiança, perseguição, medos.

Cobiça: insatisfação, ingratidão, ganância.

Luto: sofrimento, dor, choro, tristeza, coração partido, peso.

Culpa: vergonha, condenação, dor.

Carência Relacional: Mágoa

Retaliação: destruição, rancor, ódio, ferida, crueldade, vingança, veneno.

Contenda: conflito, desentendimento, discussão, disputa, briga.

Desesperança: dureza, falta de alegria, cinismo.

A Santidade da Vida

Não é apenas o que você diz que valida sua ministração a um indivíduo, mas quem você é a seus olhos. Ainda, sua vida de oração pessoal está diretamente conectada com a forma com que você ora pelos outros. Sem uma comunhão com Deus, você não pode ajudar a nenhum outro a restaurar sua própria comunhão com Ele.

E. M. Bounds escreveu:

> A alma que entre em íntimo contato com Deus no silêncio do quarto de oração nunca perde o contato consciente com o Pai... O pensamento está sempre n'Ele em amável comunhão, e... no momento em que a mente está livre das tarefas com que estava ocupada, ela retorna naturalmente a Deus como um pássaro volta para o seu ninho.[1]

A intimidade com Deus abrirá as portas para que suas orações sejam poderosas e eficazes. A intimidade com Deus produz amor pelas pessoas. Sem amor, você se torna um címbalo que retine. Se o orgulho fizer parte de sua vida, você não ouvirá do Espírito Santo. É preciso ser bastante humilde para que se possa orar pelos outros. Em minha vida, eu nunca consegui mudar as pessoas orando por elas. Deus tem sido responsável por todo processo de transformação e cura. O que é tão maravilhoso e misericordioso a respeito de nosso Pai é que se você tiver o coração reto, Ele o usará para ministrar aos outros até mesmo

A Ética da Oração

quando você não se sentir pronto para tal. A minha e a sua parte são bem ínfimas, e ainda assim importantes. A oração não é um negócio, ela é uma forma de servir ao povo de Deus.

Eu sugiro que sua vida de oração seja uma vida de jejum também. Por um período de tempo, da meia noite de terça-feira a meia noite de domingo, eu recomendo que você jejue por seu ministério de oração. Dê prioridade a isso, e você verá os frutos que abençoarão sua vida na igreja e fora dela. O propósito do jejum é ouvir a voz de Deus. No primeiro dia, você se sentirá cansado e faminto. No segundo, seu corpo começará a ficar purificado e energizado. No terceiro dia, uma quietude tomará conta de você -habilitando-o a ouvir a Deus. O que você ouve d'Ele no terceiro dia de jejum ministrará ao seu espírito e edificará seu corpo. Uma força lhe sobrevirá e o capacitará a ouvir de Deus mais claramente. Bastará apenas uma palavra vinda de Deus para produzir uma maravilhosa transformação dentro de você.

Davi declarou sobre sua vida de jejum: "Mas, quanto a mim, quando estavam enfermos, a minha veste era pano de saco; humilhava a minha alma com o jejum, e a minha oração voltava para o meu seio" (Salmo 35.13). As orações de Davi voltavam-se para fortalecer seu coração após humilhar sua alma diante de Deus, orando por seus inimigos. Eu nunca vi um homem ou mulher cheios de orgulho que tivessem uma vigorosa vida de oração. Um homem e uma mulher orgulhosos são autossuficientes e possuem uma vontade irredutível. Mas chegar-se a Deus com egoísmo e segundas intenções não produz nenhum resultado. O profeta Isaías diz: "Eis que, para contendas e debates, jejuais e para dardes punhadas impiamente; não jejueis como hoje, para fazer ouvir a vossa voz no alto" (Isaías 58.4).

Andrew Murray, descrevendo o imensurável valor da humildade, escreveu o seguinte: "Aqui está o caminho para uma vida superior: Desça, desça mais!... Exatamente assim como a água busca e preenche os lugares mais baixos, no momento em que Deus encontra homens humildes e esvaziados, Sua glória e poder fluem para exaltar e abençoar."²

O Ambiente e a Oração

A eficácia da oração está diretamente conectada ao ambiente. Jesus deu uma atenção detalhada ao ambiente todas as vezes em que Ele ministrou. Muitos de nós não imaginaríamos que a condição mental e espiritual de outras pessoas presentes poderia interferir em nossa habilidade de efetivamente ouvir a Deus e executar nossa ministração. Todavia, a ética da oração eficaz requer uma cuidadosa avaliação do ambiente, incluindo aqueles que estão presentes e sua condição espiritual.

Nos meus anos de serviço ao Senhor, por vezes ignorei todo o ambiente ao orar por alguém. Porém, tenho aprendido que o equilíbrio e a ordem devem ser estabelecidos, e distrações e interrupções administradas antes que se comece a orar. Se possível, o local escolhido para ministrar a alguém deve ser separado e consagrado ao Senhor, como o salão da igreja ou um escritório ou sala mais quietos seria o melhor. Tente providenciar que alguém da congregação esteja presente com você por ocasião. É melhor -e mais ético- que orar só por alguém. Se você está a caminho de uma visita a alguma residência, tenha um membro da família presente ou leve consigo o pastor local. Aqueles que ministram aos outros devem seguir alguns passos para criar um ambiente de oração, e estabelecer um comportamento convidativo aos outros para que confiem que eles são da comunidade da fé.

Vamos observar como a ética demonstrada por Jesus assumiu um papel importante sobre o ambiente. Em Lucas 8.40-56, Jesus encontra Jairo, o chefe da sinagoga, e decide ir à sua casa. Ao chegar lá, alguém vem e anuncia a Jairo que sua menininha está morta, dizendo: "Tua filha já está morta, não incomodes mais o Mestre" (Lucas 8.49, ARA). Jesus, ao ouvi-lo, diz enfaticamente a Jairo: "Não temas, crê somente,

A Ética da Oração 211

e ela será salva" (Lucas 8.50, ARA). Este é um excelente exemplo de como lidar com a descrença no ambiente. Às vezes, ao começar a orar por alguém, você pode quase ouvir a descrença vindo de todas as partes. Geralmente, eu verifico ao redor apenas para checar quem está por perto ou esperando ser o próximo na fila para a oração. Por vezes, tomo a pessoa em particular e oro por ela sem que qualquer outra esteja perto o bastante para ouvir.

Neste caso, quando Jesus ouve a palavra negativa que poderia descarrilhar a fé de Jairo, imediatamente volta-se a ele e lhe responde com uma declaração de fé positiva: "Não temas". Estas palavras são proferidas a Jairo em um momento de vulnerabilidade, quando ele está prestes a entrar na casa e ver sua pequenina. Você tem de atentar-se para o momento de modo a compreender o nível de tensão e ansiedade que se faziam presentes dentro de Jairo. Ele está experimentando emoções poderosas que emergem apenas nas ocasiões mais graves, assim como quando se tem um membro próximo da família morrendo. É crítico para Jairo ouvir essa palavra positiva para que sua fé fosse encorajada. Sim, o que você diz no cenário da oração pode influenciar o resultado!

Quando Jesus chega à casa de Jairo, não permite a nenhum outro senão Pedro, Tiago, João e, é claro, Jairo e sua esposa a entrarem com Ele. Nós estamos acostumados a assumir que Ele tenha autorizado esses três discípulos porque eram os mais próximos a Ele em Seu ministério. Eu prefiro pensar que o nível de fé deles teve um papel predominante aqui. Em algumas traduções, Lucas 8.54 começa com esta declaração: "E Ele põe todos para fora..." Isso indica que Jesus deliberadamente remove a todos que não tinham fé e estavam emocionalmente perturbados acerca da perda da menina. Aqueles a quem Jesus permitiu que permanecessem dentro da casa tinham de crer na vida daquela criança. Se o ambiente e quem fazia parte dele durante o ato da oração eram um fator relevante no ministério de nosso Senhor, então seria muito bom que acatássemos esses princípios para nós mesmos também.

Ao ministrar em igrejas como evangelista, tornou-se um hábito para mim observar cuidadosamente quem está presente. Por vezes, a congregação está mais disposta a receber, mas o pastor parece estar reservado e resguardado. Eu sei que terei que lidar com a descrença antes de trazer a Palavra para o culto da manhã. É fácil sentir o desencorajamento quando você percebe muita resistência à Pessoa e ao trabalho do Espírito Santo. Mas há coisas que você pode fazer, assim como ministrar um louvor ou dar um testemunho, que pode preparar os corações cautelosos a abrir-se à Palavra e ao trabalho do Santo Espírito.

O mesmo é verdade em oração pessoal pelos outros. O ambiente é pacífico, ou há tensão no ar? Preste atenção às mãos da pessoa. Mãos nervosas e agitadas podem mostrá-lo o que se passa dentro da mente de alguém. Por vezes, eu retardo a oração um pouco e digo algo a respeito do tempo, alguma boa comida que recentemente comi ou algum evento esportivo. Eu sorrirei e lhes contarei algo a meu respeito antes de começar a ministrar. Você terá, às vezes, que fazer um ou outro comentário completamente alheio à oração a seguir. Isso ajuda a pessoa a relaxar e relacionar-se com você. Mantenha seus olhos abertos e registre a reação delas via voz, entonação, inquietação ou rigidez na linguagem corporal. Em todo o tempo, esteja à espera do momento em que o Espírito Santo possa romper trazendo sabedoria e conhecimento para ajudá-lo a iniciar sua oração.

Quando eu quero sentir a atmosfera de uma igreja, eu observo àqueles que servem regularmente naquele ambiente, assim como os recepcionistas fazem todo domingo. Aqueles que servem dentro do templo são bons indicadores do que compõe o ambiente. Quando eles parecem apenas olhar para você, ou estão sentados assistindo de forma indiferente durante o início do culto, isso quer dizer que eles mesmos estão em necessidade. Se aqueles que servem como recepcionistas ou líderes não estão em uma condição saudável, eu sei que a congregação se encontra em uma carência ainda pior. Observe a mobília para checar se

A Ética da Oração 213

está desgastada, e procure por sujeira por debaixo do púlpito. Há algum mobiliário em frente ao altar? Flores de plástico sobre o altar indicam que ninguém quer cuidar de flores reais. Hinários antigos jogados sobre um chão sujo indicam que ninguém está limpando a igreja. Então, se você vir móveis velhos e sujos acumulando poeira, você também sentirá a atmosfera espiritual naquele ambiente. As pessoas começam a assemelhar-se ao seu meio quando não estão recebendo oração ou atenção de seu pastor.

Há vida no local quando as crianças correm pelo templo. As flores estão vivas e respirando. A música é criativa e atrativa. Há almofadas convidativas diante do altar para aqueles que desejam ajoelhar-se em oração. O estacionamento aparenta estar em boa manutenção e os banheiros estão limpos. O zelador está sorrindo. O tecladista está tocando algo inspirador. As pessoas estão apertando as mãos, abraçando e cumprimentando umas às outras. Todas essas coisas são sinais de que o ambiente está ocupado e repleto de esperança a respeito do culto.

Em Marcos 9.14-29, Jesus entra em cena para ministrar a um pai e seu filho, que está possesso por um espírito mau. À medida em que a história se desenrola, a multidão assiste aos discípulos tentarem, sem sucesso, expelir o espírito maligno do rapaz. Há um ambiente cheio de contenda e caos. Jesus retira o garoto e o pai do meio da multidão clamorosa e os leva para um local mais reservado, onde Ele fala confiantemente àquele pai. Alguns versos depois, ao ver a multidão a pressioná-los outra vez, Jesus se movimenta rapidamente para ministrar libertação ao menino, repreendendo o espírito maligno. Ele não permite que a ministração da libertação se torne um espetáculo público. Sua abordagem em ministrar à parte da multidão confere dignidade ao rapaz e seu pai.

Essa história é um poderoso exemplo para nós, revelando o coração de Deus em relação às pessoas que se encontram atribuladas e incompreendidas. Sempre que possível, nossa maneira de interagir com tais indivíduos deveria refletir a ética demonstrada por Jesus, assim como não atrair atenção indevida à pessoa ou a nós mesmos. Outro exemplo da importância do ambiente ocorre em Marcos 8.22-26. Aqui, Jesus considera necessário tomar fisicamente a pessoa da vila onde vive. Uma vez que estavam distantes de lá, Jesus opera um milagre de cura usando um método muito incomum:

> E chegou a Betsaida; e trouxeram-lhe um cego e rogaram-lhe que lhe tocasse. E, tomando o cego pela mão, levou-o para fora da aldeia; e, cuspindo-lhe nos olhos e impondo-lhe as mãos, perguntou-lhe se via alguma coisa. E, levantando ele os olhos, disse: Vejo os homens, pois os vejo como árvores que andam. Depois, tornou a pôr-lhe as mãos nos olhos, e ele, olhando firmemente, ficou restabelecido e já via ao longe e distintamente a todos. E mandou-o para sua casa, dizendo: Não entres na aldeia.

Cuspir nos olhos daquele homem não parece demonstrar uma ética magnífica, mas ninguém deveria questionar esse ato de Jesus como algo fora de ordem. Ética como essa faz-se necessária quando nada será suficiente. Um dos grandes ingredientes de qualquer milagre é algo que gere fé. Quando você lê todos os milagres de Jesus, fica claro que essa é uma situação única por algumas razões. Primeiro, Jesus não está criando uma fórmula para um "ministério do cuspe". Mas neste caso em particular, Jesus usa Sua saliva ao invés de óleo para trazer cura ao homem. Segundo, note como Jesus relaciona-Se com o homem cego -pessoalmente tomando-o pela mão e levando-o completamente para fora da cidade antes que pudesse começar a ministrar a ele. Isso também é único. Por que Jesus sentiu que isso era necessário?

Nós lemos em Mateus 11.20,21 que Betsaida era uma das três cidades reprovadas por Jesus por sua explícita descrença. Essa pequena

A Ética da Oração 215

vila pesqueira próxima ao Mar da Galileia era repleta de corações endurecidos e descrentes. Nosso Senhor não permitiria que tal ambiente maligno de falta de fé furtasse aquele homem cego de sua cura. Jesus, então, emprega uma metodologia que primeiramente o remova do ambiente de sua cidade, para fora de sua entrada. A seguir, Ele faz algo mais que surpreendente, talvez para provocar o homem a crer.

Ao observarmos atentamente a ética de Jesus através dos Evangelhos, nós vemos que Ele repetidamente lida com o meio e age para criar um ambiente necessário para o milagre acontecer. Em outras palavras, você não pode apenas sucumbir diante de qual seja o clima existente. Há momentos em que Deus poderá levá-lo a criar um ambiente, tomando passos intencionais e incomuns que abrirão o caminho para o mover do Espírito Santo.

A Arte da Interação

A interação, que prepara o caminho para a oração, começa assim que você chega à igreja ou à reunião. Alguém que ministre em oração deve alcançar a todos, incluindo os líderes e os membros da equipe. Sua atitude nesses momentos é um testemunho de humildade e servidão. No ato de tomar um tempo para ouvir, cuidar e amar, você perceberá que as barreiras estão caindo e você está recebendo aceitação da parte daqueles que deseja alcançar. O espírito de servidão deve ser provado antes que as pessoas possam abrir seus corações para receber oração. O melhor envolvimento com a congregação começa em locais peculiares, seja no estacionamento da igreja ou do lado de fora do banheiro. Eu prefiro chegar trinta minutos antes de qualquer culto, apenas para estar lá quando as pessoas começarem a aparecer. Dessa forma, quando vem o momento da oração, eu já tenho uma noção a respeito daqueles que possuem as maiores carências, e eles já se sentem confortáveis comigo.

Gênero e Oração

Princípios envolvendo gênero levantam algumas das questões mais sensíveis no ministério de oração. Ao mesmo tempo em que um homem que esteja orando por uma mulher ou uma mulher que esteja orando por um homem não diminuem em nada o poder de uma oração, isso exerce alguma influência sobre a abordagem que se deva usar. Ao confrontar-se com as necessidades de uma mulher -incluindo rejeição profunda de esposos e homens em geral- um homem deve estender uma gentileza extra, o que requer uma escolha de linguagem mais graciosa e melhores maneiras em oração. Se você acompanhar a ministração de Jesus, você observará que Sua atitude era excepcionalmente sensível a mulheres, que não eram apenas rejeitadas, mas também banidas da sociedade de Seus dias. Infelizmente, as mulheres ainda são rejeitadas hoje em grande parte da sociedade, assim como dentro de casa.

Em Lucas 8.42b-48, uma mulher que havia tido um fluxo de sangue por doze anos aborda Jesus. Vindo por detrás d'Ele, ela toca a orla de Suas vestes e seu fluxo de sangue sessa imediatamente. Quando Jesus insiste em saber quem Lhe havia tocado, e os discípulos tentam debater com Ele, a mulher repara que não poderia escapar sem ser notada, e se lança aos pés de Jesus. Há definitivamente um momento de expectativa sobre ela, de que se apresentasse, vindo à frente. Este é um milagre distinto de todos os outros de Jesus. Ele está lidando aqui com uma mulher com problema delicado, e Sua doçura se reflete na passagem. Ele ainda lhe diz: "Filha, a tua fé te salvou; vai-te em paz" (v. 48). Considerando-se o modesto papel das mulheres naqueles dias e cultura, Ele esboça um trato terno, respeitoso e carinhoso para com aquela mulher, o que é revolucionário.

Muitos anos atrás, uma mulher veio ao altar para receber oração ao final do culto de domingo de manhã. Imediatamente, o Santo Espírito tornou indiscutivelmente claro para mim que eu não deveria tocá-la de nenhuma forma -nem mesmo um aperto de mão para me apresentar.

A Ética da Oração 217

Depois de alguns minutos orando por ela, eu ouvi uma palavra de Deus. A palavra era "sangue". Aquela única palavra me disse algo muito sério que havia acontecido, então lhe perguntei quando havia ocorrido a infração. Ela respondeu que havia sido física e sexualmente violentada por um homem na noite anterior, e que ainda estava traumatizada. Um toque de qualquer homem durante aquele momento de vulnerabilidade lhe causaria ainda mais abalo, e o Espírito Santo sabia disso. Ao passo em que suas lágrimas desciam, eu despedi a congregação, chamei algumas mulheres da igreja e pedi que se posicionassem ao seu redor. A emergência havia de ser tratada, mas por causa da natureza do crime contra ela, isso exigia uma extraordinária discrição e privacidade.

Numa outra ocasião, em um culto em uma igreja no Brasil, uma moradora de rua veio ao altar. Ela estava vestida impropriamente, mas ansiava desesperadamente pelo auxílio de Deus. Eu sabia que ela deveria ser blindada da atenção curiosa de muitos olhares a observá-la. Ainda, eu não poderia me envolver em oração ou ouvir da parte do Espírito Santo a respeito da vida dela antes que ela estivesse protegida. Eu a envolvi com minha jaqueta de modo que ela pudesse sentir-se amparada e mais relaxada para receber minha oração. O Senhor tocou a vida dela naquela noite. Um pouco de sensibilidade pode levá-lo bem longe.

Ao orar por uma mulher, um homem deve verificar sua posição, se está sentado, ajoelhado ou de pé, olhando-a de cima para baixo. Ele deve ser sensível à forma como uma mulher se sente tendo um homem de pé em sua frente. Quando a ocasião pedir, ele deve abaixar-se à sua altura, sem ajoelhar-se. Isso produzirá menos cautela de sua parte e um sentimento de confiança, e sua oração fluirá sem distração. É uma coisa simples como essa que pode fazer uma grande diferença.

Ainda que sua metodologia não possa mudar no geral, cautela no tocante a fatores de gênero ajudará seu ministério de oração a ser mais livre e eficaz. Dos trinta e cinco a quarenta milagres de Jesus registrados nos Evangelhos, cinco deles envolvem mulheres como o principal assunto. Em cada narrativa, você verá que nosso Senhor demonstra um tratamento cuidadoso e uma consideração em relação às mulheres. Sua ética em ministração quando se trata de questões de gênero é da mais elevada que se possa encontrar.

Não se contenha em oração porque a pessoa é do sexo oposto. Ainda assim, em algumas ocasiões em especial, tente ter alguém com você ao orar. Quando a oração eficaz acerta o alvo, ela pode trazer à tona memórias, emoções e reações severas. Eu recomendo que, se você for um homem, ao orar por uma mulher, convide uma outra, que entenda de oração, para permanecer por perto. Se o problema em questão necessitar permanecer confidencial, ela pode ficar do lado de fora da porta, orando. Mas se a conversa e oração envolverem sexualidade, é melhor ter mais alguém ali no recinto com você. A ética nesses casos, deve ser cuidadosamente observada. Apesar de dada esta palavra de precaução, não tema lidar com um problema delicado. Muitos dentre o povo de Deus têm sérios problemas na área sexual e você não pode esquivar-se de ministrar sobre eles. Eles precisam da ajuda que apenas o Espírito Santo pode dar. Ainda, sempre faça uso de sabedoria e empregue a boa ética quando esse tipo de carência apresentar-se diante de você.

Delicadeza em Oração

É sábio buscar a permissão das pessoas antes que possa tocá-las em oração. Para alguns, o toque é percebido como uma invasão de privacidade. Se você quiser fazer uso de um toque pelo propósito da unção, apenas comunique à pessoa o que você está para fazer. E ao fazê-lo, apenas toque a testa levemente. Não pressione com força a cabeça de alguém, com toda a sua mão. Nunca force sua cabeça de modo que se mova para trás. Use uma cautela extrema, uma vez que o pescoço da pessoa já possa ter algum dano físico. Você não quer machucar alguém sendo tão agressivo na imposição de mãos! Nunca empurre a pessoa de

A Ética da Oração 219

forma que ela caia. Se acontecer dela cair no poder do Santo Espírito, ajude-a a estar confortável, e cubra-a parcialmente com um pano ou um agasalho. Nunca, jamais tente fazer com que uma queda aconteça. Você não é o Espírito Santo. Você é um mero condutor de Seu poder.

Ainda, tenha muito cuidado no tocante a ajoelhar-se ao orar por alguém. O ajoelhar-se pode complicar as coisas, uma vez que você possa estar enfrentando uma séria condição espiritual com esse indivíduo, envolvendo demônios, e prostrar-se de joelhos significa submissão. Nós nunca desejamos estar de joelhos diante do maligno. Você pode ajoelhar-se e orar a Deus antes de iniciar a ministração da oração, mas seja sábio a esse respeito ao orar especificamente por alguém. A natureza de um cativeiro espiritual ou da presença de um espírito maligno necessita ser entendida e tratada adequadamente. Jesus nunca ajoelhou-Se diante de um demônio; os demônios tinham de prostrar-se diante d'Ele. Deixando bem claro, se você suspeitar que haja envolvimento demoníaco, nunca se ajoelhe!

Quando alguém está chorando, se as lágrimas caírem copiosamente, indicando o alívio de um sofrimento e contrição profundos, fique por perto e prossiga em sua oração até o fim. A pessoa pode desejar um abraço. Isso é perfeitamente bíblico e ético. Você é as mãos e os braços de um Pai Celeste a alguém naquele momento. Lembre-se, ética trata-se de estar atento àquele que está recebendo a oração e como tratá-lo com respeito.

A Arte da Espera

Embora haja uma urgência no coração de Deus para alcançar os pequeninos e mais ávidos, nesses últimos anos de minha vida, eu tenho aprendido que quanto mais eu desacelero e dou tempo ao tempo, mais eficaz se torna a minha oração. Esperar em oração significa que você espera no Espírito Santo de Deus. Por vezes, nós, que amamos orar pelas pessoas, temos pressa em ouvir de Deus. Porém, se você acompanhar o ministério de Jesus, você perceberá que Ele nunca estava com pressa.

Existem aquelas noites de ministração na igreja que as filas de oração parecem dobrar a esquina! Você pode dizer que vai levar horas ali. A tentação é acelerar o processo de forma que possa orar pela maior quantidade de pessoas possível. Isso é um erro. O tamanho da congregação não deve ditar o tempo de oração pelas pessoas.

Ainda, esperar em Deus trará correção de intenções. O orgulho pode entrar em ação ao ver uma longa fila de pessoas aguardando oração, e você pode pensar que elas estão vindo a você, como se fosse especial e tivesse a resposta para a sua cura. Se você se sente dessa forma, vá com calma e espere em Deus. O orgulho precede a queda. Quando você toma a frente do Espírito Santo, o orgulho toma conta. A pior experiência que você possa ter sobre o altar é a falta de revelação. Quando Deus está Se movendo, você está ouvindo. Quando Ele está Se movendo, você é eficaz. Deus deve receber toda a glória pela cura ou transformação de uma vida.

No Altar

A área do altar da igreja é repleta de uma atmosfera espiritual elevada. É nesse santo lugar em que duas vidas se unem em matrimônio, onde pecadores recebem a Cristo, santos são batizados, e até mesmo a vida é celebrada antes que o corpo seja levado ao cemitério. Remete ao Santo dos Santos no templo de Salomão. A presença de Deus reside em Seu santuário, especialmente nessa área.

Ao me preparar para a oração no altar, eu busco examinar os rostos daqueles que vêm à frente. Eu estou procurando por desespero, vazio e carência. Ao encontrar aquele a quem o Senhor parece estar me

A Ética da Oração 221

apontando, então eu começo a orar. Isso me tem sido útil, uma vez que eu creia que, começando bem, eu concluirei bem.

Em alguns cultos onde haja outros membros da equipe de oração ministrando às pessoas que vêm à frente, eu me atento para o fato de que a maior carência possa não estar no altar, mas bem nos fundos, no último banco da igreja. Nesses instantes, eu deixo a área do altar, caminho até o final do templo, e me direciono à pessoa. Eu honestamente não acho que tenha sido alguma vez refutado nessa abordagem. Eles normalmente estão dispostos a vir comigo até a frente da igreja para começarmos a orar ali. A oração eficaz envolve ousadia. Às vezes nós devemos exercitá-la antes que uma revelação específica possa vir.

Se você está servindo como um membro da equipe de oração, sua tarefa é ver onde você é mais é necessário. Há sempre algumas pessoas na congregação que desejam privacidade e preferem orar reservadamente em seus acentos, mas felizmente a maioria corresponde ao convite para vir à frente para orar. Ao chegarem, você pode simplesmente perguntar: "Você deseja que eu ore por você?" Ao receber uma resposta positiva, primeiramente peça à pessoa que levante a cabeça. Muitos dos que se sentem oprimidos e sobrecarregados terão seus olhos fitos no chão. Mas este é o momento deles receberem algo vindo do Senhor, e você deseja que assumam uma postura de receptividade e fé. Ajude a pessoa a assumir uma postura diante do Senhor. Ainda, se eles forem capazes, levante ambas as suas mãos. Atente-se e certifique-se se os indivíduos não podem mover seus braços devido a uma lesão no ombro ou no braço. Nesse caso, tudo bem, mas se podem pelo menos levantar um pouco as mãos, tome-as nas suas e segure-as numa posição aberta e receptiva. Por que isso é crítico? A pessoa pode sentir-se abatida, oprimida ou condenada, e necessita romper com a atitude passiva e combalida, que se reflete no corpo. Gentilmente "forçar" a pessoa a sair daquela posição física introspectiva pode ser o impulso para uma grande obra do Espírito Santo na vida da pessoa.

Nem todos os problemas podem ser tratados no altar. Há circunstâncias em que, se você quiser ministrar com precisão e eficácia a alguém, a privacidade faz-se necessária. Uma pessoa enfrentando um trauma debilitante tende a não reagir bem se houver muitos por perto que possam ouvir o que está sendo dito. Todas as vezes que você tiver uma reunião, um culto ou um evento na sua igreja ou cidade, separe uma sala à parte para que se dê uma ministração da oração de forma mais confidencial. É bom que haja aqueles membros da equipe de oração que estejam vigilantes em casos mais difíceis, e que possam estar com tais pessoas à parte ao verem que uma atenção especial é necessária.

Um Lugar para Recepcionistas ao Altar

Esses são dias em que a dor e o sofrimento têm sido muito presentes em nossas igrejas. A sociedade tem mudado rapidamente. No passado, os(as) recepcionistas da igreja local eram treinados(as) para acomodar os visitantes, recolher os dízimos e ofertas, cuidar da portaria principal e ligar e desligar as luzes. Na nova ordem das coisas, muitas igrejas têm oferecido treinamento para recepcionistas em como possam estar sensíveis às necessidades dos outros. Quando uma pessoa se encontra em profunda dor durante o sermão ou o momento da oração, o(a) recepcionista é treinado(a) para abordar o indivíduo e fazer um convite para que receba oração. Em muitas igrejas que eu visito, os(as) recepcionistas estão ocupados(as) orando por aqueles em necessidade antes mesmo do culto começar.

Os(as) recepcionistas devem estar atentos(as) à enfermidade que é visível, dificuldades familiares e óbvia aflição emocional que anseiam por alguma atenção e ajuda. Se o Walmart possui recepcionistas na entrada, por que não a igreja do nosso Senhor Jesus Cristo? Um funcionário do Walmart pode tirar as dúvidas e mostrar onde encontrar as coisas na loja. Nós esperamos que nossos(as) recepcionistas na igreja

A Ética da Oração

estejam atentos(as) aos fardos dos outros e sejam ativos(as), ou que sejam meros espectadores(as) frente a uma membresia em sofrimentos? Nós falamos de servir aos outros, mas nós não podemos pensar a respeito da oração como se ela fosse uma intrusa àquele espaço. Jesus Cristo nunca pediu permissão para ministrar a alguém. À medida que a sociedade muda, nós temos de mudar também e nos tornar mais ousados em oferecer ministração às pessoas com quem nos deparamos.

No Brasil, eu estava para começar a orar por algumas centenas de pessoas quando observei uma mulher de aproximadamente quarenta anos de idade prostrar-se com o rosto ao chão e chorar copiosamente. Ao me aproximar dela, pedi a uma outra mulher, que era uma liderança na igreja, que me auxiliasse. Bastou um olhar sobre aquela mulher ao chão para saber que ela estava profundamente ferida e havia sido abusada por alguém. O discernimento de espíritos em ocasiões como esta opera muito rápido. Numa questão de segundos eu lhe perguntei: "Qual o nome dele?" Ela derramou um alto pranto e eu trouxe a outra mulher para abraçá-la e envolvê-la. A situação já estava sendo tratada. O Santo Espírito é muito mais rápido do que você pensa. Ele já estava ministrando sobre ela com precisão e poder. O nome do homem não saiu de sua boca, mas muitíssima dor de fato saiu daquela mulher.

Quando a assistente tentou ajudá-la a levantar-se do chão, ela gritou, como se estivesse ferida. O Espírito Santo me comunicou que ela havia sido fisicamente abusada por seu esposo. Não me pergunte como isso poderia vir tão facilmente. Tudo que eu sei é que Deus tinha pressa em ajudar aquela mulher. Eu pedi que a auxiliar a levasse para outra sala e que verificasse sua condição mais detalhadamente. Ela voltou para me dizer que o corpo daquela mulher estava cheio de marcas. Meu trabalho agora era trazer cura a ela e seu marido.

Aconteceu que seu esposo era um dos recepcionistas de pé nos fundos da igreja. Eu fui até ele e o trouxe para a sala onde sua esposa descansava sobre uma cadeira. Eu chamei o pastor, que é sempre a melhor coisa a fazer nesse tipo de caso mais sério, de modo que ele pudesse estar envolvido e a par da situação. Juntos, nós começamos a orar por aquele casal. Depois de um tempo, o pastor tomou aquele marido para uma outra sala, e eu continuei procedendo em minha oração por aquela esposa. Mais lágrima e mais dor saía dela. O casal teve de eventualmente ficar separado por um tempo, mas reataram alguns meses depois. Ele submeteu-se ao pastor e recebeu o devido aconselhamento sobre seus problemas, e a mulher também foi cuidada em oração. Foi a mulher que havia me auxiliado que fez o acompanhamento com aquela senhora.

Qualquer um que abra as portas para o Espírito Santo operar terá experiências similares em seu ministério. O pastor local, que conhece a congregação, pode ministrar a ela e ser muito mais efetivo que um evangelista itinerante. Quando a convicção se estabelece, as pessoas são transformadas pela real presença de Deus. Contudo, nós podemos desempenhar um papel importante em honrar o povo de Deus com simples princípios de sabedoria, gentileza e boa ética. O resultado vem do cuidar de pessoas, de amá-las e seguir o direcionamento do Espírito Santo.

16

O Princípio da Autoridade

Poder e Autoridade

A autoridade é a implementação eficaz do poder na ministração. Quando você assiste a um grande foguete sendo lançado em Cape Canaveral, na Flórida, você vê poder sendo direcionado eficazmente. Sem os instrumentos para guiar o foguete à sua devida órbita, tudo que você tem é poder sem nenhuma direção. Em ministério, a autoridade é "poder guiado". Este conceito de poder e autoridade deve ser claramente compreendido para que traga eficácia ao ministério pessoal de oração.

Quando o apóstolo Paulo assevera: "Porque não me envergonho do evangelho de Cristo, pois é o poder de Deus para salvação de todo aquele que crê, primeiro do judeu e também do grego" (Romanos 1.16), ele está dizendo que o poder de Deus é uma força veemente que direciona seu vigor para encontrar as necessidades das pessoas e cumprir a Sua vontade. Repare a linguagem de Paulo: "poder de Deus para salvação." O grande milagre se dá quando alguém é transformado pelo poder de Deus -não mais vivendo só. Agora, há vida real em Cristo.

Poder Guiado

O poder natural é comum. Uma locomotiva tem poder. Ela carrega centenas de vagões atrás dela. Ela pode frear ou acelerar, mas tem de permanecer nos trilhos. Fora deles, a locomotiva não pode ir a lugar algum. O poder guiado não possui nenhum trilho. Você não pode contê-lo, não pode levá-lo a fazer nada, não pode acelerá-lo ou freá-lo. É um poder com habilidade de recordar, agir e retrair, de modo a concluir a tarefa em questão. Esse poder tudo conhece.

A única forma de conectar-se a ele é ser capaz de seguir os seus passos e simplesmente obedecer aos seus comandos. O que quer que seja que ele faça, você tem de fazer o mesmo. Você não pode criar um caminho. O caminho é criado pelo próprio poder. O poder é o Espírito Santo. Você pode partilhar dele, mas isso não quer dizer que você o tenha ou o controle. Ele controla você. Este é o conceito do poder guiado.

É o desejo do coração de Deus a realizar a Sua obra com a sua ajuda. Ele chama e designa a você e a mim como Seus ministros, de forma que nós temos de administrar a Sua Palavra e o Seu poder. Mas de forma alguma esse poder está debaixo do nosso controle. Quando Deus quer salvar, Ele salva sem você. Quando Ele cura, Ele cura sem você. Então, se esse é o caso, por que Deus requer sua participação? Muito simples, Ele deseja que você trabalhe em comunhão com Ele para cumprir a Sua vontade na vida dos outros. Esse é o porquê do Senhor Jesus ter lidado tanto com o conceito de servidão. É servindo que satisfazemos o coração de Deus. Nós somos chamados a servir a Deus _o que quer que Ele necessite, que Ele deseje, a qualquer momento, dia ou lugar.

Ele está no controle, nós não. Você realmente deseja experimentar a oração com eficácia? Se sim, então, por favor, firme esse conceito em sua mente imediatamente. Se há uma área em sua atitude espiritual que você não possa controlar, isso é trabalho para o Espírito Santo. Seu objetivo não deve ser possuir poder, mas ser um servo.

As perguntas que eu mais tenho recebido acerca do poder guiado são as seguintes: O que é necessário para que eu possa partilhar do conceito do poder guiado? Funciona para todos ou é algo delimitado apenas para um grupo seleto? Como o poder guiado realmente opera? É claro, há muitos outros questionamentos, mas estes são alguns consideráveis

O que É Necessário para Partilhar do Ministério do Espírito Santo?

O ingrediente mais imprescindível para que você possa partilhar do poder guiado é o respeito. Ignorar este elemento tem fechado mais portas aos que buscam a oração do que qualquer outro. Você não tem de entender o poder guiado, mas você deve respeitá-lo. Nos montes da Virgínia mora um pregador metodista e meu amigo pessoal, um homem chamado Buster Payne. Buster trabalhou por muitos anos como eletricista da companhia de energia. Isso significa contato diário com cabos de alta tensão, fazendo a manutenção da rede elétrica do Estado da Virginia, subindo trinta metros nos ares e trabalhando próximo a milhares de watts de potência. Uma vez ele me contou que poderia tomar uma colher e estendê-la para perto dos cabos e vê-la derreter diante de seus olhos. Assim como esses cabos aquecidos, o poder guiado deve ser respeitado. Você tem que ser muito cuidadoso e muito atento ao que pode fazer.

O Santo Espírito é mais poderoso do que toda rede elétrica do mundo, e ainda assim Ele é a mais perseguida Pessoa da Trindade. Em muitos lugares, O Espírito Santo não é ensinado, convidado ou permitido a manifestar Sua presença em nossas igrejas, como se Ele fosse uma praga a ser evitada. Aqueles que agem assim em relação ao

Santo Espírito tornam-se cegos e ineficazes. Deus, em Sua misericórdia, ainda pode usá-los, mas numa escala bem pequena. Ter uma atitude de nenhum respeito pelo poder de Deus encontrado no Espírito Santo não o levará a lugar algum quanto a orar com eficácia.

"A igreja tem perdido a noção da autoridade, o segredo da sabedoria e o dom do poder através de sua persistente e teimosa negligência ao Espírito Santo de Deus."[1]

Isso Funciona para Todos ou Apenas para um Grupo Seleto?

É incrível como as pessoas mais simples de mente podem participar da presença de Deus, e ainda aqueles que são altamente estudados frequentemente têm problemas com o Espírito Santo. Por muitos anos de minha vida, eu caí nessa categoria. Eu recebi uma boa educação, com alguns mestrados, mas eu resistia a ouvir a respeito ou considerar o trabalho do Espírito Santo. O que me fazia cético era a pressão de meus amigos na igreja americana. Parecia que o status quo não permitiria qualquer livre expressão em adoração, oração ou mesmo pregação. Mas como um rapaz vindo do Brasil, acostumado ao ritmo e dança na igreja, tudo aquilo era muito confuso para mim.

Qualquer um que tenha um coração desejoso e humilde ouvirá de Deus, mas ao orgulhoso será negado. O ouvir vem quando você está aquietado e sossegado em sua alma. A atividade litúrgica, por vezes contraproducente, procedimentos e programas repetitivos podem gerar um efeito mortífero sobre o ouvir a Deus. Uma total falta de liberdade em adoração leva o fiel da igreja a pensar que Deus deve ser muito formal, severo e rígido, sem nenhuma criatividade. Isso faz com que se pense que há um órgão de tubos tocando um hino fúnebre no céu, e que Deus só gosta desse órgão de tubos.

O Princípio da Autoridade 229

Na região de Sitio Grande, Cuba, reside um pastor metodista em seus cinquenta e poucos anos. Seu nome é Javier Canibe. Por seis anos, ele tem liderado uma igreja em sua casa[2], como parte de centenas de igrejas em casas dentro da Igreja Metodista cubana. Javier é humilde e modesto. E mora numa casa simples, com papelão pelas paredes[3]. Esse homem é cheio da presença de Deus. Centenas têm vindo até ele para conhecer Jesus através de seu pequeno ministério. O cenário político em Cuba pode ser opressivo, porém, dentro da igreja, o Santo Espírito é livre para mover-Se e o resultado é uma grande colheita de almas.

Como o Poder Guiado É Implementado?

Eu me alegro muito de não ter que trazer as pessoas a um momento de catarse. Deus o faz de uma forma muito melhor do que eu. O benefício mais maravilhoso da oração no poder guiado é que eu posso orar com eficácia pela pior carência e não ter que lidar por horas, dias ou meses com todas as ramificações do problema. Deus o faz. Ele opera a cura completa na vida de uma pessoa.

Filipenses 2.13 diz: "porque Deus é o que opera em vós tanto o querer como o efetuar, segundo a sua boa vontade." Ter que investigar, analisar e discutir todas as consequências dos problemas dentro de um indivíduo ou família consumirá tempo e esvaziará, psicologicamente, suas energias. Quando sua mente está tentando resolver um problema por alguém, ao invés de pedir ao Espírito Santo que lhe mostre a real necessidade, você está perdendo o seu alvo. O Santo Espírito produz um trabalho preciso e detalhado, e Ele é muito melhor que o melhor de nós. Não há mente humana que possa fazer melhor que o Espírito de Deus.

Você deve lembrar de uma história que eu compartilhei com você no capítulo cinco, aquele a respeito da raiz da falta de perdão. Permita-me repetir essa história, dessa vez com uma ênfase diferente. Em Van Buren, Arkansas, eu estava ministrando aconselhamento no gabinete pastoral.

Uma senhora veio e me pediu que orasse por ela. Ela disse algumas palavras, mas o tom de sua voz foi o que chamou minha atenção. Ela também comprimia as mãos fortemente e olhava para mim com ansiedade em seu rosto. Eu lhe perguntei sobre sua família e ela começou a me contar a respeito. Eu não tinha exatamente que ouvir suas palavras porque a tensão e o estresse em sua voz já me diziam tudo. Eu tinha de iniciar com sua dor mais imediata. Discerni que sua necessidade era relacional. Naquele momento, eu ouvi do Senhor: "Ela não tem falado com sua irmã por muitos anos."

A raiz ali era a falta de perdão, então eu lhe contei que era imperativo que ela fosse até a casa de sua irmã, lhe pedisse perdão e trouxesse um fim à discórdia entre elas. Ela começou a chorar. Tinha de ter vindo do Senhor. Ninguém poderia saber ou até mesmo chegar perto de descobrir esse segredo familiar. Elas haviam mantido a contenda familiar escondida por conta de uma boa imagem. Ela foi imediatamente até sua irmã e Deus curou o relacionamento delas naquele dia. Posteriormente, ela escreveu um testemunho detalhado a respeito de sua experiência, o qual foi publicado no boletim da igreja. Eu poderia ter falado com ela a respeito de seu filho, de conflitos com seu esposo no tocante a finanças, e muitos outros detalhes dentro da família, mas Deus queria a falta de perdão fora do caminho primeiro! Os frutos daquela oração produziram cura sobre toda a família.

O período de oração durou cerca de quinze minutos. Foi eficaz? Sim, muito eficaz! Deus estava naquela sala para me ajudar. Eu ouvi de Sua parte? Oh, sim, e O ouvi eficazmente. Ele fez um bom trabalho? De fato, Ele fez noventa e nove por cento do trabalho naquela família completamente sem mim. Eu sou um "Cristão Um Por Cento", e feliz por ser um!

A implementação do poder guiado opera através das Escrituras e da revelação. Quando você identifica a raiz apropriada, o poder guiado assume o controle. Uma vez que eu sabia que se tratava da falta de perdão, agora eu tinha que simplesmente esperar por direção. O poder guiado automaticamente o conecta à necessidade. O foco da falta de perdão não é sobre um objeto ou uma coisa. Ele tem de ser sobre uma pessoa. Comece com família, porque a falta de perdão entre irmãos é muito ofensiva ao Espírito Santo.

Autoridade É o que Jesus Faz

A pergunta a você é: que tipo de poder você usa ao orar? Talvez você repita palavras que ao longo dos anos têm se tornado seu modo de transmitir uma oração. Pode ser que você utilize técnicas que saiba que influenciarão e causarão certas reações aos outros; ou traga uma pessoa à regressão -chamando, revivendo e relembrando um trauma de anos atrás. Contudo, debaixo do poder guiado, há muito menos de você e muito mais de Deus. O Santo Espírito é o Espírito de Jesus.

O poder de que estamos falando a respeito se refere a todas as palavras, milagres e parábolas de Jesus. Isso engloba Sua existência com Deus da eternidade passada, Sua concepção virgem e nascimento, Sua vida sem pecado, ministério perfeito, Sua morte expiatória, ascensão à Glória e Sua promessa de voltar e reinar sobre toda a terra. Tudo isso, de uma única forma, engloba o poder que reside tão somente em Jesus Cristo. Em ministério, poder é autoridade -mas não é a sua autoridade.

Nós temos um conceito errôneo de que ministrar com autoridade seja algo que nós fazemos. Debaixo do poder guiado, a autoridade é o que Jesus faz. É completamente diferente de um poder produzido pelas mãos humanas, e os resultados o surpreenderão. Se você retiver alguma coisa deste capítulo, eu espero que seja isto: debaixo do poder guiado, Deus faz mais e você menos.

Ministrar o Evangelho é exercitar a autoridade conferida a nós como embaixadores de Cristo. "De sorte que somos embaixadores da parte de Cristo, como se Deus por nós rogasse. Rogamos-vos, pois, da parte de Cristo que vos reconcilieis com Deus" (II Coríntios 5.20). Um embaixador tem a autoridade de falar por aquele a quem representa. Por exemplo, o embaixador dos Estados Unidos no Japão tem a autoridade de falar pelo presidente dos Estados Unidos. É conhecido que ele fala de acordo com a vontade e a política do presidente. De igual forma, exercitar a autoridade no nome de Jesus significa que nós agimos na vontade de Deus, representando Sua intenção e Seu caráter amoroso. A autoridade dada aos crentes é semelhante a uma procuração, que é dada por uma pessoa a outra, de forma que esta possa agir em nome daquela. A este respeito, Jesus nos tem dado o poder de agir em Seu nome em prol de outros. "E, chamando os seus doze discípulos, deu-lhes poder sobre os espíritos imundos, para os expulsarem e para curarem toda enfermidade e todo mal" (Mateus 10.1).

A medida que passo você chega a um maior entendimento da autoridade dada pelo nome de Jesus, o poder em seu ministério crescerá. Entender que todo demônio e enfermidade estão sujeitos ao nome de Jesus nos dá nova ousadia e confiança em oração e ministério. Essa confiança não está em nenhum homem, mas em Deus. Na passagem acima, Jesus convocou os Seus doze discípulos e lhes deu autoridade. Ele lhes deu a "procuração" para agir em Seu nome. Isso não significa que nós assumiremos o controle, mas, do contrário, nós O representaremos. Para tal, você deve seguir Seus comandos e desejos na oração que você está para proferir a alguém. Isso não quer dizer que você irá curar, mas que você estará representando a Cristo. Ele é Aquele que cura.

O poder que reconhecemos é reconhecido na pessoa de Jesus. Tudo que nós fazemos em ministério relaciona-se diretamente ao poder encontrado em Jesus Cristo. O poder não vem de nós, apenas a sua implementação nos foi dada. Nós somos a extensão do ministério de Jesus. Nós somos Sua voz, Suas mãos e Seus pés a dizer o que Ele deseja dizer, e para fazer o que Ele deseja fazer. Ele conduz o ministério em nós, por nós e através de nós. O significado de João 14.12 torna-se claro quando o interpretamos da seguinte forma: "Na verdade, na verdade vos digo que aquele que crê em mim também fará as obras que eu faço e as fará maiores do que estas, porque eu vou para meu Pai."

Eu conheci um pastor que pregou em certa igreja por um período de quatro anos. Os membros o amavam, e estavam entristecidos em saber que ele estava transferindo-se para uma outra localidade. Por causa de sua saída, a congregação começou a deixar a igreja. Dentro de um período de dezoito meses, a membresia caiu de oitocentos fieis para cento e cinquenta. Por que isso se deu? Se você o tivesse escutado pregar, você entenderia. Seu sermão era fascinante e cativante, centrado nele e em suas histórias divertidas. Sua personalidade era maior do que a vida, e mais forte que qualquer presença de Deus no local. As pessoas se apaixonaram por ele, mas elas não conheciam Jesus. Eles estavam empenhados em ouvir àquele pregador habilidoso, mas não sabiam quem era Cristo, o que Ele poderia fazer por eles e que era Ele que merecia sua devoção. Este é um bom exemplo do quanto você deva desaparecer para que Deus possa fazer Sua ministração através de você. Debaixo do poder guiado, você não está promovendo a si mesmo ou agradando a alguém. Você está sendo as mãos e os pés do Salvador. Ele deve receber toda a Glória.

Autoridade é Céu

Jesus, aproximando-se, falou-lhes, dizendo: Toda a autoridade me foi dada no céu e na terra. Ide portanto, fazei discípulos de todas as nações, batizando-os em nome do Pai, e do Filho, e do Espírito Santo; ensinando-os a guardar todas as coisas que vos tenho ordenado. E eis que estou convosco todos os dias até à consumação do século (Mateus 28.18-20, ARA).

A autoridade dada por Jesus a Seus discípulos é celestial e terrena. Em Jesus Cristo, residem todos os níveis de autoridade. Note ainda que o texto põe a autoridade no contexto de executar o ministério. "Ide portanto, fazei discípulos" refere-se a um comando que somente pode ser posto em prática por causa do fato de que toda autoridade se encontra em Jesus Cristo. O poder disponível a você para fazer discípulos decorre do seu entendimento a respeito de Jesus Cristo -quem Ele foi em Seu ministério terreno, sendo liderado pelo Espírito Santo, e quem Ele é hoje, assentado à direita do Pai (veja Hebreus 1.3).

Uma vez que a autoridade é baseada na pessoa de Jesus Cristo e Seu poder, compreender Mateus 16.13-19 é essencial:

> E, chegando Jesus às partes de Cesareia de Filipe, interrogou os seus discípulos, dizendo: Quem dizem os homens ser o Filho do Homem? E eles disseram: Uns, João Batista; outros, Elias, e outros, Jeremias ou um dos profetas. Disse-lhes ele: E vós, quem dizeis que eu sou? E Simão Pedro, respondendo, disse: Tu és o Cristo, o Filho do Deus vivo. E Jesus, respondendo, disse-lhe: Bem-aventurado és tu, Simão Barjonas, porque não foi carne e sangue quem to revelou, mas meu Pai, que está nos céus. Pois também eu te digo que tu és Pedro e sobre esta pedra edificarei a minha igreja, e as portas do inferno não prevalecerão contra ela. E eu te darei as chaves do Reino dos céus, e tudo o que ligares na terra será ligado nos céus, e tudo o que desligares na terra será desligado nos céus.

Primeiramente, esta passagem indica que conhecer a pessoa de Jesus Cristo vem apenas pela revelação da parte de Deus. Depois de dois anos e meio de ouvir a Jesus pregar, vê-Lo operar milagres, e então testemunhar a transfiguração, Pedro finalmente creu. Um certo dia, encontrando-se na região de Cesareia de Filipe, Jesus Cristo deu-Se a conhecer a ele. Apenas sobre essa base, Jesus diz a Pedro, agora ele se

O Princípio da Autoridade 235

tornou um candidato à autoridade. Ademais, qualquer esperança de exercitar a verdadeira autoridade depende da revelação de Jesus Cristo vindo até sua vida.

Segundo, Jesus fala a Pedro sobre construir Sua igreja através da revelação, não por conceitos de homens. Portanto, quando você exerce autoridade baseado na sua revelação de quem Jesus é, o que você faz não vem de si mesmo, nem de qualquer instituição humana. Ela vem a você diretamente de Deus. Muitas pessoas podem ensiná-lo, estabelecer um exemplo a ser imitado e ajudar a capacitá-lo. Mas no fim, a única forma de que possa ser capaz de operar a verdadeira autoridade é pela revelação de Jesus Cristo a você de uma forma pessoal -o que vem tão somente d'Ele.

Depois que a revelação é dada, Jesus então diz que dará "as chaves do Reino dos céus" (v. 19). Por que uma chave? O que uma chave faz? Um chave dá acesso. Se há uma porta fechada, a chave dá acesso a qualquer coisa que esteja por detrás dela. Neste caso, a chave oferecida por Jesus concede ao crente o acesso a todo o Reino dos Céus! Ao orar, você está acessando o céu pelo propósito do ministério. Se este conceito de autoridade existe para um uso, este tem de ser pela nossa habilidade de obter acesso e conexão com Deus em oração através de Jesus Cristo.

Jesus continua a dizer que esse tipo de oração refere-se ao que quer que você escolha para ligar ou desligar. A palavra grega traduzida como "ligar" possui a mesma raiz de "súplica", "intercessão" ou "petição" (como em Efésios 6.18: "orando em todo tempo com toda oração e súplica no Espírito e vigiando nisso com toda perseverança e súplica por todos os santos"). Portanto, de acordo com Mateus 16.19, o que quer que você peça, interceda ou ligue na terra (quando baseado na revelação que vem de Deus), será declarado da mesma forma no céu. Isso parece que é muito grandioso para aceitar, mas na realidade, é a chave para a sua oração de fé. Você fala a palavra dada por revelação e a mesma palavra é repetida no céu. A autoridade, assim, começa e termina no céu e é implementada em oração. Este é o porquê de eu usar o termo "poder guiado". Você não está guiando -Deus sim.

De igual forma, Jesus diz: "tudo o que desligares na terra será desligado nos céus" (v. 19). A palavra grega traduzida como "desligar" também traduz-se como "destruir" em I João 3.8b: "Para isto se manifestou o Filho de Deus: para destruir as obras do diabo" (ARA).

A oração de autoridade baseada na revelação de Jesus Cristo é a chave para acessar o céu de forma a desligar (ou libertar) aquele em servidão, e para ligar (suplicar, interceder, pedir) os propósitos e vontades de Deus sobre o indivíduo, no nome de Jesus.

A Revelação do Espírito Santo

O conceito de autoridade não pode ser separado da revelação, que vem do Espírito Santo. Imagine que você está tentando fazer uma reserva de um voo a qualquer lugar da Europa, baseado na ideia de que possa haver um em algum momento durante o dia que possa levá-lo até lá. Aqui você tem uma ideia geral do tipo de viagem e a direção que você quer tomar, mas esses fatos apenas não são suficientes para que você possa fazer a reserva. Para tal, você deverá saber o destino exato, a data e o horário de ida e volta, e ainda, o nome e as informações de contato para a companhia aérea com a qual você deseja que sua reserva seja feita.

Essa mesma analogia corresponde à implementação da autoridade de encontro à necessidade. É difícil começar a orar sem a informação adequada a respeito da pessoa recebendo a oração, ou a "destinação" da oração.

A conexão entre a revelação e a autoridade pode parecer bastante obscura e estranha a muitos, uma vez que nós geralmente oramos baseados apenas em sentimentos e emoções. Para alguém que ore a partir de seus sentimentos, a revelação será uma descoberta fascinante. A autoridade baseia-se na revelação, e a revelação depende da intimidade ou

O Princípio da Autoridade 237

conectividade com Deus por meio de Jesus Cristo. Porque a revelação é trabalho do Santo Espírito, nós somente podemos experimentá-la ao aceitarmos a terceira Pessoa da Trindade, o Espírito Santo, como essencial a qualquer ato ministerial ou oração. Observe que eu estou me referindo ao Espírito Santo de Deus e não ao "espírito", como se pudesse ser qualquer entidade espiritual. Há muitas formas da revelação vir a um ser humano, incluindo sonhos, visões, anjos, a voz interior, uma voz profética e as Escrituras. Mas, em qualquer forma de revelação da parte de Deus, o Pai, ela se dá através de Jesus Cristo, o Filho, comunicada ao crente pelo Espírito Santo, e coerente com a Palavra de Deus.

A revelação é dada à pessoa que está orando por alguém, a fim de ajudá-la a ir de encontro à necessidade em questão. A revelação é o ato do Espírito Santo em iniciar, direcionar e completar a sua oração. O Espírito Santo anseia comunicar-Se! Ele anseia compartilhar direção e propósito em oração, e Ele anseia completar a oração, porque Ele está comprometido em curar e restaurar as pessoas.

Os dons do Espírito Santo -em especial aqueles de revelação- operarão em qualquer ato ministerial onde o nome de Jesus Cristo for honrado e reverenciado.

A revelação vem pela fé. Você deve crer que é capaz de receber revelação da parte de Deus. Não é tanto a tal ponto de ouvir uma voz, mas é muito mais um pensamento ou um conceito vindo à sua mente. Muito da revelação vem de um conhecimento ativo da Palavra de Deus, porque uma das formas mais comuns do Espírito Santo falar é através das Escrituras. Ele trará uma passagem à sua mente que lhe dará uma direção maravilhosamente clara ao começar a orar. Por vezes, apenas uma palavra mencionada à pessoa que recebe a oração causará uma forte reação emocional. Isso confirma a revelação, fazendo com que você saiba que está no caminho certo.

Em suma, aqui estão três princípios de revelação, associados à autoridade em ministração: 1) A revelação de Deus no tocante à ministração é precisa e específica, e única ao caso em questão. Quando o crente exercita a autoridade com precisão e eficácia, baseado na revelação, a ministração trará convicção e testificará àquele que recebe a oração. 2) A Revelação não é dada em razão de si mesma. Mas é conferida de modo a beneficiar a vida de outrem. Desejar a revelação para benefício próprio, sem exercitar a autoridade, é uma ministração egoísta, sem amor pelas pessoas. É estéril e não ministrará a ninguém, nem produzirá frutos. Por outro lado, você pode estar certo de que, se Deus revela e você responde sinceramente exercitando a autoridade para benefício de outros, você verá resultados positivos na maior parte do tempo. 3) A revelação e a autoridade dependem uma da outra. A revelação que vem de Deus comunica urgência ao momento, dá direção e procedimento específicos, e transmite informação para a conclusão da oração. Os dons do Espírito Santo são instrumentos para informar à pessoa que está orando de forma que o poder de Deus possa ser liberado por meio da autoridade. O conhecimento sobrenatural dado através da revelação possui um propósito específico: a conclusão da oração em autoridade. Esse padrão de revelação, levando ao "comando e autoridade", é observado consistentemente no ministério de Jesus.

O apóstolo Paulo, transmitindo esse conceito do papel da revelação em seu próprio ministério, escreve em Romanos 1.16,17: "Porque não me envergonho do evangelho de Cristo, pois é o poder de Deus para salvação de todo aquele que crê, primeiro do judeu e também do grego. Porque nele se descobre a justiça de Deus de fé em fé, como está escrito: MAS O JUSTO VIVERÁ DA FÉ." A ministração eficaz que vá de encontro às necessidades dos outros é pela fé. É pela fé que alguém recebe a revelação necessária da parte do Espírito Santo e então se move para completar o ato ministerial com autoridade. É pela fé que

O Princípio da Autoridade 239

o "poder de Deus para salvação" é transmitido à vida dos indivíduos por quem oramos, para que possamos vê-los plenamente restaurados.

Eu conheci um jovem que possuía muito orgulho e dureza dentro de si. A vaidade era algo que ele havia desenvolvido de modo a compensar a perda de seu pai quando tinha apenas sete anos de idade. Sua dureza de coração se tornou evidente, de modo que resistia insistentemente a qualquer autoridade espiritual de qualquer homem ou mulher de Deus. Porque essa área em sua vida nunca tinha sido tratada, ele se recusava a reconhecer seus superiores, até mesmo pastores que desejavam abençoá-lo e ajudá-lo. Ele tinha suas próprias ideias, e apesar de afirmar ouvir diretamente de Deus, seu ouvir não era preciso, pois resistia ao Espírito Santo em sua mente. Nenhuma tentativa em convencê-lo de sua realidade tem sido bem sucedida. A sua vida será profundamente afetada pela sua rebelião até que se disponha a receber aquilo que o Espírito Santo tem revelado no tocante à sua carência.

Se você questionar ou resistir ao fato de que é o Espírito Santo que faz manifesto o relacionamento com Deus, o Pai, através de Seu Filho Jesus Cristo, você nunca andará na autoridade destinada a todos os crentes pelo nosso Senhor. Ainda, você será incapaz de responder e beneficiar-se daqueles que têm sido levantados em autoridade por Deus para trazer cura e empoderamento a você. Reconhecer a "cadeia de autoridade" que começa no céu e termina com um servo que se submeta ao Espírito Santo é a chave.

Responsabilidade d'Ele -Nossa Resposta

Crucial para nosso entendimento da autoridade é a realidade de que quando Deus dá um discernimento preciso a respeito de uma necessidade, é de responsabilidade d'Ele alcançá-la. A definição mais pura da autoridade é esta: se você estiver debaixo dela, há um alguém acima de você. Se você tiver uma carência que precise ser tratada, a pessoa em um posto acima tem a única responsabilidade de resolver o seu dilema. Tudo que você tem de fazer é ir até essa pessoa e transmitir o problema. A pessoa em autoridade é responsável pelo bem-estar daquele que o veja com confiança e obediência. Deve ser assim no tocante a patentes militares, e é real no Reino de Deus. A autoridade, neste sentido, é sempre o coração de Deus. O local devido da autoridade não está no "ordenar", mas em ir de encontro à necessidade.

A aplicação da autoridade significa declarar um comando debaixo da autoridade que nos foi dada por Jesus Cristo. Exercitar a autoridade quer dizer que alguém fala palavras específicas em uma situação para afirmar a autoridade de Cristo. Contudo, do contrário do que você possa pensar, um comando é uma resposta, ao invés de uma declaração. Isso se dá porque ele não começa com você. Já se iniciou no céu. Em outras palavras, você está respondendo e aplicando aquilo que entendeu, experimentou e veio a crer a respeito do ministério, da vida, morte e ressureição de Jesus Cristo. Quando o discernimento se estabelece, o Espírito Santo lhe mostra a Sua vontade e o que dizer em cada situação em particular, provendo direção para a oração ou ato ministerial.

Richard J. Foster assevera: "Na oração em autoridade nós trazemos à existência a vontade do Pai sobre a terra. Aqui, muito mais do que falando a Deus, nós estamos falando por Deus. Nós não estamos pedindo a Deus para fazer algo; mas do contrário, estamos usando a autoridade de Deus para determinar que algo seja feito."[2]

Exercitando a Autoridade

Um comando resulta da sua convicção de que Jesus é quem Ele diz que é. Em Atos 3.6-8, o apóstolo Pedro, falando ao coxo que estava à porta chamada Formosa, declara:

O Princípio da Autoridade 241

Não tenho prata nem ouro, mas o que tenho, isso te dou. Em nome de Jesus Cristo, o Nazareno, levanta-te e anda. E, tomando-o pela mão direita, o levantou, e logo os seus pés e tornozelos se firmaram. E, saltando ele, pôs-se em pé, e andou, e entrou com eles no templo, andando, e saltando, e louvando a Deus.

Quando o apóstolo Pedro olhou para um homem em sofrimentos, ele se perguntou: "O que tenho eu para dar?" O que era que Pedro tinha? Ele não tinha dinheiro. Mas tinha uma experiência pessoal e íntima com Jesus de Nazaré -Seu ministério, morte, sepultamento e ascensão. Pela revelação pessoal, ele teve um conhecimento sólido e inabalável de Jesus em Sua plenitude. Pedro também havia recebido a infusão do poder dado pelo Santo Espírito no Pentecoste.

Por causa disso, Pedro, vendo o dilema daquele homem coxo, respondeu não ao pedido dele por esmolas, mas a quem ele sabia ser Jesus Cristo. Pedro compreendeu que possuía não o que homem estava pedindo, mas aquilo que ele necessitava. Ele esperava apenas sobreviver mais um dia recebendo um trocado. Mas Deus queria aquele homem completamente restaurado em sua plenitude. Deus sempre quer fazer mais do que até mesmo pensamos ou chegamos a imaginar! Uma revelação do céu capacitou Pedro a falar à verdadeira necessidade daquele homem com autoridade.

Isso demonstra o porquê da autoridade estar diretamente conectada à interpretação das Escrituras e seu entendimento à luz do Santo Espírito. O sucesso de qualquer ministério de oração depende do exercício da autoridade no Nome de Jesus. A autoridade libera o poder, mas lembre-se sempre de que não se trata do poder daquele que ora. É o poder encontrado tão somente na Pessoa do crucificado e ressurreto Filho de Deus.

Esse padrão de autoridade implementado através do comando é observado repetidamente através do ministério de Jesus. Setenta e cinco por cento dos milagres e curas realizados por Jesus ocorreram quando Ele declarou um comando de autoridade. Seguem alguns exemplos:

> Então, vendo a mulher que não podia ocultar-se, aproximou-se tremendo e, prostrando-se ante ele, declarou-lhe diante de todo o povo a causa por que lhe havia tocado e como logo sarara. E ele lhe disse: Tem bom ânimo, filha, a tua fé te salvou; vai em paz (Lucas 8.47,48).

Jesus dá a essa mulher talvez o maior presente de todos, a uma pessoa com uma raiz de rejeição: paz. O significado da palavra hebraica "shalom" abrange paz, completude, prosperidade, bem-estar, tranquilidade e plenitude. Portanto, o comando dado por Jesus a essa mulher é para ir e andar em plenitude. Uma mulher, que havia sofrido por tanto tempo e gastado todo o seu dinheiro apenas para ser posta de lado pela sua comunidade por pelo menos doze anos, acaba de ouvir do Mestre que é alguém! Com esse simples comando, Jesus desliga a mulher de sua enfermidade e libera cura às suas emoções e plenitude à sua vida.

"E Jesus, vendo que a multidão concorria, repreendeu o espírito imundo, dizendo-lhe: Espírito mudo e surdo, eu te ordeno: sai dele e não entres mais nele" (Lucas 9.25).

O comando e autoridade é visto quando Jesus ordena ao espírito maligno que saia do jovem possesso e nunca mais retorne a ele. A resposta ao comando de Jesus e a evidência de Sua autoridade são vistas no próximo verso quando o espírito maligno reage com um clamor.

Um entendimento bíblico da autoridade faz-se terrivelmente necessário dentro do Corpo de Cristo hoje. A teologia liberal tem nos ensinado a apenas sermos tolerantes e compassivos em relação a alguém cativo, e negligencia a autoridade dada ao crente para libertar o encarcerado e destruir as obras do diabo em sua vida. Autoridade significa que nós não apenas confortamos àqueles presos ao pecado e à tristeza, mas que possuímos dentro de nós a plenitude de Jesus Cristo, que veio

O Princípio da Autoridade

para curar o coração abatido e declarar liberdade ao cativo. A autoridade é a ponte que transmite o puro poder de Deus ao necessitado.

Quando você compreender o princípio bíblico da autoridade, verá que é livre, liberto da tentativa frustrada e intimidadora de gerar resultados em ministrar de si mesmo. Quando você souber, acima de qualquer dúvida, que toda autoridade pertence a Jesus, e não a você, sua fé imediatamente crescerá! Você começará uma nova aventura exercitando esse princípio de fé ao ministrar a alguém. Não se trata de uma doutrina, mas de quem você é no ato de conduzir a ministração -você é conectado ao Deus Todo Poderoso no céu por meio de Jesus Cristo. Você pode ser uma porção de coisas ao ministrar a alguém, mas não pode ser hesitante em relação à pessoa de Jesus. Sua aplicação da autoridade reside em quem Jesus Cristo é, era e será em sua vida.

Concluindo, eu quero encorajá-lo assegurando que a sua oração, aconselhamento e ministério mudarão radicalmente quando a autoridade for estabelecida e posta em prática. Eu sei que você deseja ver a vida das pessoas genuinamente transformadas pelo poder da Palavra e do Espírito Santo. Ao conduzir qualquer ato ministerial, a certeza de que você estará respondendo a uma revelação do céu e transmitindo a autoridade dada a você na pessoa de Jesus Cristo produzirá uma ministração que será eficaz, precisa e poderosa.

Nós temos abordado muitos princípios essenciais neste livro: carências espiritual e relacional, assim como as quatro raízes de rejeição, rebelião, falta de perdão e mágoa, uma metodologia de ministração repetida diversas vezes pelo nosso Senhor; como ministrar à alma, ética em oração e como romper em oração exercitando sua autoridade como um crente.

A questão agora é: você está pronto para implementar estes princípios bíblicos em seu próprio ministério? Você pode ousar a crer que Deus use você para ministrar às necessidades mais profundas das pessoas da mesma forma com que Jesus o fez, pelo poder do mesmo

Santo Espírito? Eu não aprendi tudo isso em apenas um dia, e você também não aprenderá. Entretanto, eu tenho total confiança de que, se você se dispuser a ser um instrumento obediente e humilde na mão de Deus, Ele o surpreenderá. Ao honrá-Lo, assim como os princípios bíblicos apresentados neste livro, Ele o honrará e lhe dará frutos.

Pessoas têm pedido e aguardado, para que este livro esteja concluído, por muitos anos. Pela graça de Deus, nós temos finalmente colocado estas palavras no papel e as enviado à editora. Agora, está em suas mãos estudá-lo, ponderá-lo, orar a seu respeito e aplicá-lo. Você está pronto a audaciosamente buscar "orar com eficácia" de modo que possa realizar o ministério de Jesus e abençoar as vidas de muitas almas feridas?

Que Deus o abençoe e que Ele possa receber toda a glória!

Bibliografia

ABRAHAM, William J. Wesley for Armchair Theologians. Louisville, KY: Westminster John Knox Press, 2005.

Bíblia Sagrada ARA, Almeida Revista e Atualizada. Sociedade Bíblica do Brasil, 2010. Todos os direitos reservados.

Bíblia Sagrada ARC, Almeida Revista e Corrigida. Sociedade Bíblica do Brasil, 2009. Todos os direitos reservados.

BOUNDS, Edward McKendree. The Complete Works of E.M. Bounds on Prayer. Grand Rapids, MI: Baker Books, 2004.

CHADWICK, Samuel. The Way to Pentecost. Fort Washington, PA: CLC Publications, 2001.

COWMAN, L.B. Streams in the Desert. Editado por James Riemann. Grand Rapids, MI: Zondervan, 1997.

FOSTER, Richard J. Prayer: Finding the Heart's True Home. São Francisco, CA: HarperCollins, 1992.

HEDLAND, Leif. Healing the Orphan Spirit. Peachtree City, GA: Global Mission Awareness, 2013.

LAW, William. The Power of the Holy Spirit. Editado por Dave Hunt. Fort Washington, PA: CLC Publications, 2006.

MANSER, Martin H. The Westminster Collection of Christian Quotations. Louisville KY: Westminster John Knox Press, 2001.

MOODY, Dwight Lyman. Secret Power. New Kensington, PA: Whitaker House, 1997.

MURRAY, Andrew. With Christ in the School of Prayer. New Kensington, PA: Whitaker House, 1981.

MURRAY, Andrew. Humility. New Kensington, PA: Whitaker House, 1982.

MURRAY, Andrew. The Spirit of Christ. Kensington, PA: Whitaker House, 1984.

MURRAY, Andrew. Reaching Your World for Christ. New Kensington, PA: Whitaker House, 1997.

MURRAY, Andrew. Absolute Surrender. Minneapolis, MI: Bethany House, 2003.

STRONG, Douglas M. Reclaiming the Wesleyan Tradition: John Wesley's Sermons for Today. Nashville, TN: Discipleship Resources, 2007.

The Holy Bible, New International Version, NIV. 1973, 1978, 1984, reedição: Biblica, 2011. Usado sob permissão. Todos os direitos reservados.

The NIV Study Bible. 1985, 1995, 2002, 2008, reedição: Zondervan, Grand Rapids, 2011. Todos os direitos reservados.

TORREY, R. A. How to Pray. Disponível em: <www.ccel.org/ccel/torrey/pray.html> Acessado em: 21 de Agosto de 2015.

TORREY, R.A. The Presence and Work of the Holy Spirit. Kensington, PA: Whitaker House, 1996.

TURNBULL, Ralph. The Best of D.L. Moody. Grand Rapids, MI: Baker Books, 1971.

ZUCK, Roy B. The Speaker's Quote Book: Over 5,000 Illustrations for All Occasions. Grand Rapids, MI: Kregel Publications, 1997.

Notas

Introdução

1. Touchdown é a principal jogada do futebol americano, semelhante a um gol no futebol, mas que vale seis pontos, conquistados quando o jogador consegue cruzar, com sucesso e sem nenhuma obstrução, a zona final do campo do adversário.
2. A XM Satellite Radio é uma prestadora de serviço de rádio via satélite nos Estados Unidos e no Canadá, operado pela Sirius XM Radio.

Capítulo 1

1. CHADWICK, Samuel. The Way to Pentecost. 1932, reedição: Fort Washington, PA: CLC Publications, 2001. p. 16, 17. Tradução Nossa.
2. MEYER, F.B. apud. ZUCK, Roy B., The Speaker's Quote Book: Over 5,000 Illustrations and Quotations for All Occasions. Grand Rapids, MI: Kregel Publications, 1997. p. 222. Tradução Nossa.
3. MURRAY, Andrew apud. COWMAN, L.B. Streams in the Desert, editado por James Reimann. 1925, Reedição. Grand Rapids, MI: Zondervan, 1996. p. 413. Tradução Nossa.
4. CHADWICK, Samuel. The Way to Pentecost. 1932, Reedição. Fort Washington, PA: CLC Publications, 2001). p. 28. Tradução Nossa.
5. *Touchdown* é como é chamada a jogada principal do futebol americano, comparada ao gol, e vale seis pontos, obtidos quando o jogador consegue cruzar com sucesso a zona final, pertencente ao time adversário, sem ser obstruído.
6. TORREY - R. A. Torrey. How to Pray. Christian Classics Ethereal Library, Capítulo II. Disponível em: < www.ccel. org/ccel/torrey/pray.html> Acessado em: 21 de Agosto de 2015.
7. LAW, William. The Power of the Spirit. Editado por Dave Hunt. Fort Washington, PA: CLC Publications, 2006. p. 24. Tradução Nossa.

William Law escreveu que: "uma falha em compreender que nossa salvação só pode se desenvolver através do poder da morada do Espírito Santo, gerando a própria vida de Cristo dentro do coração redimido, tem posicionado a igreja Cristã na mesma apostasia que caracterizou a nação judia".

8. MURRAY, Andrew. Absolute Surrender. Reedição. Grand Rapids: Bethany House Publishers, 2003. p. 13. Tradução Nossa

Capítulo 2

1. WESLEY, John apud. STRONG, Douglas M. Reclaiming the Wesleyan Tradition: John Wesley's Sermons for Today. Nashville, TN: Discipleship Resources, 2007. p. 56-59. Tradução Nossa. O Quase Cristão, sermão de Wesley pregado em St. Mary's, Oxford, em 25 de Julho de 1741.
2. HETLAND, Leif. Healing the Orphan Spirit. Peachtree City, GA: Global Mission Awareness, 2013. p. 23, 24. Tradução Nossa.
3. *Running back* é uma posição de futebol americano, cuja função é receber a bola e, com ela em mãos, alcançar o alvo, que é a end zone, sem ser interceptado. Esta é a principal jogada da modalidade, responsável pela maior parte dos pontos possivelmente obtidos, conhecida como touchdown.
4. *End zone*, que significa zona final, é o último estágio do campo adversário; alcançá-la é o objetivo máximo do jogo.

Capítulo 3

1. MURRAY, Andrew. Reaching Your World for Christ. Reedição. New Kensington, PA: Whitaker House, 1997. p. 107. Tradução nossa.

Capítulo 4

1. Junior College é um nível educacional após o ensino médio, normalmente de um período de dois anos, muito comum em alguns países, como os Estados Unidos, e que prepara o aluno para uma experiência mais avançada em faculdades e universidades. A North Florida Junior College fica em Madison, ao norte do estado da Flórida.

2. Webster Dicionary é um dos dicionários online de Língua Inglesa mais conhecidos, respeitados e acessados nos Estados Unidos. Seu endereço online é: https://www.merriam-webster.com.
3. Dicionário Online Merriam-webster. Disponível em: < https://www. merriam-webster.com/dictionary/passivity> Acessado em: 26 de julho de 2018. Tradução Nossa.

Capítulo 5

1. O Mestrado em Divindade difere-se do curso de Teologia, sendo aquele pré-requisito para ordenação pastoral em muitas denominações, e ainda considerado como o primeiro nível da profissão ministerial nos Estados Unidos.
2. Speech Communication é o estudo sobre como e por que as pessoas se comunicam, voltada para as habilidades em comunicação, tanto em linguagem falada e não-verbal.
3. Associate Degrees são cursos semelhantes a graduações tecnológicas no Brasil, em média de apenas dois anos de duração, muito populares entre estudantes internacionais nos Estados Unidos.

Capítulo 6

1. MURRAY, Andrew. With Christ in the School of Prayer. Reedição, New Kensington, PA: Whitaker House, 1981. p. 107. Tradução Nossa.

Capítulo 8

1. MULLER, George apud. ZUCK, Roy B. The Speaker's Quote Book: Over 5000 Illustrations and Quotations for All Occasions. Grand Rapids, MI: Kregel Publications, 1997. p. 185. Tradução Nossa.
2. ABRAHAM, William J. Wesley for Armchair Theologians. Louisville, KY: Westminster John Knox Press, 2005. p. 51. Tradução Nossa. Abraham escreveu: "Deus se move em graça 'preveniente', na graça que vem antes mesmo da cura efetiva, feita disponível em Cristo através do Espírito Santo, para nos capacitar a enxergar nosso dilema atual e dar os primeiros passos em direção à nossa cura." Deus se move primeiro em nossa direção para nos ajudar a começar a nos movimentar em sua direção.

3. MANSER, Martin H. The Westminster Collection of Christian Quotations. Louisville, KY: Westminster John Knox Press, 2001. p. 287. Tradução Nossa.
4. TORREY, R. A. The Presence and Work of the Holy Spirit. Reedição. New Kensington, PA: Whitaker House, 1996. p. 8. Tradução Nossa.

Capítulo 9

1. MURRAY, Andrew. Humility. Reedição. New Kensington, PA: Whitaker House, 1982. p. 35. Tradução Nossa.

Capítulo 14

1. TURNBULL, Ralph. The Best of D. L. Moody. Grand Rapids, MI: Baker Books, 1971. Capítulo 8, Witnessing in Power, p. 89. Disponível em: < www.ccel.us/moody.ch7.htmml> Acessado em: 25 de Agosto de 2015. Tradução Nossa.

Capítulo 15

1. BOUNDS, Edward McKendree. The Complete Works of E.M. Bounds on Prayer. Grand Rapids, MI: Baker Books, 1990. p. 325. Esta é uma compilação da Baker Books sobre algumas obras em oração de E.M. Bounds. Tradução Nossa.
2. MURRAY, Andrew. Humility. Reedição. New Kensington, PA: Whitaker House, 1982 p. 44. Tradução Nossa.
3. Passagem de Lucas 8.54 encontrada na tradução da Nova Versão Internacional em Língua Inglesa (New International Version). Tradução Nossa

Capítulo 16

1. CHADWICK, Samuel. The Way to Pentecost. 1932, Reedição. Fort Washington, PA: CLC Publications, 2001. p. 17. Tradução Nossa.
2. É muito comum em Cuba a reunião da igreja em casas, muitas vezes na casa do pastor responsável por aquela congregação. É um sistema que tem ajudado as pessoas da comunidade ao redor dessas igrejas, muitas vezes com dificuldades de transporte. A Igreja em Cuba tem crescido tremendamente nos últimos anos.

3. As casas e famílias cubanas são geralmente bem modestas. A expressão usada na versão original em Inglês foi: "house made of cardboard", ou uma casa feita de papelão. Tal expressão refere-se ao fato de, muitas vezes, devido à pobreza e falta de recursos, haver pequenos reparos no interior das casas, feitos com materiais improvisados, como até mesmo papelão.
4. FOSTER, Richard J. Prayer: Finding the Heart's True Home. San Francisco, CA, 1992: HarperCollins, 1992. p. 229. Tradução Nossa.

Sobre o Autor

Ricardo A. Bonfim nasceu no Rio de Janeiro, Brasil, em 1º de janeiro de 1944. Depois de imigrar aos Estados Unidos, recebeu o título de Bacharel de Artes pela Universidade Estadual de Vandosta e pela Universidade do Estado da Flórida. Cursou Mestrado em Divindade pela Universidade de Emory, Atlanta, GA. Posteriormente, concluiu Mestrado em Comunicação pela Universidade da Geórgia, assim como Bacharelado de Artes em Jornalismo pela mesma universidade.

Rick foi ordenado presbítero da Igreja Metodista Unida em 1980. Por trinta e cinco anos tem servido como um evangelista geral em tempo integral na Conferência do Norte da Geórgia da Igreja Metodista Unida.

Em 2012, Rick recebeu o prêmio Phillip Award da Associação Nacional dos Metodistas Unidos .

Rick é fundador e presidente do Ministério Rick Bonfim, localizado em Watkinsville, GA. RBM é uma agência internacional de missões, que tem provido discipulado e oportunidades de missões transformadoras a milhares de pessoas.

www.ingramcontent.com/pod-product-compliance
Lightning Source LLC
Chambersburg PA
CBHW070538010526
44118CB00012B/1164